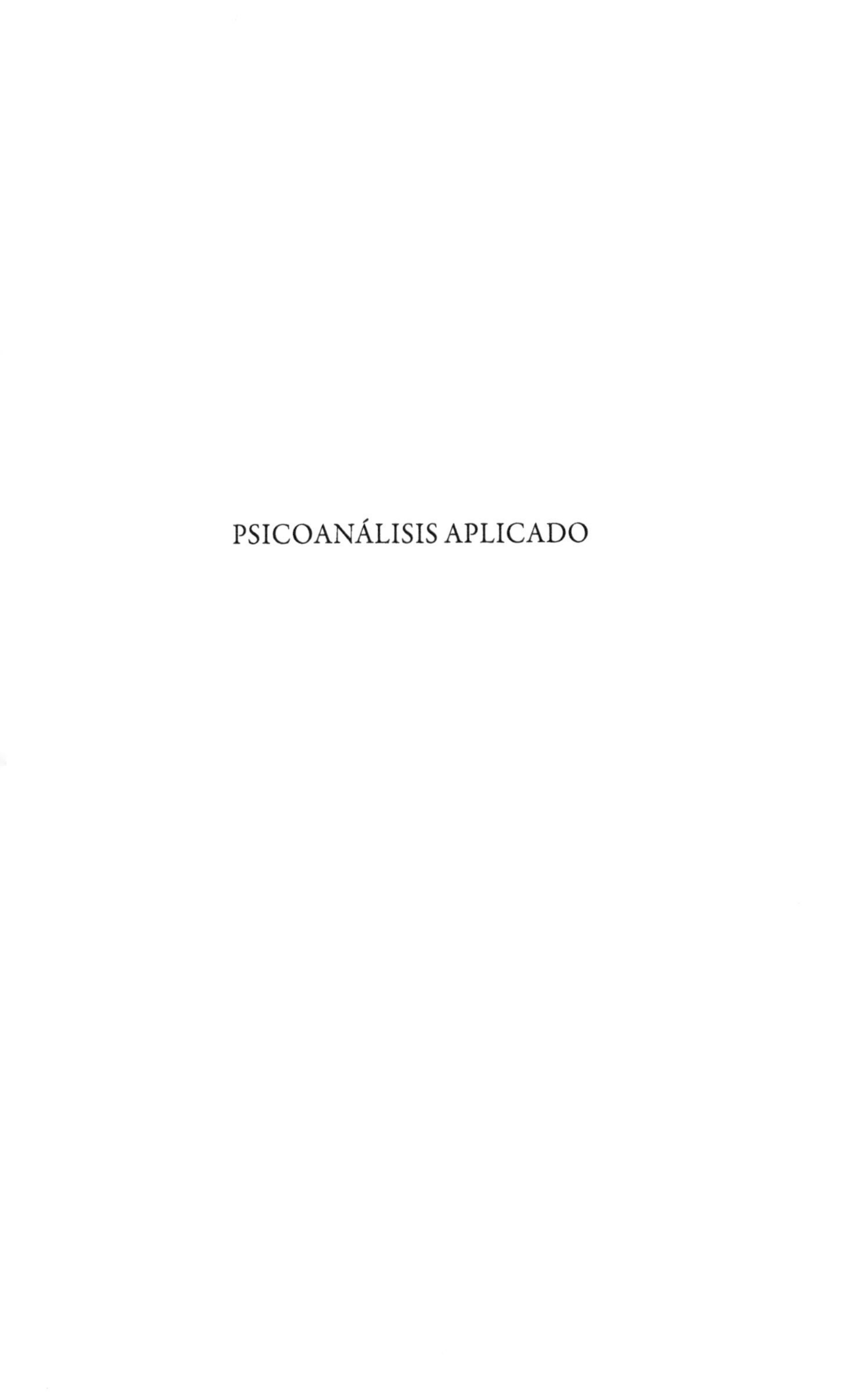

PSICOANÁLISIS APLICADO

Obras Completas de Sigmund Freud
Tomo XVIII

PSICOANÁLISIS APLICADO

El psicoanálisis aplicado al arte, la religión, la mitología y la guerra

Traducción directa del alemán por Ludovico Rosenthal

Editorial Iztaccíhuatl S. A. de C. V

OBRAS COMPLETAS DE SIGMUND FREUD. TOMO XVIII
Psicoanálisis aplicado

Sigmund Freud
ISBN (obra completa): 978-607-8688-54-8
ISBN (tomo XVIII): 978-607-8688-69-2
Segunda edición: abril de 2022

Miguel Schultz #21, Col. San Rafael,
Del. Cuauhtémoc, Ciudad de México

Corrección de estilo: Yoali E. Crespo López
Diseño y maquetación: Cecilia Neria Anaya
Licencia de impresión a Grupo Editorial Neisa
Impresión: Master Copy, S. A. de C.V. (DocuMaster)

Impreso en México

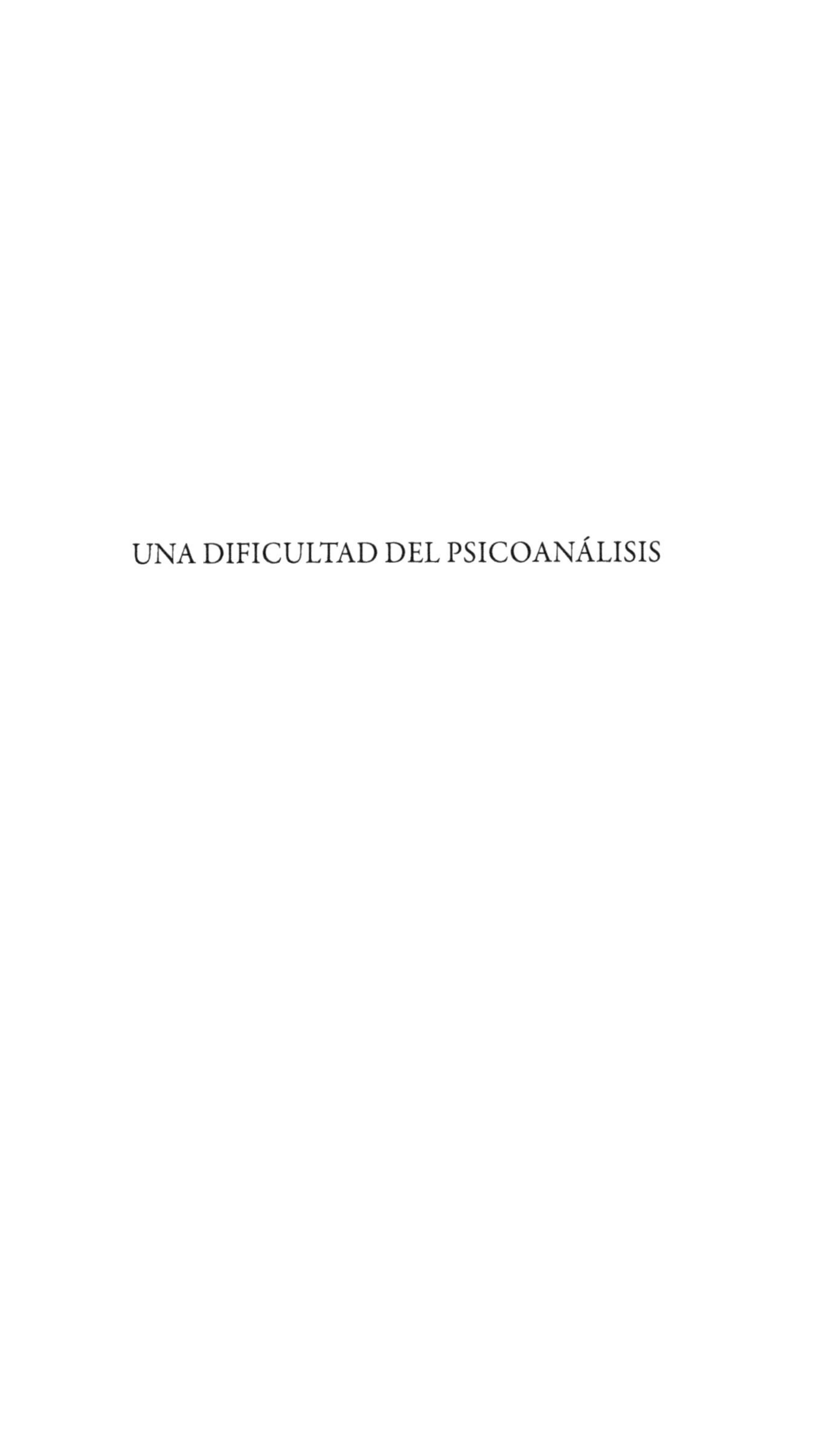

UNA DIFICULTAD DEL PSICOANÁLISIS

Esta conferencia fue pronunciada en junio de 1906 en el seminario del profesor Loffler, en la Universidad de Viena, siendo publicada originalmente en el *Archiv für Kriminal, anthropologie und Kriminalistik,* de Hans Gross (vol. 26, 1906). Fue incluida en las siguientes obras de conjunto:

Sammlung kleiner Schriften zut Neurosenlehre (*Breves escritos sobre la teoría de las neurosis*), segunda serie, Deuticke, Leipzig-Wein, 1912.

Gesammelte Schriften (Obras Completas, edición vienesa), tomo X, Internationaler Psychoanalytische Verlag, Wien, 1924.

Gesamte Ausgabe (Obras Completas, edición londinense), tomo VII, Imago Publishing Company, London, 1940.

Fue traducida a los siguientes idiomas:

Traducción inglesa (E. Jones): *Collected Papers*, tomo II, Institute of Psychoanalysis and The Hogarth Press, London, 1924.

Traducción francesa (E. Marty y M. Bonaparte): *Essais de Psychanalyse Apliquée*, Gallimard, París, 1933.

Comenzaré por señalar que no me refiero a una dificultad intelectual, a algo que impida al estudioso (oyente o lector) comprender el psicoanálisis, sino a un obstáculo afectivo que le enajena su simpatía, inclinándolo a retirarle su interés o su confianza. Como vemos, ambas dificultades llevan al mismo resultando. Quien no sienta suficiente simpatía por una cosa, tampoco llegará a comprenderla con facilidad.

En consideración con el lector, a quién supongo profano en esta ciencia, es preciso que me explaye un tanto. En el psicoanálisis se ha llegado, por fin, luego de cuantiosas observaciones e impresiones aisladas, a elaborar algo así como una teoría, conocida bajo el nombre de *teoría de la libido*. Como sabemos, el psicoanálisis se dedica a explicar y a curar los denominados trastornos nerviosos. Para abordar este problema fue necesario hallar una vía de acceso que se resolvió buscar en la vida instintiva del alma. De tal manera que las hipótesis relacionadas con los instintos del hombre se convirtieron en el fundamento de nuestra concepción de las neurosis.

La Psicología que se nos enseña en las escuelas nos da respuestas muy poco satisfactorias cuando le interrogamos sobre los problemas de la vida psíquica, pero en ningún sector son tan precarias sus informaciones como el dominio de los instintos.

Quédanos, pues, librada la tarea de hallar aquí una primera orientación. La concepción popular distingue el hambre del amor, viendo en ellos expresiones de los instintos, destinados, por un lado, a conservar al individuo y, por el otro, a su reproducción. Adoptando esta separación que parece tan natural, distinguimos también en el psicoanálisis los instintos de conservación, o instintos del *yo*, de los sexuales, llamando a la energía con la cual se manifiesta en la vida psíquica el instinto sexual como *libido* —deseo sexual—, y considerándola como algo análogo al hambre, a la voluntad de poderío y a otras manifestaciones semejantes, correspondientes a los instintos del *yo*.

Partiendo de esta concepción llegamos al primer hallazgo de importancia. Descubrimos que para comprender las enfermedades neuróticas es preciso conferir primordial importancia a los instintos sexuales; que las neurosis son, por así decirlo, las afecciones específicas de la función sexual. Hallamos también que la cantidad de la libido y la posibilidad de satisfacerla y de descargarla, satisfaciéndola, son los factores que deciden si un individuo puede o no caer en la neurosis. Comprendeos que la forma adoptada por la enfermedad estará determinada por la manera en que la persona haya efectuado la evolución de su función sexual o, como nosotros lo expresamos, por las fijaciones que su libido haya experimentado en el curso de su desarrollo. Finalmente, nos enteramos de que cierta técnica de influencia psíquica, no muy simple, por cierto, nos permite dilucidar varias formas de neurosis y, al mismo tiempo, reducirlas a su origen, curándolas. Nuestros esfuerzos terapéuticos tienen mayor éxito frente a cierta clase de neurosis, originales en un conflicto entre los instintos del *yo* y los sexuales; pues en el hombre sucede que las exigencias de los instintos sexuales, que trascienden en gran medida los límites del individuo, aparecen ante el *yo* como un peligro que amenaza su propia subsistencia o su autoestimación. En semejante trance, el *yo* se defiende, niega a los instintos sexuales la anhelada satisfacción sustitutiva, que se manifiesta bajo la forma de los síntomas neuróticos.

El tratamiento psicoanalítico logra entonces corregir el proceso de la represión y conducir el conflicto hacia una solución más favorable, compatible con la salud. Adversarios incomprensivos nos acusan de parcialidad al valorar los instintos sexuales, alegando que el hombre posee otros intereses fuera de los sexuales. Mas en momento alguno hemos olvidado o negado tal cosa. Nuestra parcialidad es semejante a la del químico, que reduce todas las estructuras moleculares a la energía de la atracción química, sin negar con ello la fuerza de la gravitación, pero abandonando su estudio al físico.

En el curso de la labor terapéutica debemos ocuparnos de la distribución que la libido adopta en el enfermo: investigamos las representaciones objetales en que está fijada y la liberamos para ponerla a disposición del *yo*. Cumpliendo esta misión, hemos llegado a una imagen sumamente singular de la distribución que la libido ofrece primitivamente en el hombre. Nos vimos obligados a admitir que, al comienzo de la evolución individual, toda la libido (todo deseo erótico, toda capacidad amorosa) está fijada a la propia persona y "reviste" —como solemos expresarlo— el propio *yo*. Sólo posteriormente sucede que la libido, adaptándose a la satisfacción de las grandes necesidades biológicas, desborda del *yo*, vertiéndose sobre los objetos exteriores. Sólo la aparición de este proceso nos permite reconocer como tales los instintos libidinosos, distinguiéndolos de los instintos del *yo*. La libido puede volver a desprenderse de estos objetos, retirándose hacia el *yo*.

El estado en el cual el *yo* mantiene fijada la libido lo denominamos *narcisismo*, recordando la leyenda griega del doncel *Narciso*, enamorado de su propia imagen reflejada en el agua.

De tal manera, atribuimos al individuo la facultad de progresar del narcisismo al amor objetal, pero no creemos que en momento alguno toda la libido del *yo* pase a los objetos. Cierta parte siempre permanece en el *yo*; persiste cierto grado de narcisismo, a pesar de un amor objetal muy evolucionado. El *yo* es un gran depósito del que brota la libido destinada a los objetos, y al que retorna nuevamente de estos. Toda libido de los objetos fue, primitivamente, libido del *yo*, y puede volver a convertirse en esta. Para asegurar la perfecta salud del individuo es indispensable que la libido conserve su completa movilidad. Para ilustrar esta circunstancia pensemos en una ameba, cuya masa gelatinosa emite seudópodos, apéndices a los cuales pasa parte de su protoplasma, pero que en todo momento puede volver a retraerlos, restableciendo la forma primitiva de su cuerpo.

Lo que intento describir con estas someras alusiones no es sino la *teoría de la libido* aplicada a las neurosis, fundamento de todas nuestras concepciones relativas a la esencia de estos estados patológicos y de nuestra intervención terapéutica frente a los mismos. Es evidente que también aceptamos la vigencia de la teoría de la libido para la conducta normal. Hablamos del narcisismo en el niño pequeño, y atribuimos al preponderante narcisismo del hombre primitivo su fe en la omnipotencia de sus ideas y su consiguiente pretensión de influenciar, mediante la técnica de la magia, el curso de los hechos del mundo exterior.

Concluido este preámbulo, pasaré a describir cómo el narcisismo colectivo, el amor propio de la humanidad, sufrió hasta el presente tres graves y humillantes afrentas infligidas por la investigación científica.

a) Al iniciar su indagación del mundo, el hombre comenzó por aceptar que su habitáculo, la Tierra, se encuentra inmóvil en el centro del universo, mientras que el Sol, la Luna y los planetas giran en órbitas circulares a su alrededor. Al adoptar tal imagen se atenía ingenuamente a los datos de sus sentidos, pues el hombre no siente el movimiento de la Tierra y, siempre que mira libremente en torno suyo, se encuentra en el centro de un círculo que abarca todo el mundo circundante. Además, la posición central de la Tierra era para él garantía de su fundación dominante en el universo y parecía concordar perfectamente con su tendencia a sentirse señor de este mundo.

El aniquilamiento de esta ilusión narcisista está ligado al nombre y a la obra de Nicolás Copérnico, el astrónomo del siglo XVI. Mucho antes que él, los pitagóricos habían dudado de esta posición privilegiada de la Tierra, y Aristarco de Samos había expresado, ya en el tercer siglo a J. C., que el mundo es mucho más pequeño que el Sol y debe girar en torno a este astro. Así, pues, también el gran descubrimiento de Copérnico ya fue hecho anteriormente, pero cuando este le otorgó aceptación general, el amor propio de la humanidad sufrió su primera afrenta: la *afrenta cosmológica*.

b) En el curso de su evolución cultural, el hombre se atribuyó el papel de señor sobre sus semejantes de raza animal, pero no contento con tal preponderancia, se puso a cavar un abismo entre aquellos y él mismo. Les negó la facultad del raciocinio, y se atribuyó un alma inmortal y un origen divino que le permitieran renegar de todo parentesco con el mundo de las bestias. Es curioso que ni el niño pequeño, ni el salvaje, ni el hombre primitivo manifiestan esta vanidad, que es producto de una evolución posterior cuyos objetivos son mucho más ambiciosos. El hombre primitivo, en la fase del totemismo, no tuvo reparo alguno en atribuir el origen de su tribu a un ascendiente animal. El mito, sedimento de esta antigua ideología, otorga a los dioses figuras de animales, y el arte de los tiempos primitivos representa a los dioses con cabezas de animales. El niño no percibe ninguna diferencia entre su propio ser y el de los animales; sin manifestar asombro acepta que en sus cuentos los animales hablen y piensen; desplaza a un perro o a un caballo el afecto angustioso despertado por el padre, sin tener con ello la intención de rebajar a este. Sólo al tornarse adulto se distancia en medida suficiente del animal, como para poder emplear este calificativo al insultar al prójimo.

Todos sabemos que las investigaciones de Charles Darwin y las de sus colaboradores y predecesores pusieron fin, hace poco más de medio siglo, a esta presunción humana. El hombre no es más ni mejor que el animal; ha surgido de la evolución de este y está más cercanamente emparentado con unas especies y más lejanamente con otras. Sus adquisiciones posteriores no lograron disipar las huellas de esta equivalencia que se expresa tanto en su estructura corporal, como en sus disposiciones psíquicas. Esta fue la segunda humillación del narcisismo humano: *la afrenta biológica*.

c) La tercera, de orden psicológico, seguramente es la más sensible. Aunque rebajado en el mundo exterior, el hombre siguió sintiéndose soberano en su propia alma. En alguna parte, en el núcleo de su *yo*, crea un órgano rector que vigile todas sus emociones y sus actos, para establecer si coinciden con sus pretensiones. En caso contrario, son inhibidos y rechazados con rigor. La percepción interior, la conciencia, da cuenta al *yo* de todos los procesos importantes que acaecen en el aparato psíquico, y la voluntad, guiada por estas informaciones, realiza cuanto el *yo* ordena, corrige cuanto pretenda efectuarse de manera independiente. En afecto: este aparato psíquico no sería un ente simple y homogéneo, sino un sistema jerárquico de instancias subordinadas y subordinantes, una trama de impulsos que persiguen su realización en mutua independencia, de acuerdo a la multiplicidad de los instintos y de las relaciones con el mundo, siendo algunos antagónicos e incompatibles entre sí. Para que la función sea eficaz es preciso que la instancia suprema esté informada de cuanto se prepara en el psiquismo y que su voluntad pueda llegar a todas sus partes para ejercer su influencia. El *yo*, por su lado, se siente seguro, tanto de la integridad y fidelidad de sus noticias, como de la ejecución de sus órdenes.

En ciertas enfermedades, particularmente en las neurosis que nosotros estudiamos, sucede algo muy distinto. El *yo* se siente incómodo, tropieza en la propia casa —en el alma—

con limitaciones de su poderío. Surgen de improviso ideas cuyo origen desconoce, siendo vanos los esfuerzos que realiza para ahuyentarlas. Estos huéspedes extraños hasta parecen ser más poderosos que los subordinados al *yo*; resisten a todos los recursos de la voluntad, tan eficaces en otras circunstancias; no se dejan amedrentar por una refutación lógica; no son perturbados por las afirmaciones contrarias de la realidad. También pueden surgir impulsos que parecen proceder de otra persona, al punto que el *yo* los reniega, sin que ello le evite tener que temerlos y verse obligado a adoptar precauciones. El *yo* se dice que se trata de una enfermedad, de una invasión foránea; redobla su vigilancia, pero no alcanza a comprender por qué siente tan extraña impotencia.

Aunque la Psiquiatría niega que estos fenómenos obedecen a una invasión del alma por diabólicos espíritus exteriores, sólo nos dice, en lo restante, encogiéndose de hombros: "¡Degeneración, predisposición hereditaria, inferioridad constitucional!" El psicoanálisis se propone elucidar estas enigmáticas enfermedades, y para ello emprende investigaciones minuciosas y prolongadas, crea conceptos auxiliares y construcciones científicas, logrando, finalmente, decir al *yo*: "Nada extraño te ha poseído. Es una parte de tu propia vida psíquica la que se ha sustraído a tu conocimiento y a la supremacía de tu voluntad. Es por eso que te sientes tan débil al defenderte, porque luchas con una parte de tu energía, contra la otra parte. No puedes juntar todas tus fuerzas, como lo harías si lucharas contra un enemigo exterior. Y ni siquiera es la porción peor o menos importante de tus energías psíquicas la que así se ha independizado, levantándose contra ti. La culpa —no puedo menos que decírtelo— la tienes tú. Has presumido demasiado de tus fuerzas al creer que podrías disponer a tu antojo de tus instintos sexuales y que no necesitarías tener la menor consideración con sus aspiraciones. En consecuencia, se sublevaron y emprendieron sus propios y recónditos caminos para sustraerse a tu opresión; conquistaron sus derechos de un modo que ya no puede convenirte. Ignoras cómo lo han logrado y qué caminos han elegido, sólo conoces el resultado de esta labor: los síntomas, que percibes por el sufrimiento que te ocasionan. No lo aceptas, empero, como productos de tus propios instintos rechazados, e ignoras que representan su satisfacción sustitutiva. Pero todo este proceso sólo fue posible porque también has errado en otro punto. Creías saber cuanto sucedía en tu alma, siempre que se tratara de algo importante, ya que tu conciencia seguramente te lo habría de comunicar. Y cuando te faltaban noticias de algo que en ti sucedía, aceptabas simplemente, con la mayor seguridad, que ese algo no existía. Hasta has llegado a considerar que "psíquico" es sinónimo de "consciente", es decir, conocido por ti, a pesar de las manifiestas pruebas de que en tu vida psíquica sucede constantemente mucho más de lo que tu conciencia logar averiguar. ¡Déjate instruir, pues, al menos sobre este punto! Tu vida psíquica no coincide con lo consciente; que algo suceda en tu alma y que, al mismo tiempo, te enteres de ello son dos cosas muy distintas. Convengo en que, generalmente, el servicio informativo de tu conciencia puede bastar para tus necesidades. Puedes mecerte en la ilusión de que te enteras de todo lo importante, pero en muchos casos, como, por ejemplo, en uno de estos conflictos instintivos, esa información fracasa, y entonces, tu voluntad no llega más lejos que tu conocimiento. Pero en todos los casos esta información de tu conciencia es incompleta y, frecuentemente, errónea. Además, sucede muchas veces que sólo te enteras de los hechos una vez sucedidos, cuando ya nada puedes hacer para modificarlos. ¿Quién podría apreciar cuánto sucede en tu vida psíquica de lo que, aunque no estés enfermo, nada sabes, o de lo que estás mal informado? Te comportas como un monarca absolutista que se conforma con la información de sus cortesanos, sin acudir al pueblo para escuchar su voz. Contémplate profundamente y conócete primero a ti mismo; comprenderás, entonces, por qué has de enfermar, y quizá podrás evitar la enfermedad".

De esta manera el psicoanálisis trató de ilustrar al *yo*, pero sus dos enseñanzas —la de que la vida instintiva de la sexualidad no puede ser dominada del todo, y la de que los procesos psíquicos son, en esencia, inconscientes, llegando y subordinándose al *yo* únicamente a través de una percepción incompleta y poco fidedigna— equivalen a afirmar que *el yo no es señor en su propia casa*. Ambas enseñanzas constituyen la tercera humillación del amor propio humano; la calificaré de *afrenta psicológica*. ¡No nos extrañe, entonces, que el *yo* no ofrezca su favor al psicoanálisis y que le niegue tenazmente su confianza!

Muy pocos son, sin duda, los hombres que se han percatado claramente de las importantes consecuencias que la aceptación de los procesos psíquicos inconscientes tendrá para la ciencia y para la vida. Pero apresurémonos a agregar que el psicoanálisis no es el que ha dado el primer paso en este sentido. Podemos citar como precursores a eminentes filósofos, ante todo al gran pensador Schopenhauer, cuya "voluntad" inconsciente equivalente a los instintos psíquicos del psicoanálisis. Por otra parte, ha sido él quien, en términos de inolvidable vigor, ha señalado a los hombres la importancia, aún menospreciada, de sus tendencias sexuales. El psicoanálisis sólo dejó de limitarse a afirmar en forma abstracta estos dos postulados, tan ofensivos para el narcisismo: el de la importancia psíquica de la sexualidad, y el de carácter inconsciente de la vida anímica. En cambio, demostró su existencia real mediante un material que atañe personalmente a cada uno de nosotros y que obliga a adoptar una posición frente a estos problemas. Pero justamente por eso se atrae el desdén y la resistencia del hombre, que esquiva, temeroso, el nombre del excelso filósofo.

EL PSICOANÁLISIS Y LA INSTRUCCIÓN FORENSE

Este ensayo apareció por primera vez, en lengua húngara, en la revista *Nyugat*, editada por H. Ignotus (Budapest, 1917). La versión alemana fue publicada originalmente en *Imago* (tomo V, 1917), incluyéndosele posteriormente en las siguientes obras de conjunto:

Sammlung kleiner Schriften zur Neurosenlehre (*Breves escritos sobre la teoría de las neurosis*), cuarta serie, Deuticke, Leipzig-Wien, 2.ª edición, 1922.

Gesammelte Schriften (Obras Completas, edición vienesa), tomo X, Internationaler Psychoanalytischer Verlag, Wien, 1924.

Gesamte Ausgabe (Obras Completas, edición londinense), tomo XII, Imago Publishing Co., London, 1941.

Traducción inglesa (E. Jones): *Collected Papers*, tomo IV, Institute of Psychoanalysis and The Hogarth Press, London, 1920.

Traducción francesa (E. Marty y M. Bonaparte): *Psychoanalyse Appliquée*, Gallimard, París, 1933.

Traducción rusa (M. B. Wulff): Moscú, 1920.

¡Señores!:

El creciente reconocimiento de la falibilidad inherente al testimonio forense, fundamento en la actualidad de tantas condenas en casos dudosos, habrá despertado en vosotros, futuros jueces y defensores, el interés por un nuevo método de investigación que permite llevar al propio acusado a demostrar su culpabilidad o su inocencia mediante signos objetivos. Este método consiste en un experimento psicológico y se funda en trabajos de idéntica índole. Está íntimamente vinculado a ciertas concepciones que sólo hace poco han logrado plena vigencia en la psicología médica. Sé que os ocupáis actualmente en comprobar el manejo y el alcance de este nuevo procedimiento, en experiencias que podríamos calificar de "prácticas en el cadáver"; por tal razón, he aceptado gustoso la invitación de vuestro maestro, el profesor Löffler, para demostraros en detalle las relaciones entre ese método y la Psicología.

Todos conocéis el juego de sociedad que consiste en lanzar al compañero una palabra cualquiera, a la que este debe añadir una segunda, que forme con aquella un nombre compuesto; por ejemplo: las palabras 'bajo' y 'relieve', que dan 'bajorrelieve'[1]. La prueba de las asociaciones determinadas, introducida en la Psicología por la escuela de Wundt, no es más que una modificación de este juego infantil, con la particularidad de

[1] N. del Traductor. —Desde luego este acertijo ofrece mayor interés en lenguas que, como la alemana, son ricas en voces compuestas. Así, fue preciso sustituir un ejemplo mencionado por el autor, introducible a nuestra lengua.

que renuncia a la mencionada condición que debe cumplir la respuesta. El experimento consiste en presentar al sujeto una palabra —la *palabra inductora* o *palabra-estímulo*—, a la cual ha de responder, a la mayor brevedad, con una segunda palabra que se le ocurre y que se denomina *palabra de reacción* o *respuesta*, sin que su elección haya sido restringida por limitación alguna. Tanto el intervalo necesario para expresar la respuesta, como la relación, que puede ser múltiple entre esta y la palabra inductora, son objeto de la observación psicológica.

No se puede afirmar, sin embargo, que estos experimentos hayan revelado gran cosa al principio, circunstancia que resulta comprensible si se tiene en cuenta que fueron emprendidos sin fundarlos en una precisa hipótesis de trabajo y sin anteponerles un concepto aplicable a los resultados. Sólo adquirieron pleno sentido y fecundidad cuando, en Zurich, Bleuler y sus discípulos, particularmente Jung, comenzaron a ocuparse con estos "experimentos de asociación". El valor de sus trabajos no se manifestó sino cuando los basaron en la hipótesis de que la reacción a la palabra inductora no es un producto de la casualidad, estando, por el contrario, determinada por un contenido de representaciones preexistente en el individuo que reacciona.

Se acostumbra denominar *complejo* a tal contenido de representaciones capaz de influenciar la reacción a la palabra inductora. Esta influencia se manifiesta ya sea porque la palabra inductora evoca directamente el complejo, ya porque este establece contacto con aquella a través de una serie de eslabones intermedios. Este determinismo de la reacción es un fenómeno muy extraño, y en la literatura respectiva hallaréis expresado sin reservas el asombro que despierta. No obstante, es imposible ponerla en duda, pues, en general, interrogando al propio sujeto sobre los motivos de su reacción, se logra revelar la existencia de aquel complejo influenciador, comprendiendo así una reacción que de otro modo resultaría inexplicable. Ejemplos como los que figuran en las páginas 6 y 8 a 9 del trabajo de Jung[2] son muy apropiados para hacernos dudar del origen casual y del supuesto arbitrio en el suceder psíquico.

Echemos una mirada a los antecedentes del concepto de Bleuler y Jung, según el cual la reacción está determinada por un complejo de la persona sometida al examen. En 1901 pude demostrar, en un ensayo[3], que una serie de actos considerados, por lo general, inmotivados, están, al contrario, rigurosamente determinados; de tal manera, logré quitar al supuesto arbitrio psíquico buena parte de sus dominios. Como objeto de mi estudio tomé los pequeños actos fallidos: el olvido, las equivocaciones al hablar y al escribir, el dejar a trasmano; demostrando que cuando alguien se equivoca al hablar, no se ha de atribuir la responsabilidad al azar ni, exclusivamente, a las dificultades de la articulación o a las similitudes fonéticas, sino que cada vez es posible evidenciar la intervención de un contenido de representaciones —un complejo— que ha venido a modificar el discurso en un sentido determinado, apto para satisfacer su tendencia, dando como resultado el error aparentemente casual. Además, consideré los pequeños actos que el hombre realiza, al parecer, sin intención, fortuitamente —los gestos habituales, los jugueteos, etc.—, desenmascarándolos al mostrar que se trata de "actos sintomáticos", relacionados con un sentido oculto y desatinados a prestarle expresión disimulada. Advertí también que ni siquiera puede ocurrírsele a uno un nombre de pila sin que resulte estar determinado por un poderoso complejo de representaciones; más aún: hasta los números que parecen elegidos arbitrariamente pueden ser reducidos a semejantes complejos ocultos. Uno de mis colegas, el doctor Alfred Adler,

[2] Jung: *Die psychologische Diagnose des Tatbestandes* (*El diagnóstico psicológico de las circunstancias delictuosas*), Juritisch-psychologische Grenzfragen, IV, 2, 1906.
[3] *Psicopatología de la vida cotidiana.* (Tomo I de la presente edición).

logró confirmar años más tarde, con algunos bellos ejemplos[4], esta, la más extraña de mis afirmaciones. Pero una vez aceptada tal concepción del determinismo en la vida psíquica, se llega a la conclusión —derivada necesariamente de los resultados a que nos conduce la psicopatología de la vida cotidiana —de que tampoco pueden ser fortuitas las reacciones del sujeto sometido al experimento de asociación, sino que estarán condicionadas por el contenido de las representaciones que en aquel se agitan.

¡Volvamos ahora, señores, a nuestro experimento de asociación! Tal como se nos presenta en los casos que consideramos hasta ahora, quien nos reveló la motivación de las reacciones fue la misma persona examinada, circunstancia que impide aplicar este método a los procedimientos de la instrucción judicial. Pero ¿qué sucedería si invirtiésemos su planteo, a semejanza de una ecuación con varias magnitudes, que puede ser resuelta equiparando cualquiera de ellas, "a" o "b", a la incógnita? Tal como lo planteamos hasta ahora, ignorábamos el complejo; ensayamos palabras inductoras arbitrariamente elegidas, y la persona examinada nos denunció aquel, manifestándolo bajo el estímulo de estas palabras evocadoras. Procedamos ahora al revés: tomemos un complejo conocido, actuemos sobre él con palabras inductoras deliberadamente escogidas, y desplacemos la incógnita al sujeto que reacciona: ¿se podrá deducir entonces del resultado de las reacciones que también el examinado lleva en sí el complejo en cuestión?[5].

---

[4] Adler: *Drei Psychoanalysen von Zahleneinfällen und obsedierenden Zathlen* (*Tres análisis de asociaciones numéricas y de números obsesivos*), Psychiatrisch-neurologische Wochenschrift von Bresler, 1905, número 28.

[5] N. del Traductor. —La escasa inteligibilidad de este párrafo no lo es menos en el original alemán y se debe, sin duda, a que el autor hacer referencia a un procedimiento conocido por su auditorio. Se trata de un método que no es privativo de la aplicación forense que aquí se comenta, sino que forma parte de la prueba de las asociaciones determinadas en general, tal como la formularan

Advertiréis que esta manera de disponer el experimento corresponde exactamente a la situación con que se enfrente el juez de instrucción, al tratar de averiguar si ciertas circunstancias delictuosas, que ha logrado establecer, también son conocidas por el acusado, presunto autor del hecho. Wertheimer y Klein, dos discípulos de Hans Gross, el criminalista de Praga, fueron, al parecer, los primeros en disponer el experimento en este sentido, tan importante para vosotros[6].

Vuestras propias experiencias os habrán demostrado que, al proceder de tal manera, las reacciones obtenidas ofrecen varios puntos de reparo que permiten establecer si la persona examinada posee o no el complejo que se trata de evocar con las palabras inductoras. Enumeraré sucesivamente estos signos reveladores: 1) El contenido absurdo de la reacción, que requiere una explicación. 2) El retardo de la reacción, apareciendo esta, frente a aquellas palabras que evocan el complejo, sólo después de un notable intervalo (frecuentemente varias veces mayor que el tiempo de reacción normal). 3) La repetición errónea de la reacción: fenómeno curioso, como sabéis, pues, si una vez concluida la prueba con una larga serie de palabras inductoras, estas son presentadas nuevamente el examinado, repetirá las reacciones que dio la primera vez, pero frente a las palabras que evocan directamente el complejo tenderá a reemplazar la reacción original por una nueva. 4)

Wundt y sus continuadores. En efecto: una vez que el psicólogo ha empleado una lista estándar de palabras-estímulo, deduciendo de ciertos signos reveladores la existencia presunta de un complejo determinado (situación en la que el instructor del delito se encuentra desde un principio, ya que presume, basándose en las circunstancias objetivas, la culpabilidad del examinado), procede a aplicar una denominada "lista ametralladora", compuesta de palabras que aluden directamente el complejo sospechado y que sirve para confirmar su existencia y precisar sus características.

[6] Véase Jung. *loc. cit.*

El fenómeno de la perseveración (mejor sería decir, del afecto a distancia): suele suceder que el efecto de la evocación del complejo por una palabra inductora ("critica") que lo "toca" —por ejemplo: un retardo de la reacción— persiste y modifica también las reacciones a las palabras siguientes, no críticas. Ahora bien: siempre que coinciden todos estos índices o, por lo menos, algunos de ellos, se acepta que el complejo sospechado por nosotros también existe en el individuo examinado. Comprenderéis esta perturbación de la respuesta aceptando que el complejo existente en el examinado posee una carga afectiva y por eso es capaz de sustraer cierta cantidad de atención a la tarea de reaccionar. En suma, tratase en este trastorno de una "traición psíquica de sí mismo".

Sé que os ocupáis actualmente en establecer las posibilidades y dificultades de este procedimiento, destinado a que el inculpado se traiciones objetivamente a sí mismo. En consecuencia, deseo dirigir vuestra atención hacia el hecho de que, desde hace más de un decenio, en un sector ajeno al vuestro, se aplica un método análogo para revelar contenidos psíquicos ocultos o disimulados. Mi tarea ha de consistir en demostraros, en ambos terrenos, las analogías y discrepancias.

Se trata, por cierto, de un campo muy distinto del vuestro, pues me refiero al tratamiento de ciertas "enfermedades nerviosas", las denominadas psiconeurosis, como ejemplos de las cuales podéis considerar la histeria y las ideas obsesivas. El procedimiento se denomina aquí como psicoanálisis, y ha sido derivado por mí del método terapéutico "catártico", empleado por primera vez, en Viena, por J. Breuer[7]. Es preciso que salga al encuentro de vuestra sorpresa, despertada por esta mención, intentando establecer una comparación entre el delincuente

[7] J. Breuer y S. Freud: *Estudios sobre la histeria*. (Tomo X de la presente edición).

y el histérico. Ambos guardan un secreto, algo oculto; pero, a fin de no caer en la paradoja, debo destacar también la diferencia que los separa. En el delincuente se trata de un secreto que conoce, y que oculta ante vosotros; en el histérico, en cambio, de un secreto que él mismo ignora y que también oculta ante sí. ¿Cómo es posible tal cosa? Pues bien: arduas investigaciones nos enseñaron que todas estas enfermedades obedecen a que tales personas han logrado reprimir ciertas representaciones y recuerdos de intenso contenido afectivo, junto con los deseos correspondientes, al punto que dejan de desempeñar papel alguno en su pensamiento; no aparecen en su conciencia y permanecen ocultos a las mismas personas que los albergan. En este material psíquico reprimido, en estos "complejos" se originan los síntomas somáticos y psíquicos que torturan al enfermo, en modo análogo a los remordimientos de la conciencia moral. En este sentido, la diferencia entre el delincuente y el histérico es, pues, fundamental.

No obstante, la tarea del psicoterapeuta es la misma que la del juez de instrucción: debemos revelar los contenidos psíquicos ocultos y, con tal fin, hemos inventado una serie de artificios detectivescos, algunos de los cuales los señores juristas están, al parecer, dispuestos a adoptar.

Os interesará conocer, para vuestro trabajo, la manera en que nosotros, los médicos, procedemos en el psicoanálisis. Luego que el enfermo ha contado una primera vez su historia, le invitamos a que se abandone por completo a sus asociaciones y a que exprese, sin restricción crítica alguna, cuanto acuda a su mente. De modo que comenzamos por aceptar (suposición que el enfermo rechaza enérgicamente) que estas asociaciones no son arbitrarias, sino que están determinadas por la vinculación con su secreto, con su "complejo", debiendo ser consideradas, por así decirlo, como productos del mismo. Como veis, se trata de la misma hipótesis que os ha permitido interpretar los resultados del experimento de asociación. Pero el enfermo, conminado a cumplir la regla de comunicar todas sus asociaciones, no parece ser capaz de hacerlo, pues oculta ya este, ya aquel elemento, disculpándose con distintos pretextos: esto sería nimio, aquello ajeno a la cuestión y, en general, todo carecería de sentido. Le exigimos, entonces, que comunique y persiga su asociación pese a tales objeciones, pues precisamente la manifestación de estas es para nosotros una prueba de que la asociación forma parte del "complejo" que tratamos de revelar. Consideramos esta actitud del enfermo como expresión de la *resistencia* que en él existe y que ya no nos abandonará durante todo el curso del tratamiento. Sólo quiero señalar, de pasada, que el concepto de la resistencia ha adquirido máxima importancia para nuestra comprensión de la patogenia, como del mecanismo de curación.

Ahora bien: en vuestros experimentos no os encontráis, directamente con semejante crítica de las asociaciones; en el psicoanálisis, en cambio, tenemos la ventaja de poder observar todos los signos delatores de un complejo que hemos enumerado. Una vez que el enfermo ya no se atreve a violar la regla que se le ha indicado, advertimos, sin embargo, que al reproducir sus asociaciones se interrumpe momentáneamente, vacila, intercala una pausa. Cada una de estas vacilaciones es una manifestación de la resistencia y nos sirve como signo para advertir la relación con el "complejo". Sin embargo, es para nosotros el índice más importante de tal vinculación, como para vosotros lo es el análogo retardo de la reacción. Solemos interpretar las vacilaciones en este sentido, aun cuando el contenido de la asociación retenida no parezca ofrecer elementos ofensivos, aunque el mismo nos asegure que no puede imaginarse por qué ha vacilado al comunicarla. Las pausas que aparecen en el psicoanálisis son, por lo general, mucho más prolongadas que los retardos registrados en vuestras experiencias de reacción.

También el otro índice que os permite reconocer un complejo —la modificación en el contenido de la reacción— juega un importante papel en la técnica del psicoanálisis. Solemos considerar hasta las más ligeras variaciones del modo de expresión de nuestro enfermo como índices invariables de un sentido oculto, y aún nos arriesgamos a que nuestras interpretaciones en este sentido sean objeto de sus burlas. Estamos, por así decirlo, al acecho de formulaciones que toquen el equívoco y que transparenten el sentido oculto a través de una expresión inocente. No sólo el enfermo, sino también nuestros colegas no versados en la técnica psicoanalítica y en sus condiciones peculiares se niegan a aceptar nuestras interpretaciones y nos acusan de sutileza y de arbitrariedad, mas la razón suele estar, en definitiva, de nuestra parte. En el fondo, de ningún modo es difícil comprender que un secreto cuidadosamente guardado sólo se acuse por leves alusiones o, en el mejor de los casos, por expresiones de doble sentido. El enfermo se acostumbra, finalmente, a ofrecernos en "representación indirecta" cuanto necesitamos para revelar su complejo.

En un sector más limitado de la técnica psicoanalítica utilizamos el tercero de vuestros índices del complejo: el error, vale decir, la modificación en la reproducción. Una tarea que frecuentemente se nos plantea es la de interpretar los sueños, la de traducir el contenido onírico recordado por el enfermo a su sentido oculto. Sucede, a veces, que no podemos decir en qué punto iniciar la tarea y, en tal caso, podemos servirnos de una regla hallada empíricamente, que consiste en hacer repetir al enfermo la narración del sueño. Al hacerlo, el soñador suele alterar la manera de formular ciertos trozos, mientras que repite otros con fidelidad. Pero nosotros nos atenemos a los puntos cuya repetición es defectuosa, por haber sido modificada o aún, como sucede con frecuencia, por haberla omitido, considerando que esta falta de fidelidad es un índice de su relación con el complejo y nos ofrece el mejor acceso al sentido oculto del sueño[8].

No supongáis que he llegado al término de mi enunciación de concordancias, si os confieso que en el psicoanálisis no aparece un fenómeno análogo a la "perseveración". Esta aparente discrepancia no es más que una consecuencia de las condiciones particulares de vuestros experimentos. En realidad, al efectuarlos no dejáis tiempo al complejo para desarrollarse; apenas iniciado su efecto, ya se atrae la atención del examinado con una nueva palabra inductora, pero pese a esta perturbación, se suele observar que el sujeto sigue estando dominado por el complejo, fenómeno que constituye, precisamente, la "perseveración". En cambio, en el psicoanálisis procuramos evitar tal perturbación, dejamos que el enfermo se ocupe con el complejo, y dado que, en cierta manera, en nuestra técnica todo es perseveración, no logramos observar este fenómeno como un hecho aislado.

Podremos afirmar ahora que, en general, los recursos técnicos análogos a los descritos nos permiten llevar el secreto, lo reprimido, a la conciencia del enfermo, eliminando así las condiciones psíquicas de sus síntomas. Pero antes que este texto os induzca a derivar conclusiones sobre las posibilidades de vuestra tarea, señalemos las discrepancias que la situación psicológica presenta en ambas circunstancias.

Ya hemos mencionado la diferencia fundamental: en el neurótico hay un secreto frente a su propia conciencia; en el delincuente, sólo frente a vosotros. En el primero existe una ignorancia real, aunque no en cualquiera de los sentidos que se podría dar al término; en el segundo, sólo hay una simulación de la ignorancia. Con esta diferencia se relaciona otra,

---

[8] Véase *La interpretación de los sueños.* (Tomos VI y VII de la presente edición).

prácticamente más importante: en el psicoanálisis el enfermo colabora mediante sus esfuerzos conscientes, dirigidos contra la resistencia, porque el examen le ha de reportar un beneficio: la curación. Por el contrario, el criminal no puede colaborar con vosotros, pues en tal caso contra su propio *yo*. En compensación, en vuestro examen sólo se trata de que vosotros obtengáis una convicción objetiva, mientras que el tratamiento analítico exige que también el enfermo adquiera idéntica convicción. Sin embargo, aún quedan por averiguar las dificultades o modificaciones que vuestro método sufrirá por la falta de elaboración del examinado. Se trata, desde luego, de un problema que jamás lograréis resolver en vuestras prácticas de seminario, pues vuestro colega, aunque dispuesto a desempeñar el papel de acusado, no deja de ser vuestro colaborador y os ayudará, por más que tenga el propósito consciente de no traicionarse.

Llevando más lejos la confrontación de ambas situaciones, se advierte, en términos generales, que el psicoanálisis se enfrenta con una terea más simple, con un caso particular del propósito general de revelar lo oculto en la vida psíquica, mientras que en vuestro trabajo se trata de un objetivo más amplio. No hemos de traer a colación la circunstancia de que en el psiconeurótico se encuentra con toda regularidad un complejo reprimido de índole sexual en el más amplio sentido de la palabra; en cambio, seguramente aceptaréis otra discrepancia: el objetivo del psicoanálisis consiste invariablemente, en todos los casos, en revelar complejos que han sido rechazados a causa de la reacción displacentera que provocan y que, al intentar volver a la conciencia, producen signos de resistencia. Esta resistencia es, por así decirlo, localizada; se origina en la zona limítrofe entre lo inconsciente y la conciencia. En cambio, en vuestros casos se trata de una resistencia oriunda, por completo, de la conciencia. No podréis dejar de tener en cuenta esta diferencia, sino que habréis de averiguar, antes, si la resistencia consciente se delata exactamente por los mismos indicios que la inconsciente. Además, paréceme que aún no podéis afirmar, con visos de seguridad, que los signos objetivos del complejo han de ser interpretados como manifestaciones de la *resistencia*, tal como lo hacemos nosotros los psicoterapeutas. Aunque no es muy frecuente en los delincuentes, podría suceder en vuestros sujetos de experimentación que el complejo evocado por los estímulos sea de contenido placentero y, en tal caso, cabría preguntarse si dará las mismas reacciones que un complejo de tono displaciente.

No puedo dejar de señalar un factor que puede perturbar vuestras experiencias pero que, por su propia índole, queda excluido en el psicoanálisis: en el curso del examen, un sujeto neurótico podrá reaccionar como si fuera culpable, pese a ser inocente, porque en él se encuentra latente un sentimiento de culpabilidad que aprovecha la ocasión de manifestarse frente a la particular acusación de que es objeto. No consideréis este caso como una invención ociosa. Recordad, más bien, la vida infantil, donde se le encuentra con frecuencia. Suele acaecer que un niño, acusado de una travesura, niega decididamente su culpa, pero al hacerlo, solloza como si fuese un pecador convicto. Creeréis, quizá, que el niño miente cuando afirma su inocencia, pero también puede ser lo contrario: realmente no ha cometido la falta que se le imputa; pero, en cambio, otra similar de la que nada sabéis y por la cual no lo acusáis. De modo que niega, con razón, su culpa en el hecho incriminado, pero, al mismo tiempo, lo traiciona su sentimiento de culpabilidad originado en otro. En esta circunstancia —como en muchas otras— el neurótico adulto se conduce enteramente como un niño. Los individuos de esta especie son harto numerosos y, por consiguiente, nos preguntamos si vuestra técnica os permitirá diferenciar a estas personas que se inculpan a sí mismas, de las realmente culpables. Finalmente, consideremos una última limitación: como sabéis, vuestro código de procedimientos os prohíbe actuar sorpresivamente frente al acusado, tratando de confundirlo. Este sabrá, por consiguiente, que al someterse al examen sólo se trata de no traicionarse; surge, en consecuencia, la duda de si podemos esperar que aparezcan las mismas reacciones cuando la atención está fijada en el complejo, como cuando está apartada. Además, nos preguntaremos en qué medida la intención de disimular puede influenciar la modalidad de la reacción en distintos individuos.

Precisamente porque son tan diversas las situaciones en que realizáis vuestras investigaciones, es que el psicoanálisis se interesa vivamente por sus resultados. Quisiera rogaros que no desesperéis demasiado pronto ante la utilidad práctica de las mismas. Aunque en el ejercicio de la justicia soy un extraño, permítaseme formular una propuesta. Pese a la utilidad didáctica de los ejercicios de seminario, jamás lograréis establecer en ellos la situación psicológica en que se encuentra el acusado durante la instrucción judicial. Aquellos no pasan de ser "prácticas en el cadáver", que nunca podrán decidir sobre la aplicabilidad real de este método en el procedimiento forense. Si no queremos renunciar a emplearlo, se nos ofrece la siguiente solución: se os debería permitir, y hasta conminar, emprender estas investigaciones durante una serie de años, en todos los casos *reales* de inculpación penal, *sin que los resultados obtenidos puedan influenciar en lo más mínimo las decisiones de la justicia*. Lo mejor sería si las deducciones respecto a la culpabilidad del acusado, a que vuestras investigaciones os hubieran conducido, no llegasen al conocimiento de la instancia del juez. Luego de haber recolectado y elaborado comparativamente, durante algunos años, los resultados así obtenidos, seguramente será posible disipar las dudas sobre la utilidad práctica de este método de investigación psicológica. Sé, por cierto, que la realización de mi propuesta no depende únicamente de vosotros ni de vuestro apreciado maestro.

LOS ACTOS OBSESIVOS
Y LOS RITOS RELIGIOSOS

Este ensayo apareció originalmente en la *Zeitschrift für Religionspsychologie*, editada por Bresler y Vorbrodt (vol. I, número 1, 1907), siendo incluido posteriormente en:

Sammlung kleiner Schriften zur Neurosenlehre (*Breves escritos sobre la teoría de las neurosis*), segunda serie. Deuticke, Leipzig-Wien, 2.a edición, 1912.

Gesammelte Schriften (Obras Completas, edición vienesa), tomo X, Internationaler Psychoanalytischer Verlag, Wien, 1924.

Gesamte Ausgabe (Obras Completas, edición londinense), tomo VII, Imago Publishing Co., London, 1940.

Fue traducido al inglés (E. Jones) en los *Collected Papers*, tomo II, Institute of Psychoanalysis and The Hogarth Press, London, 1924.

Seguramente no soy el primero que advierte la sorprendente similitud de los actos obsesivos neuróticos con los ritos mediante los cuales el creyente manifiesta su religiosidad. El término “ceremonial”, que ha servido para designar algunos de estos actos obsesivos, me lo demuestra. Sin embargo, no me parece que esta semejanza sea tan solo superficial, de modo que al escrutar la génesis de los ceremoniales neuróticos podremos deducir juicios de analogía acerca de los procesos psíquicos de la vida religiosa.

Las personas que realizan actos obsesivos o ceremoniales, junto a las que padecen ideas, representaciones, impulsos obsesivos y síntomas similares, pertenecen a una entidad clínica particular que se ha acordado en denominar *neurosis obsesiva*[9]. Pero no se intente derivar de este término la particularidad característica de esta afección, pues, estrictamente hablando, muy distintas manifestaciones psicopatológicas tienen idéntico derecho a ser incluidas en el denominado “carácter obsesivo”. En lugar de una definición, hemos de conformarnos, por ahora, con la enunciación detallada de estos estados, ya que hasta el presente no se ha logrado establecer el criterio diferencial, probablemente recóndito, de la neurosis obsesiva, cuya existencia se puede apreciar, sin embargo, en todas sus manifestaciones.

El ceremonial neurótico consiste en pequeños actos, aditamentos, limitaciones, disposiciones, que son realizados en ciertas actividades de la vida diaria, en forma siempre uniforme

[9] Véase: Löwenfeld, *Die psychischen Zwangserscheinungen* (*Los fenómenos psíquicos obsesivos*), 1904.

o regularmente modificada. Estos actos nos impresionan como simples "formalidades" y, por eso, nos parecen carentes de toda importancia. No de otro modo los considera el propio enfermo que, no obstante, es incapaz de omitirlos, pues toda violación del ceremonial se expresa por una intolerable angustia que obliga a remediar inmediatamente la omisión. Tan insignificantes como los actos del ceremonial son las ocasiones y actividades complicadas, dificultades y, en todo caso, retardadas por aquel, como, por ejemplo, el vestirse y el desvestirse, el acostarse y la realización de las necesidades orgánicas. Puede describirse el cumplimiento de un ceremonial sustituyéndolo, por así decirlo, por una serie de leyes no codificadas; así, para el ceremonial de acostarse: el sillón debe estar ante la cama, en una posición determinada; sobre él ha de concentrarse la ropa plegada en un orden establecido; las mantas deben estar dobladas al pie de la cama, la sábana perfectamente extendida; las almohadas arregladas de tal cual manera; el cuerpo acostado en una posición perfectamente fijada; sólo entonces está permitido dormirse. En los casos leves, el ceremonial se asemeja, pues, a una exageración del orden acostumbrado y justificado, pero la particular minuciosidad de su realización y la angustia que aparece al omitirlo dan al ceremonial el carácter de una práctica "sagrada". Sus perturbaciones son casi siempre mal soportadas; el público y la presencia de otras personas durante su cumplimiento generalmente están excluidos.

Cualquier actividad, siempre que sea ornada con pequeños aditamentos, siempre que sus interrupciones y repeticiones le confieran carácter rítmico, puede convertirse en un acto obsesivo, en el sentido más amplio del término. No se esperará encontrar un límite preciso entre el "ceremonial" y los "actos obsesivos", pues casi siempre estos surgen de aquel. Junto a estos dos síntomas, la neurosis obsesiva presenta prohibiciones e inhibiciones (abulias), que no hacen sino acentuar el efecto de los actos obsesivos al prohibir completamente algunas cosas al enfermo, y al permitirle otras, sólo bajo la condición de cumplir un ceremonial prescrito.

Es notable que tanto la obsesión como las prohibiciones (el tener que hacer una cosa, el no poder hacer otra) sólo afectan, al principio, las actividades íntimas del individuo, sin alterar, sino al cabo de mucho tiempo, su conducta social, de modo que estos enfermos pueden ocultar durante largos años su enfermedad, considerándola como un asunto privado. Además, las personas que sufren estas formas de neurosis obsesiva son mucho más numerosas de lo que los médicos sospechan. Por otra parte, muchos enfermos disimulan fácilmente, dado que son bien capaces de cumplir parte del día sus obligaciones sociales, luego de haberse dedicado durante una serie de horas, en secreto retiro, a su misteriosa actividad.

Es fácil advertir dónde reside la semejanza entre el ceremonial neurótico y las prácticas sagradas del ritual religioso: en el remordimiento al omitirlos, en el completo aislamiento de toda otra actividad (exclusión de las perturbaciones) y en la escrupulosidad de su realización minuciosa. Pero no menos evidentes son las discrepancias, algunas de ellas tan violentas que tornan sacrílega toda tentativa de equiparación. Considérese la mayor variedad individual de los actos ceremoniales, frente a la estereotipia del rito (oración, unción, etc.); el carácter privado de aquellos, frente a la realización pública y en común de las prácticas rituales; pero, más que cualquier otra, la diferencia de que los pequeños aditamentos del ceremonial religioso tienen un sentido real y simbólico, mientras que los del neurótico parecen frívolos e insensatos. La neurosis obsesiva nos presenta así la caricatura tragicómica de una religión privada. Sin embargo, precisamente esta, la más decisiva diferencia entre el ceremonial neurótico y el religioso, queda eliminada si, con ayuda de la técnica psicoanalítica, se llega a comprender los actos obsesivos[10]. Al emprender tal investigación se aniquila el erróneo concepto de que los actos obsesivos son nimios y carentes de sentido, descubriéndose, al mismo tiempo, la causa de esta apariencia. Nos enteramos de que los actos obsesivos son, siempre y en todos sus detalles, plenos de sentido, se encuentran al servicio de importantes intereses de la personalidad y sirven para expresar vivencias latentes e ideas provistas de carga afectiva. Cumplen su misión en doble forma, ya como reproducciones directas, ya como representaciones simbólicas; por lo tanto, pueden ser interpretados históricamente, o bien simbólicamente.

No puedo menos que describir algunos ejemplos que ilustrarán esta afirmación. Quien esté familiarizado con los resultados a los que arribó la investigación psicoanalítica de las psiconeurosis, no se sorprenderá al enterarse de que lo representado por los actos obsesivos o por el ceremonial proviene de las vivencias más íntimas del enfermo, generalmente de las sexuales:

a) Una niña, que tuve oportunidad de observar, padecía la obsesión de voltear varias veces la palangana cada vez que terminaba de lavarse. La significación de esta ceremonia procedía del refrán: "No vuelques el agua sucia sin tener otra limpia". El pacto era una advertencia dirigida a la amada hermana, para impedir que se divorciara de su antipático marido antes de haber entablado relación con un hombre mejor.

---

[10] Véase: Freud, *Sammlung kleiner Schriften zur Neurosenlehre* (*Breves escritos sobre la teoría de las neurosis*), Wien, 1906 (3.ª ed., 1920).

N. del Traductor. —De los trabajos incluidos en la citada colección, el autor se refiere seguramente a *La neuropsicosis de defensa*, *Obsesiones y fobias* y *Nuevas observaciones sobre la neuropsicosis de defensa*, contenidos todos en el tomo XI de esta edición. Aunque no alude aquí a este trabajo, por ser de fecha posterior, puede consultarse también *La disposición a la neurosis obsesiva*, que se hallará en el tomo XIII de la presente edición.

b) Una mujer, separada de su marido, obedecía durante la comida a la obsesión de no tocar los manjares más suculentos, comiendo, por ejemplo, sólo los bordes de un trozo de carne asada. Esta renuncia quedaba explicada por la fecha de su primera aparición, día en el cual había anunciado a su marido la intención de interrumpir las relaciones conyugales, es decir, había renunciado a lo mejor.

c) La misma enferma sólo podía sentarse en determinado sillón, y no lograba levantarse sino con gran dificultad. El sillón simbolizaba para ella, en relación con ciertos detalles de su vida conyugal, al hombre a quien seguía siendo fiel. Para explicar su obsesión, decía: "¡Es tan difícil separarse de un hombre (sillón) sobre el cual se ha estado sentada!"

d) En cierta época, solía repetir un acto obsesivo particularmente notable y carente de sentido. Se precipitaba de su habitación a otra, en cuyo centro había una mesa; disponía la carpeta en determinada forma; llamaba a la mucama, la obligaba a acercarse a la mesa, y la despedía con un encargo cualquiera. Al tratar de explicar esta obsesión se le ocurrió que la carpeta de marras tenía en cierta parte una mancha fea, y que cada vez que esto sucedía, ella colocaba la carpeta de manera tal que la mucama debía ver la mancha, forzosamente, al acudir. La obsesión reproducía una vivencia matrimonial que la había preocupado profundamente. Durante la noche de bodas, el marido había sufrido un impedimento (bastante frecuente, por otra parte), hallándose impotente, y "varias veces, durante la noche, vino corriendo de su cuarto al mío" para repetir las tentativas. A la mañana manifestó que debía avergonzarse ante la mucama del hotel, cuando esta viniera a ordenar las camas; tomó entonces un frasquito de tinta roja y volcó su contenido sobre la sábana, pero con tan poca habilidad que la mancha vino a quedar en un lugar sumamente inapropiado para el fin a que estaba destinada. Así, en su acto obsesivo, la enferma "jugaba a noche de bodas". "Mesa y cama" dan, juntas, el matrimonio.

e) También halló explicación histórica su obsesión de anotar el número de cuanto billete de banco pasará por sus manos. Cuando aún abrigaba la intención de abandonar a su marido apenas encontrara otro hombre más digno de confianza, hallándose en un balneario permitió que la cortejara gentilmente un señor, cuyas intenciones matrimoniales no logró, sin embargo, establecer. Faltándole, cierto día, dinero menudo, le rogó que cambiara una pieza de cinco coronas; el señor así lo hizo, se guardó la moneda y dijo, galantemente, que jamás se desprendería de ella, ya que había pasado por su mano. En encuentros posteriores estuvo tentada, muchas veces, a pedirle que le mostrara la moneda de cinco coronas, como si quisiera cerciorarse así de la confianza que merecían sus requiebros. No lo hizo, sin embargo, con la acertada reflexión de que es imposible distinguir las monedas de un mismo cuño. Así, subsistió su duda y le produjo la obsesión de anotar los números de billetes, que permiten diferenciar entre sí los equivalentes.

Estos pocos ejemplos extraídos de mi experiencia no han de servir más que para ilustrar el postulado de que en los actos obsesivos todo tiene sentido y es susceptible de interpretación. Este aserto también vale para el ceremonial propiamente dicho, sólo que aquí su comprobación requeriría una información más completa. De ningún modo ignoro cuánto nos hemos apartado de las cosas religiosas, al esclarecer los actos obsesivos.

Una de las condiciones de la enfermedad es la de que quien obedece a la obsesión, la ejecuta ignorado su significado o, por lo menos, su significado principal. Sólo los esfuerzos del tratamiento psicoanalítico permiten llevar a su conciencia el sentido del acto obsesivo y, con ello, los motivos que lo impulsan. Enunciamos esta situación fundamental, diciendo que el acto obsesivo sirve para expresar motivos y representaciones *inconscientes*. Esta característica constituye, al parecer, una nueva diferencia frente a las prácticas religiosas; no obstante, recuérdese que también el creyente realiza el ceremonial religioso sin indagar, por lo común, su significación, aunque, en cambio, el sacerdote o el erudito suelen conocer el sentido, generalmente simbólico, del ritual. Pero los motivos que impulsan al ejercicio de la religión son ignorados por todos los creyentes, quienes los sustituyen en su conciencia por motivaciones supuestas.

El análisis de los actos obsesivos ya nos ha permitido comprender medianamente sus causas y la concatenación de sus motivos fundamentales. Podemos afirmar que quien sufre de obsesiones y prohibiciones se comporta como si viviera bajo el impero de un *sentimiento de culpabilidad*, del que, sin embargo, nada sabe; es decir, de un *sentimiento inconsciente de culpabilidad*, expresión que no es lícito eludir pese a la contradicción que implica[11]. Este sentimiento de culpabilidad procede de ciertos procesos psíquicos tempranos, pero es constantemente remozado en cuanto una ocasión actual despierta la *tentación* y, por otra parte, mantiene la latencia, sin cesar, una *angustia expectante*, una espera de una catástrofe, vinculada, mediante el concepto del castigo, a la percepción íntima de la tentación. Cuando el ceremonial está en vías de formación, el enfermo todavía tiene conciencia de que ha de hacer esto o aquello, pues de otro modo acaecería una desgracia y, por lo común, la especie de esta desgracia esperada también es conocida. En cambio, ya ha perdido conocimiento de la relación, comprobable en todos los casos, que la ocasión en que aparece la angustia expectante guarda con el contenido de su amenaza. Por consiguiente, el

[11] N. del Traductor. —La contradicción a que se refiere el autor no es aparente en la redacción castellana. En alemán, "sentimiento de culpabilidad" es *Schuldbewusstsein* (conciencia de culpabilidad), de modo que el pasaje mencionado rezaría: "conciencia inconsciente de culpabilidad".

ceremonial se inicia como un *acto de defensa* o *de salvaguardia*, como una medida de protección.

Al sentimiento de culpabilidad del neurótico obsesivo corresponden, en el hombre religioso, las aseveraciones de que es un impío pecador; las medidas de defensa y de protección parecen estar representadas por las prácticas devotas (oraciones, invocaciones, etc.) con que los fieles suelen comenzar toda actividad diaria y, especialmente, toda empresa extraordinaria.

Se llegará a una comprensión más profunda del mecanismo de la neurosis obsesiva, si se considera el fenómeno que constituye su fundamento primordial: en todos los casos se trata de la *represión de un impulso instintivo* (de una componente del instinto sexual), contenido en la constitución del individuo, expresado durante un tiempo en la vida infantil y sometido, más tarde, al destino de la represión. Al producirse esta, surge una *escrupulosidad* especial, dirigida precisamente contra los fines de este instinto, pero esta formación reactiva psíquica no se siente segura, sino que se considera amenazada constantemente por el instinto latente en el inconsciente. La influencia del instinto reprimido es vivenciada como tentación; en el mismo proceso de la represión se origina la angustia que, como angustia expectante, se apodera del futuro. El proceso de represión que conduce a la neurosis obsesiva ha de ser considerado como imperfecto, como una medida que amenaza fracasar en grado cada vez mayor. Por consiguiente, se le puede comparar con un conflicto de imposible solución; es preciso realizar constantemente nuevos esfuerzos psíquicos para compensar las incesantes irrupciones del instinto. Los actos ceremoniales y obsesivos aparecen así, en parte, con el fin de rechazar la tentación; en parte, como protección contra la calamidad esperada. Las medidas de protección parecen fracasar rápidamente frente a la tentación; surgen entonces las prohibiciones, destinadas a alejar la situación tentadora. Como vemos, las prohibiciones sustituyen los actos obsesivos, como las fobias sirven para evitar el acceso histérico. Por otro lado, el ceremonial constituye la suma de las condiciones bajo las cuales pueden ser realizados otros actos, aún no del todo prohibidos, igual que el ceremonial eclesiástico del matrimonio permite a los fieles el goce sexual, condenando, de otro modo, como pecado carnal. Las neurosis obsesivas, como todas las afecciones análogas, se caracterizan, finalmente, porque sus expresiones (los síntomas y, entre ellos, los actos obsesivos) representan compromisos entre potencias anímicas opuestas. Por eso siempre restituyen parte del placer que estaban destinadas a evitar; sirven a los mismos reprimidos, en grado no menor que a las instancias represoras. Más aún; con el progreso de la enfermedad, los actos que originalmente tendían a satisfacer prevalentemente la defensa se aproximan de forma paulatina a las actividades condenadas que permitieron, en la infancia, satisfacer el instinto.

En la vida religiosa hallamos los siguientes fenómenos equivalentes a los procesos descritos. También el origen de la religiosidad parece obedecer a una represión, a una *renuncia* a determinadas tendencias instintivas, pero no se trata aquí, como en las neurosis, de componentes exclusivamente sexuales, sino de instintos egoístas, socialmente perniciosos que, por otra parte, en general, no carecen de un elemento sexual. Hemos conocido en la religión, mucho antes que en la neurosis, el sentimiento de culpabilidad consecutivo a la continua tentación y la angustia expectante, manifestada como temor ante la cólera divina. La represión instintiva también es insuficiente y parcial en la religión, circunstancia que puede obedecer a los elementos sexuales agregados o, quizá, a propiedades generales inherentes al instinto. Las recaídas completas en el pecado son aún más frecuentes en el creyente que en el neurótico, y constituyen el fundamento de una nueva especie de prácticas religiosas: las penitencias, cuyas manifestaciones análogas también se encuentran en la neurosis obsesiva.

Una característica extraña y que despoja de toda dignidad a la neurosis obsesiva reside en que el ceremonial se agrega a los minúsculos actos de la vida cotidiana, expresándose en ridículas reglamentaciones y limitaciones de estos. Sólo se comprenderá este llamativo rasgo de la enfermedad, al tener en cuenta que el mecanismo del *desplazamiento* psíquico, que hallé por primera vez en la génesis del sueño[12], domina también los fenómenos psíquicos de la neurosis obsesiva. En los pocos ejemplos de actos obsesivos que he presentado, ya se puede advertir de qué manera el simbolismo y la minuciosidad de la realización surgen de un desplazamiento del elemento realmente aludido e importante, a uno sucedáneo e insignificante (por ejemplo, del hombre al sillón). Esta tendencia al desplazamiento es la que altera progresivamente al cuadro de la enfermedad, y lleva, finalmente, a que lo más insignificante se torne importante e imperioso. No se puede dejar de reconocer que en el terreno religioso hay una tendencia similar al desplazamiento del acento psíquico en idéntica dirección, de modo que el insignificante ceremonial del rito religioso se convierte paulatinamente en lo esencial, desplazando por completo su contenido ideológico. Por eso es que las religiones sufren reformas esporádicas y repentinas, tendientes a restablecer la primitiva relación de los valores.

El carácter de compromiso que presentan los actos obsesivos, en tanto que síntomas neuróticos, es el rasgo menos acusado en las prácticas religiosas análogas. Sin embargo, aún este rasgo ha de acudir a nuestra mente si consideramos con cuánta frecuencia los actos condenados por la religión —expresiones de los instintos reprimidos por esta— son realizados invocando, precisamente, la religión, y en alegado provecho de la misma.

---

[12] Freud: *La interpretación de los sueños*, 1900. (Tomos VI y VII de la presente edición).

Evidenciadas estas coincidencias y analogías, podríamos atrevernos a considerar la neurosis obsesiva como símil patológico de la génesis religiosa: a la neurosis, como una religiosidad particular, a la religión, como una neurosis obsesiva universal. La coincidencia esencial se encontraría en el origen común de ambas manifestaciones: la represión de los instintos arraigados en la constitución. La discrepancia decisiva correspondería a la naturaleza de estos instintos, que en la neurosis son exclusivamente sexuales, en la religión, en cambio, de origen egoísta.

La renuncia progresiva a los instintos constitucionales, cuya realización ofrecería al *yo* un placer primario, parece ser uno de los fundamentos de la evolución cultural del hombre. Parte de esta represión instintiva es cumplida por las religiones, que obligan al individuo a ofrendar su placer instintivo a la divinidad. “Mía es la venganza”, dice el Señor. Observando la evolución de las religiones antiguas, se advierte que gran parte de lo que el hombre abandonó, por considerarlo “sacrilegio”, fue cedido a la divinidad y siguió siendo lícito en su nombre, de modo que la ofrenda al dios fue el camino que permitió al hombre librarse de la dominación de instintos condenados, antisociales. Por eso no es casual el hecho de que los antiguos dioses fueran dotados profusamente de todas las cualidades humanas, junto con los crímenes que de ellas resultan. Tampoco es contradictoria la circunstancia de que no estuviera permitido justificar los propios crímenes con el ejemplo divino.

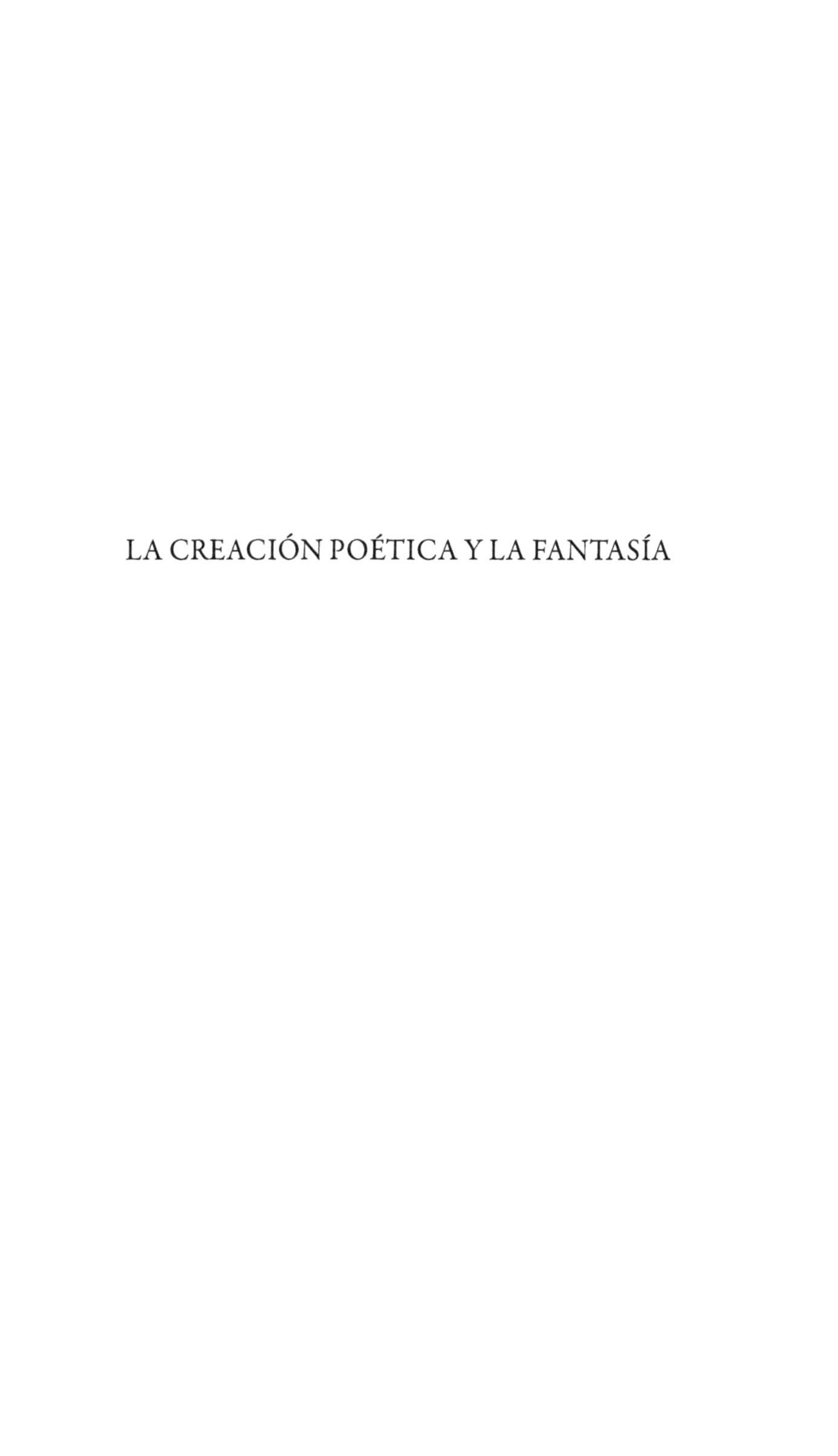

LA CREACIÓN POÉTICA Y LA FANTASÍA

Este ensayo fue publicado originalmente en la *Neue Revue*, (año I, 1908), siendo reimpreso posteriormente e incluido en las siguientes recopilaciones:

Sammlung kleiner Schriften zut Neurosenlehre (*Breves escritos sobre la teoría de las neurosis*), segunda serie, Deuticke, Leipzig-Wein, 2.ª edición, 1912.

Zur Tecnhik der Psychoanalyse und zur Metapsychologie (*Ensayos sobre técnica psicoanalítica y metapsicología*). Internationaler Psychoanalytischer Verlag, Wien, 1924.

Gesammelte Schriften (Obras Completas, edición vienesa), tomo X, Internationaler Psychoanalytische Verlag, Wien, 1924.

Gesamte Ausgabe (Obras Completas, edición londinense), tomo VII, Imago Publishing Co., London, 1940.

Fue traducido a los siguientes idiomas:

Traducción inglesa (E. Jones): *Collected Papers*, tomo IV, Institute of Psychoanalysis and The Hogarth Press, London, 1925.

Traducción francesa (E. Marty y M. Bonaparte): *Essais de Psychoanalyse Apliquée*, Gallimard, París, 1933.

Estos personajes enigmáticos, los poetas, despiertan en nosotros, prosaicos legos, una doble curiosidad: ¿dónde logran los asuntos que dan origen a sus creaciones?, —pregunta similar a la que cierto cardenal dirigiera a Ariosto—; ¿cómo es que con aquellos nos conmueven al punto de despertar emociones que ni siquiera habíamos sospechado en nosotros? Nuestro interés no puede sino crecer cuando, interrogando al propio poeta, nos enteramos, sorprendidos, de que tampoco él logra respondernos explícitamente. Ni siquiera vacilaremos en nuestra indignación al reconocer que aun la más cuidadosa selección de los asuntos poéticos y el mejor conocimiento de la creación literaria en nada contribuirán a convertirnos en poetas.

¡Si al menos vislumbrásemos en nosotros o en nuestros semejantes una actividad emparentada, aunque remotamente, con la creación poética! Así, podríamos esperar que mediante el estudio de aquella, lograríamos un conocimiento somero de esta. En afecto, nuestra esperanza parece no ser vana, ya que los propios poetas se complacen en reducir la distancia que media entre su peculiaridad y la esencia común del ser humano: ¡cuán frecuentemente nos aseguran que en todo hombre se esconde un poeta, y que el último de estos no morirá sino cuando desaparezca el último de los mortales!

¿Acaso habremos de hallar en el niño las primeras trazas de la actividad poética? Su tarea predilecta y afanosa es el juego; quizá podremos afirmar que todo niño, al jugar, se conduce como un poeta, ya que crea un mundo propio, o, más bien, dispone los objetos de su mundo en un orden nuevo, preferido. Sería injusto, entonces, afirmar que no toma en serio este mundo; por el contrario, juega con profunda gravedad y aplica en ello considerable despliegue afectivo. Lo contrario del juego no es, por cierto, la seriedad, sino la realidad. Sin embargo, aquel revestimiento afectivo no impide al niño distinguir perfectamente entre el mundo de sus juegos y el de la realidad, de modo que con gusto adapta los objetos y circunstancias de su imaginación a las cosas tangibles y visibles del mundo real. Precisamente esta adaptación es lo que distingue el *juego del niño* de la *fantasía*.

El poeta procede igual que el niño al jugar: crea un mundo fantástico y lo toma muy en serio; es decir, que lo dota de grandes cantidades afectivas, sin dejar de separarlo netamente de la realidad. Particularmente la lengua alemana ha conservado este parentesco entre el juego infantil y la creación poética, nombrando *Spiel* (juegos) a aquellas creaciones literarias que imponen una adaptación a objetos reales y que son susceptibles de representación escénica, así, se dice *Lustspiel* (literalmente 'juego placentero', comedia) y *Trauerspiel* ('juego triste', tragedia), y designando *Schauspieler* ('jugador escénico', actor) a la persona que los interpreta. Pero tal irrealidad del mundo poético tiene importantes consecuencias para la técnica artística, pues muchas cosas que no proporcionarían placer alguno en la realidad, obtienen ese afecto en el juego de la fantasía; muchas emociones esencialmente desagradables se convierten en motivos de deleite para el oyente o el espectador.

Detengámonos un instante más en la antinomia realidad-juego, a fin de percibir otra de sus manifestaciones. Convertido el niño en adulto, habiendo abandonado el juego, afanándose durante decenios por captar la realidad de la vida con la necesaria seriedad, puede suceder un día que caiga en un estado psíquico en el cual vuelva a anular aquella contradicción entre el juego y lo real. El adulto remoza entonces la profunda seriedad con que antaño se dedicó a sus juegos infantiles y, equiparándoles sus aparentemente graves ocupaciones actuales, arroja de sí el excesivo peso de la vida cotidiana, conquistando así el placer supremo del humor.

De modo que el abandono de la infancia parece entrañar una renuncia al placer del juego, mas quien conozca el psiquismo del hombre sabrá que poco le resulta tan difícil como el abandono de un placer gustado. En verdad, jamás renunciamos a algo; tan sólo trocamos una cosa por otra. Cuanto tiene cariz de renuncia no es, en el fondo, más que una formación sustitutiva, el canje por un sucedáneo. Así, cuando el adolescente deja de jugar, sólo renuncia a la adaptación al mundo real: *abandona el juego para dedicarse a la fantasía*, construye castillos en el aire, crea lo que denominamos "sueños diurnos". Considero que la mayor parte de los hombres elaboran fantasías en ciertas épocas de su vida, pero este hecho ha pasado desapercibido durante mucho tiempo y su importancia no ha sido, por ello, debidamente apreciada.

Es más difícil observar la elaboración fantástica en el hombre, que el juego en el niño. Aunque este juega solo o forma con sus compañeros un grupo psíquicamente cerrado, dedicado al juego, el cual no es realizado con el fin de exhibirlo a los mayores, no por ello esconde su actividad ante estos. El soñador adulto, en cambio, se avergüenza de sus fantasmas y los oculta ante el prójimo, los disimula como secretísimas intimidades y, por lo general, preferirá confesar sus faltas antes que comunicar sus fantasías. Puede suceder que imagine, así, ser el único que elabora estas visiones quiméricas, sin sospechar la difusión universal de creaciones análogas. Tan dispares actitudes en el niño que juega y en el adulto que fantasea obedecen a que ambas actividades, aunque una continúa la otra, responden a distintos móviles. El juego del niño es dirigido por deseos y, más precisamente, por aquel deseo que facilita su educación: el de ser grande, de parecerse a los adultos. El niño siempre juega a "ser grande", imita en el juego cuanto averigua de las actividades adultas, sin hallar motivo alguno para ocultar este deseo. Muy distinta es la situación del soñador adulto. Por un lado, sabe que de él se espera que no juegue ni fantasee, sino que actúe en el mundo real; por otra parte, entre los deseos que mueven sus fantasías hay muchos que precisa ocultar, por ello se avergüenza de sus fantasías, considerándolas pueriles y prohibidas.

Se preguntará cómo es posible que se tenga tal conocimiento de las fantasías humanas, ya que se les rodea de tanto misterio. Es que existe una categoría de seres humanos a quienes no precisamente un dios, mas sí una severa diosa —la necesidad—, ha conferido la misión de expresar sus dolores y sus placeres: se trata de los neuróticos, obligados a confesar hasta sus fantasías al médico que ha de curarlos mediante el tratamiento psíquico. Esta es la fuente de nuestros mejores conocimientos; su estudio nos ha llevado a aceptar, justificadamente, que nuestros enfermos nada nos comunican que no hallemos también en el ser normal.

Tratemos de esbozar algunas características de la creación imaginativa. Ante todo, advertimos que el hombre feliz no fantasea, que sólo lo hace quien no halla satisfacción. Los deseos frustrados son los motores de las fantasías y cada una de estas representa una realización del deseo, una enmienda de la realidad defraudadora. Los deseos impelentes varían según el sexo, el carácter y las circunstancias vitales del soñador, pero se puede discernir dos orientaciones principales, sin recurrir por ello a un artificio de clasificación. Posiblemente, se trata de deseos ambiciosos, que sirven a la exaltación de la personalidad, o bien, de anhelos eróticos. En la mujer joven predominan casi exclusivamente los segundos, pues su ambición se agota, en general, en las tendencias amorosas; en el joven varón, en cambio, predominan, junto a los deseos eróticos, los egoístas y ambiciosos. Mas no pretendemos destacar la oposición entre ambas tendencias, sino, por el contrario, su frecuente asociación, pues, así como en muchos retablos del altar se descubre, disimulado, el retrato del donador, así también hallamos, en la mayoría de las fantasías ambiciosas, oculta en algún recoveco a la dama en cuyo favor el fantaseador realiza sus proezas, a cuyos pies ofrenda todos sus triunfos. Se advertirá que estos son motivos harto poderosos para ocultar las fantasías, pues a la mujer bien educada no se le concede sino un mínimo de necesidades eróticas, y del joven se espera que haya aprendido a reprimir sus deseos egoístas excesivos, herencia dejada por los mimos de la infancia, a fin de que pueda adaptarse a una sociedad en la que no escasean, por cierto, seres no menos ambiciosos.

Los productos de esta actividad imaginativa —las fantasías, los castillos en el aire, los sueños diurnos— no han de ser considerados como formaciones rígidas e inmutables. Por el contrario, se adaptan a las fluctuantes impresiones que nos ofrece la vida; se modifican con cada cambio de las circunstancias; toda impresión nueva les estampa algo así como un "sello fechador". Pero la vinculación entre la fantasía y el tiempo es aún más significativa. La fantasía flota, por así decirlo, entre tres tiempos, entre las tres coordenadas temporales de nuestra imaginación. El trabajo psíquico parte de una impresión actual, de un motivo en el presente capaz de despertar uno de los grandes deseos que el individuo alberga; desde allí toma enlace con el recuerdo de una vivencia pretérita, generalmente infantil, en la que aquel halló satisfacción, estableciendo así, imaginativamente, una situación —el sueño diurno, la fantasía— proyectada al futuro, satisfactora del deseo y provista de signos que revelan su doble origen: el motivo actual y la reminiscencia. Así, el pasado, el presente y el futuro se enhebran en el hilo del deseo.

El más trivial de los ejemplos bastará para ilustrar lo que acabamos de decir. Imagínese a un adolescente pobre y huérfano a quien se le acaba de indicar las señas de un patrón que, quizá, podrá darle empleo. Encaminándose a casa de aquel, podría suceder que discurra un sueño diurno surgido de su situación presente, que tendrá, poco más o menos, el siguiente contenido: aceptado por su nuevo amo, le agrada, se torna insustituible en su empresa, es recibido en la familia, se casa con la encantadora niña de la casa y termina por dirigir el negocio, primero como socio de su suegro y luego como su heredero. Al realizar esta labor imaginativa, el soñador vuelve a procurarse cuanto poseyera en la feliz infancia: el amparo del hogar, los amorosos padres y los primeros objetos de sus anhelos afectuosos. Se reconoce, a través de este ejemplo, cómo el deseo explota una ocasión presente para esbozar una imagen del futuro sobre el modelo del pasado.

Mucho habría que decir aún sobre las fantasías, pero quiero limitarme a las indicaciones más concisas. Cuando en la vida psíquica las producciones fantásticas se tornan exuberantes y omnipotentes, quedan establecidas las condiciones para la caída en la neurosis o en la psicosis. Por otra parte, las fantasías son los fenómenos premonitorios psíquicos de los síntomas que aquejan a nuestros enfermos. He aquí, pues, un amplio ramal que conduce al terreno de la patología.

Mas no puedo omitir las vinculaciones entre la fantasía y el sueño. Nuestros sueños nocturnos tampoco son más que fantasías semejantes, como lo ha demostrado su interpretación[13]. El lenguaje, en su incomparable sabiduría, hace mucho que ha dilucidado la esencia de los sueños al denominar *sueños diurnos* a las etéreas creaciones de los fantaseadores. Si a pesar de tal indicación el sentido de nuestros sueños casi siempre se sustrae a nuestra comprensión, ello se debe a que de noche despiertan también deseos que nos causan bochorno y que procuramos ocultar ante nosotros mismos; es esta la razón, precisamente, que motiva su represión al inconsciente. A estos

---

[13] Véase: *La interpretación de los sueños*, tomos VI y VII de la presente edición.

deseos reprimidos y a sus vástagos no les queda, pues, más posibilidad de expresión que una muy deformada. Una vez que la ciencia logró elucidar la *deformación onírica*, resultó fácil reconocer que los sueños nocturnos no son sino otras tantas realizaciones de deseos, igual que los sueños diurnos, las tan conocidas fantasías.

Esto en cuanto a las fantasías. ¡Ocupémonos ahora del poeta! ¿Será lícito que intentemos comparar al poeta como el "soñador en pleno día", y a sus creaciones con los sueños diurnos? Ante todo, se nos presenta una primera distinción: es preciso separar a los poetas que asumen asuntos ya elaborados, como los antiguos poetas épicos y trágicos, de aquellos que aparentan crear espontáneamente sus temas. Limitémonos a los últimos y no recurramos al buscar ejemplos precisamente a aquellos poetas más estimados por la crítica, sino a los narradores de novelas, cuentos y leyendas, menos pretenciosos, pero más preferidos por un nutrido público de lectores de ambos sexos. Una característica de estas obras despierta inmediatamente nuestra atención: todas presentan un héroe que ocupa el centro del interés, para el cual el poeta con todos los medios de ganar nuestra simpatía, y al que protege amparándolo con una providencia especial. Si al concluir un capítulo dejamos al héroe desvanecido, agotándose su vida en gravísimas heridas, podremos tener la seguridad de que al comenzar el siguiente le hallaremos gozando de solícitos cuidados y en vías de completa curación. Si el primer tomo concluye con el naufragio del navío de nuestro héroe, en furioso temporal, no nos cabrá la menor duda de que el segundo se iniciará con su milagroso salvamento, sin el cual, por otra parte, la narración habría quedado trunca. La sensación de seguridad con que acompañamos al héroe en sus peligrosos azares es idéntica a la que permite a un héroe real precipitarse al agua para salvar a una persona en peligro de ahogarse, o bien exponerse al fuego enemigo para tomar por asalto una batería; es decir, se trata del sentimiento peculiar del heroísmo que uno de nuestros mejores poetas (Anzengruber) expresó tan exquisitamente: "Nada te puede pasar". Creo que será fácil reconocer en esta reveladora invulnerabilidad, a Su Majestad el *yo*, héroe de todo sueño diurno, como de toda novela.

Otros rasgos típicos de estas narraciones egocéntricas señalan el mismo parentesco. Si todas las mujeres que aparecen en la novela se enamoran invariablemente del héroe, no hemos de ver en ello, precisamente, una descripción de la realidad, sino más bien un elemento indispensable del sueño diurno. De igual forma, si todo el resto de los personajes de la novela son divididos con precisión en "buenos" y "malvados", renunciando así a la infinita variedad que los caracteres humanos adoptan en la realidad, esto es simplemente porque los "buenos" son los aliados, y los "malvados", los enemigos, los competidores del *yo* convertido en héroe.

Ahora bien: no ignoro que muchas creaciones literarias están lejos de seguir este prototipo del sueño diurno ingenuo, pero no puedo dejar de aceptar que aun las más extremas aberraciones de aquel modelo se relacionan con él a través de una serie continua de transiciones. He advertido que, hasta en muchas de las denominadas novelas psicológicas, sólo uno de los personajes —una vez más, el héroe— es descrito desde una perspectiva subjetiva, como si el poeta se ubicara en su alma y contemplara a los demás personajes, por así decirlo, desde fuera. La novela psicológica seguramente debe su peculiaridad a la tendencia del poeta moderno a dividir su *yo*, por la autobservación, en "*yos*" parciales, lo que lo lleva a personificar en varios héroes los conflictos de su vida anímica. Las novelas, que podríamos denominar "excéntricas", en las cuales el personaje presentado como héroe tiene a su cargo el menos activo de los papeles, actuando más bien como un espectador ante cuyos ojos desfilan las miserias y los actos ajenos, constituyen un género particularmente opuesto al del sueño diurno. Muchas de las novelas postrimeras de Zola pertenecen a esta categoría. No dejaré de señalar, sin embargo, que el análisis psicológico de numerosas personas que, no siendo poetas, divergían en muchas características del tipo denominado normal, nos ha familiarizado con similares variedades de sueños diurnos, en los que el *yo* se contenta con la función de espectador.

Si nuestra equiparación del poeta con el soñador, y de la creación literaria con el sueño diurno, está destinada a ser valedera, fuerza es que, ante todo, demuestre ser fecunda en un sentido cualquiera. Ensayemos, pues, la aplicación, a las obras del poeta, de la tesis referente a la relación entre la fantasía, los tres tiempos y el hilo del deseo que los vincula, tratando de analizar con su ayuda las conexiones que existen entre la vida del poeta y sus creaciones. Por lo general, no se ha sabido a qué hipótesis recurrir para abordar este problema; muchas veces esas relaciones fueron simplificadas al extremo. Aplicando el concepto formado al estudiar las fantasías, esperamos que los hechos se nos presenten de este modo: una intensa vivencia actual despierta en el poeta el recuerdo de una vivencia pretérita —oriunda, por lo general, de la infancia—, originándose en esta el deseo que persigue su realización en la creación poética, la cual nos permitirá reconocer, tanto los elementos correspondientes a la motivación actual, como los que reflejan la reminiscencia arcaica.

No permitamos que nos atemorice la aparente complejidad de nuestra fórmula; sospecho que, en realidad, resultará ser un esquema harto escueto. Sin embargo, quizá nos facilite una primera aproximación a la realidad de los hechos y, en efecto, algunas tentativas de aplicación que he aprendido me inclinan a aceptar que tal concepción de la producción poética no ha de resultar estéril. Al emprender esta tarea es preciso recordar que mi acentuación, quizá sorprendente, de la importancia que los recuerdos de la infancia adquieren en la vida del poeta se origina, más que nada, en la aceptación de que tanto la creación poética como el sueño diurno son continuaciones y sucedáneos del juego infantil de antaño.

No dejemos de referirnos a aquella categoría literaria que nos consideramos como una creación espontánea, sino como elaboración de asuntos terminados y conocidos. Aun al efectuar esta labor, el poeta conserva un resto de independencia que se expresa en la selección de los temas y en las variaciones, muchas veces bastante profundas, a que les somete; pero estos temas, en tanto se encuentran ya formulados, proceden del acervo folklórico, del tesoro de mitos, leyendas y cuentos. Ahora bien: aunque todavía está inconcluso el estudio de estas producciones psicoetnológicas, podemos afirmar, con posibilidades de certeza, que los mitos son reliquias deformadas de las fantasías desiderativas de naciones enteras, verdaderos *sueños seculares* de la joven humanidad.

Podrá objetarse que me he ocupado mucho más de las fantasías, que del poeta y de la creación literaria, traicionando así la expectativa despertada por el título de mi ensayo. Bien lo sé, y trataré de disculparme alegando el estado actual de nuestros conocimientos. No me fue posible ofrecer sino algunas indicaciones y sugestiones que, del estudio de las fantasías, conducen al problema de la selección poética de los asuntos. Ni siquiera hemos aludido al segundo problema, el de los recursos que permiten al poeta provocar en nosotros las reacciones afectivas que desencadenan sus creaciones. No quisiera concluir sin señalar, por lo menos, la vía que conduce de nuestras consideraciones sobre las fantasías a los problemas del efecto producido por las obras poéticas.

Se recordará mi indicación de que el soñador esconde concienzudamente sus fantasías ante el prójimo, porque percibe motivos para avergonzarse de ellas. Agregaré ahora que de comunicárnoslas, ningún placer nos causaría con su revelación. Tales fantasías, al conocerlas, nos repelen o, por lo menos, nos dejan indiferentes. En cambio, cuando el poeta hace transcurrir sus dramas ante nuestros ojos, o nos narra lo que tendemos a considerar sus sueños diurnos personales, sentimos gran placer, derivado, seguramente, de múltiples fuentes. Sólo el poeta sabe cómo logra provocar tal reacción, y la esencia del *arte poético* reside en los recursos técnicos que le permiten superar aquella repulsión, relacionada seguramente con las barreras que separan cada *yo* individual de los demás. Podemos adivinar dos recursos de esta técnica: el poeta atenúa el carácter de sueño diurno egoísta mediante modificaciones y disimulaciones; además, gana nuestro favor gracias al placer puramente formal, es decir, estético, que nos proporciona la presentación de sus fantasías. Denominaremos *prima de seducción* o *placer previo* a semejante beneficio placentero que nos es ofrecido para permitir la liberación de un placer mayor, procedente de fuentes psíquicas más profundas. Creo que todo el placer estético que nos proporciona el poeta tiene este carácter de placer previo, y que el verdadero goce de la obra poética reside en la liberación de tensiones en nuestra vida psíquica. Quizá este resultado obedezca, en gran parte, al hecho de que el poeta permite gozar de nuestras propias fantasías, sin vergüenza y sin escrúpulos. Habríamos llegado así al umbral de nuevas investigaciones, interesantes y complicadas, pero, al menos por esta vez, nos encontramos también en el término de nuestras consideraciones.

SOBRE EL SENTIDO CONTRADICTORIO DE LAS VOCES PRIMITIVAS

Este comentario de la monografía homónima de Karl Abel (1884) vio la luz en el *Jahrbuch für psychoanalytsiche und psychopathologische Forschungen* (*Anuario de investigaciones psicoanalíticas y psicopatológicas*), tomo II, 1910. Posteriormente fue agregado a las siguientes recopilaciones:

Sammlung kleiner Schriften zut Neurosenlehre (*Breves escritos sobre la teoría de las neurosis*), tercera serie, Deuticke, Leipzig-Wein, 2.ª edición, 1912.

Gesammelte Schriften (Obras Completas, edición vienesa), tomo X, Internationaler Psychoanalytische Verlag, Wien, 1924.

Gesamte Ausgabe (Obras Completas, edición londinense), tomo VIII, Imago Publishing Co., London, 1940.

Fue traducido a los siguientes idiomas:

Traducción inglesa (E. Jones): *Collected Papers*, tomo IV, Institute of Psychoanalysis and The Hogarth Press, London, 1925.

Traducción francesa (E. Marty y M. Bonaparte): *Essais de Psychoanalyse Apliquée*, Gallimard, París, 1933.

A manera de introducción a mi reseña, traeré a colación un pasaje de *La interpretación de los sueños*, donde formulo un postulado surgido de la observación analítica, pero que aún no ha encontrado adecuada explicación[14].

"La actitud del sueño frente a las categorías de la antítesis y de la contradicción es sumamente extraña. El sueño prescinde en absoluto de la contradicción, como si para él no existiese el "no". En cuanto a las antítesis, tiende a condensarlas o a darles expresión única. Además, se toma la licencia para representar un elemento cualquiera por el deseo antagónico, de modo que, al encararnos con un elemento onírico susceptible de aceptar antónimo, no podemos saber si en las ideas latentes se encuentra en versión positiva o negativa".

Los onirocríticos de la antigüedad parecen haber recurrido liberalmente a la hipótesis de que, en el sueño, un elemento puede representar su antítesis. Esta posibilidad también ha sido admitida, en ocasiones, por los modernos investigadores de los sueños, en la medida en que, en principio, acuerdan al sueño un sentido y una interpretabilidad[15]. Creo que nadie me contradirá si doy por sentado que cuantos me hayan seguido en el camino de la interpretación científica de los sueños habrán visto confirmado por los hechos el aserto precedente.

---

[14] N. del Traductor. —Tomo VII de la presente edición. A fin de conservar la unidad del volumen, esta cita ha sido traducida del original alemán.

[15] Véase, por ejemplo: G. H. von Schubert, *Die Symbolik des Traumes* (*La simbólica del sueño*), 4.ª edición, 1862. Capítulo 2: "El lenguaje del sueño".

Llegué a comprender la extraña tendencia que presenta la elaboración onírica, a no parar mientes en la negación y a expresar las antítesis con un mismo medio de representación, leyendo por azar un trabajo del filólogo K. Abel, que, publicado en 1884 en forma de opúsculo, fue incluido el año siguiente en las *Sprachwissenschafliche Abhandlungen* (*Disertaciones filológicas*) del mismo autor. El interés que el tema despierta me obliga a citar textualmente los pasajes esenciales de la monografía de Abel, aunque eliminando la mayor parte de los ejemplos aducidos. Su lectura nos ofrece, en efecto, la sorprendente información de que el mencionado procedimiento de la elaboración onírica coincide con una particularidad propia de las lenguas más antiguas que conocemos

Abel, luego de señalar la antigüedad de la lengua egipcia, que debe haber aparecido mucho antes de las primeras inscripciones jeroglíficas, prosigue así (pág. 4):

"De modo que en la lengua egipcia, esta reliquia singular de un mundo primitivo, hallamos un considerable número de términos con doble acepción, una de las cuales es exactamente contraria a la otra. Imagínese —si se puede imaginar tan flagrante absurdo— que la palabra 'fuerte' signifique en nuestra lengua, tanto 'fuerte' como 'débil'; que el término 'luz' sirva, entre nosotros, para denotar la luz y, al mismo tiempo, la obscuridad; que un burgués de Múnich llame a la cerveza, 'cerveza', mientras que otro emplee la misma voz para designar el agua. He aquí la asombrosa práctica a que, al hablar, se entregaban habitualmente los antiguos egipcios. ¿Cómo extrañarse de que haya quien, oyendo esto, responda con un gesto de incredulidad? (Siguen algunos ejemplos).

(Página 7). "Frente a este caso de significación antitética, y a otros semejantes (véase el Apéndice), no puede caber la menor duda de que, por lo menos en *una* lengua, existió gran número de voces que indicaban al mismo tiempo una cosa y su contraria. Por más extraño que parezca, henos aquí ante un hecho que es menester tomar en cuenta".

El autor rechaza luego la explicación de este fenómeno por una consonancia casual, y niega con idéntica energía la hipótesis de que obedecería a una supuesta inferioridad del desarrollo intelectual egipcio:

(Página 9). "Ahora bien: Egipto fue todo, menos la patria del absurdo. Por el contrario, fue una de las fuentes en que se nutrió la razón humana. Poseía una moral pura y llena de nobleza, y había formulado la mayor parte de los Diez Mandamientos, cuando los pueblos cuyo patrimonio actual es la civilización aún ofrecían sacrificios humanos a sus ídolos sanguinarios. Un pueblo que en tan obscuras horas encendió la antorcha de la justicia y de la cultura no puede haber sido tan profundamente estúpido en su lenguaje y en sus pensamientos cotidianos. Quienes supieron fundir el vidrio y mover enormes moles mediante máquinas deben haber tenido, por lo menos, el sentido común suficiente para no considerar una cosa, al mismo tiempo, como ella misma y su contraria. ¿Cómo podemos conciliar esto con el hecho de que los egipcios se hayan dado un lenguaje tan extrañamente contradictorio? ¿Qué, en general, solieran expresar las ideas más opuestas con una sola y misma dicción fonética, uniendo en enlace indisoluble los elementos antagónicos?"

Antes de cualquier intento de explicación, aún es preciso considerar una exageración de este incomprensible procedimiento de la lengua egipcia. "De todas las excentricidades del léxico egipcio, la más extraordinaria quizá sea esta: además de las voces que reúnen significaciones opuestas, poseía nombres compuestos que, a pesar de reunir dos términos de significación contradictoria, sólo expresaban la acepción de uno de ellos. Por lo tanto, en esta extraordinaria lengua no sólo había palabras que significaban tanto 'fuerte' como 'débil', tanto 'mandar' como 'obedecer', sino también existían voces compuestas como 'viejo-joven', 'lejos-cerca', 'unir-separar', 'dentro-fuera'..., las cuales, pese a la fusión de antónimos diametrales, sólo expresaban un sentido: el primero, 'joven'; el segundo, 'cerca'; el tercero, 'unir'; el cuarto 'dentro'... De modo que en estas voces compuestas las contradicciones conceptuales fueron fundidas intencionalmente; no para crear de tal manera un tercer concepto, como sucede frecuentemente en el idioma chino, sino con el exclusivo fin de expresar, mediante el compuesto, la acepción propia de uno de sus elementos formadores, que este por sí solo habría bastado para denotar lo mismo..."

Mas la solución de este problema es más fácil de lo que parece. Nuestros conceptos surgen de una comparación. "Si siempre reinara la claridad, no sabríamos distinguir claro de obscuro y, por consiguiente, no tendríamos el concepto ni el término de 'claridad'..." "Es evidente que todo es relativo en este planeta, y sólo tiene existencia independiente en tanto que sus relaciones con los demás objetos permitan distinguirlo de estos..." "Dado que todo concepto es, de tal manera, gemelo de su antítesis, ¿cómo pudo ser pensado por vez primera?, ¿cómo pudo ser comunicado al prójimo que trataba de concebirlo, sino mediante la equiparación con esta antítesis? [...]"

(Página 15). "Ya que sólo fue posible concebir el concepto de la fuerza mediante su contraste con la debilidad, el término que denotaba 'fuerte' hubo de contener, simultáneamente, una ilusión a 'débil', gracias a cuyo antagonismo se había constituido. En realidad, esta nueva palabra no designaba 'fuerte' ni 'débil', sino la relación entre ambos sentidos y la discrepancia que había dado vida, por igual, a los dos..." "El hombre no ha logrado adquirir sus más antiguos y elementales conceptos si no es por contraposición de sus contrarios, y sólo poco a poco aprendió a separar ambos términos de la antítesis y a concebirlos aisladamente, sin ponderarlos mutuamente en su conciencia".

Estando destinada la lengua, no sólo a expresar los propios pensamientos, sino, esencialmente, a comunicarlos al prójimo, ¿cómo se ingenió el "egipcio primitivo" para hacer saber a su interlocutor a qué mitad del concepto mixto se refería en cada caso? En la escritura lo hacía con ayuda de las denominadas "imágenes determinantes" que, colocadas después del carácter gráfico, denotaban el sentido de este, sin que ellas mismas fueran expresadas.

(Página 18). "Cuando la voz egipcia *ken* habría de significar 'fuerte', detrás de su sonido expresado gráficamente se encuentra la imagen de un hombre erguido y armado; cuando la misma voz está destinada a denotar 'débil', a su expresión gráfica sigue la figura de un hombre perezosamente acuclillado. La mayor parte de las restantes palabras con sentido doble son acompañadas, análogamente, por imágenes ilustrativas".

Según la opinión de Abel, en el lenguaje hablado el gesto cumplía esta misión de signo aclaratorio.

De acuerdo a este autor, el fenómeno del sentido antitético se observa en las "raíces más antiguas", pues en el curso de la evolución filológica posterior desapareció esta ambivalencia, y por lo menos en el egipcio antiguo es posible perseguir la evolución a través de todas sus fases, hasta llegar a la univocación del léxico moderno. "Las voces originalmente dotadas de sentido doble se desdoblan, en la lengua ulterior, en dos palabras de sentido único, de modo tal que cada una de las significaciones antagónicas adopta una "reducción" (modificación) fonética de la raíz primitiva común a ambas". Así, por ejemplo, ya en la lengua jeroglífica la raíz *ken* ('fuerte-débil') se divide en *ken* (fuerte) y *kan* (débil). "En otros términos, las nociones que sólo pudieron ser adquiridas a través de su antítesis, al correr el tiempo se tornan tan familiares al espíritu humano que cada una de sus partes puede asumir existencia independiente y ser dotada, al mismo tiempo, de una representación fonética propia".

La demostración de los primitivos sentidos contradictorios, fácilmente realizable en la lengua egipcia, también puede extenderse, según Abel, a las lenguas semitas e indoeuropeas. "Aún queda por establecer la medida en que se puede comprobar la existencia de este fenómeno en otras familias filológicas, pues, aunque el sentido contradictorio debe haberse impuesto primitivamente a los pensadores de todas las razas, no es indispensable que se haya manifestado o conservado siempre en las acepciones del léxico".

Además, Abel señala que el filósofo Bain postuló este sentido contradictorio de las palabras, basándose en razones puramente teóricas y a título de imposición lógica, sin haber sospechado, al parecer, su existencia real. El pasaje en cuestión comienza así (*Logic*, I, 54):

The essential relativity of all knowledge, thought or consciousness, cannot but show itself in lenguage. If everything that we can know is viewed as a transition from something else, every experience must have two sides; and either name must have a double meaning, or else for every meaning there must be two names[16].

Del *Apéndice de ejemplos del sentido contradictorio en las lenguas egipcia, indogermánicas y árabes* selecciono algunos casos que aún pueden impresionarnos a nosotros, profanos de la Filología: En latín, *altus* significa 'alto' y 'bajo'; *sacer*, 'sacro' y 'maldito', conservándose, pues, sin modificaciones, el sentido contradictorio primitivo. La alteración fonética destinada a separar los términos antitéticos es ilustrada en ejemplos tales como *clamare* (gritar)—*clam* (quedo, silencioso); *siccus*

---

[16] N. del Traductor. —"La relatividad esencial de todo conocimiento, pensamiento o conciencia, no puede menos que manifestarse en el lenguaje. Si cuanto logramos conocer es concebido como mutación de algo distinto, toda experiencia debe tener dos aspectos, toda palabra ha de poseer un sentido doble, o bien deben existir dos palabras para cada sentido".

(seco)—*succus* (jugo). En la lengua alemana, *Boden* significa aún hoy la parte más alta y la más baja de una casa. Al vocablo alemán *bös* (malo) corresponde *bass* (bueno)[17]; frente a *bat* (bueno) del viejo sajón hallamos *bad* (malo) en inglés. En esta misma lengua encontramos *to lock* (cerrar), frente a *Lücke* (vacío, brecha) y *Loch* (agujero) en la alemana. En alemán es *kleben* (pegar, adherir) y en inglés *to cleave* (hendir); en alemán presenta *stumm* (mudo) frente a *Stimme* (voz), etc.... De esta manera, bien podría ser que la tan ridiculizada derivación *lucus a non Lucendo*[18], aún adquiera sentido lógico.

En su trabajo sobre *El origen del lenguaje* (*loc. cit.*, pág. 305), Abel llama la atención hacia otros vestigios de los modos arcaicos del pensamiento. Aún hoy para decir 'sin', el inglés recurre a *without*, es decir, 'con-sin'; lo mismo hace el prusiano oriental. La propia voz *with*, que hoy corresponde en inglés a 'con', significó primitivamente tanto 'con' como 'sin', empleo que aún se conserva en *withdraw* (retirar, apartar, separar, o sus formas reflexivas) y en *withhold* (detener, impedir, apartar). Idéntica transformación comprobamos en las voces alemanas *wider* (contra) y *wieder* (junto con).

La lengua egipcia presenta otra particularidad, muy extraña e importante en lo que al paralelismo con la elaboración onírica se refiere. "En egipcio, las voces pueden invertir —digamos por ahora, al parecer— tanto su *dicción* como su *sentido*. Supongamos que, por ejemplo, la palabra alemana *gut* (bueno) fuera egipcia, esta podría significar entonces, además de 'bueno', 'malo', pronunciarse 'gut' con la misma propiedad que 'tug'. También en las lenguas arias y semitas hallamos tales

---

[17] N. del Traductor. —Alto alemán medio.

[18] N. del Traductor. —Derivación paradójica por excelencia, empleada para referirse a los efectos de causas paradójicas a las explicaciones por la antítesis. En efecto: *lucus* (bosque), viene de *lucere* (brillar), "porque" en él reinan las tinieblas.

inversiones fonéticas, que son demasiado numerosas como para considerarlas productos del azar. Limitándonos, para empezar, a los idiomas germanos, comprobamos: *Topf-pot, boat-tub, wait-täuwen, hurry-Ruhe, care-reck, Balken-kobe, club*[19]. Extendiendo la consideración a las restantes lenguas indogermánicas, el número de los ejemplos correspondientes aumenta en proporción; por ejemplo: capere-packen, ren-Niere, leaf-folium, dum-a, δυμος-mêdha, mûdha, Mut; Rauchen-Kur-ít, kreischen-to shriek, etcétera"[20].

Abel trata de explicar el fenómeno de la inversión fonética aceptando una duplicación de la raíz etimológica, pero, por nuestra parte, hallaríamos dificultades en seguir aquí al filólogo. Recordamos el placer que experimenta el niño al jugar con las inversiones de la dicción, y cuán frecuentemente la elaboración onírica recurre, con fines diversos, a la inversión de su material representativo. (Ya no se trata de letras, sino de imágenes cuyo orden es invertido). Por eso, preferimos atribuir la inversión fonética a factores más profundos[21].

La concordancia entre la particularidad de la elaboración onírica, que señaláramos al iniciar este trabajo, y el procedimiento descubierto por los filólogos en las lenguas más antiguas

---

[19] N. del Traductor. —*Topf* (alemán)—*pot* (inglés): vasija, olla. *Boat* (inglés)—*tub* (inglés): bote, barco—cuba, batea. *Wait* (inglés)— *täuwen* (arcaísmo alemán): esperar. *Hurry* (inglés)—*Ruhe* (alemán): apurar—calma. *Care* (inglés)—*reck* (arcaísmo inglés): cuidado. *Balken* (alemán)—*klobe* (arcaísmo alemán), *club* (inglés): viga—garrote, palo.

[20] N. del Traductor. —*Capere* (latín)—*packen* (alemán): asir, prender; *Ren* (latín)—*Niere* (alemán): riñon. *leaf* (inglés)—*folium* (latín): hoja. *Dum-a* (?), *δυμος* (griego)—*médh*, *mûdha* (sánscrito), *Mut* (alemán): valor, coraje. *Rauchen* (alemán)—*Kur-ít* (ruso): fumar. *Kreischen* (alemán)—*to shriek* (inglés): chillar.

[21] Sobre el fenómeno de la inversión fonética (metátesis), que quizá guarde con la elaboración onírica una relación más íntima que el sentido contradictorio (antítesis), véase también el artículo publicado por W. Meyer-Rintelen en la *Kölnische Zeitung* del 7 de marzo de 1909.

nos parece representar una confirmación de nuestro concepto sobre el carácter regresivo y arcaico de la expresión onírica. Nosotros, los psiquiatras, ganamos así la convicción de que podríamos comprender mejor y traducir más fácilmente el lenguaje del sueño si dispusiéramos de una información más completa acerca de la evolución de las lenguas[22].

[22] También se puede aceptar fácilmente que el primitivo sentido contradictorio de las voces representa un mecanismo preformado, utilizado, para satisfacer múltiples tendencias, por el *lapsus linguae*, que consiste en decir lo contrario de lo intentado.

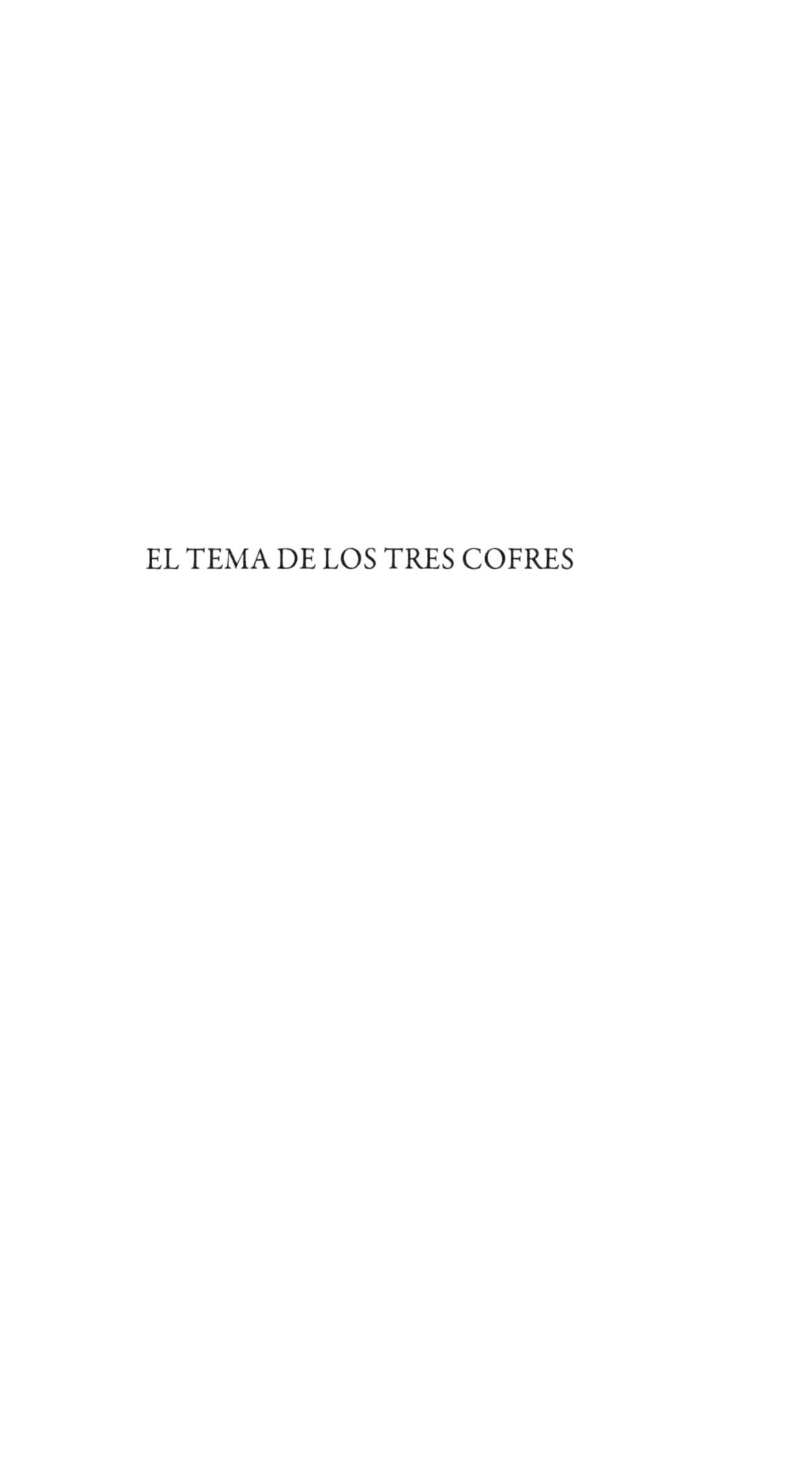

EL TEMA DE LOS TRES COFRES

Publicado originalmente en la revista *Imago* (tomo II, 1913), este ensayo fue incluido posteriormente en las siguientes obras de conjunto:

Sammlung kleiner Schriften zut Neurosenlehre (*Breves escritos sobre la teoría de las neurosis*), tercera serie, Deuticke, Leipzig-Wein, 2.ª edición, 1912.

Psychoanalytische Studien an Werken der Dichtung und Kunst (*Estudios psicoanalíticos sobre obras de la literatura y del arte*), Internationaler Psychoanalytscher Verlag, Wien, 1924.

Gesammelte Schriften (Obras Completas, edición vienesa), tomo X, Internationaler Psychoanalytische Verlag, Wien, 1924.

Gesamte Ausgabe (Obras Completas, edición londinense), tomo X, Imago Publishing Co., London, 1940.

Fue traducido a los siguientes idiomas:

Traducción inglesa (E. Jones): *Collected Papers*, tomo IV, Institute of Psychoalaysis and The Hogarth Press, London, 1925.

Traducción francesa (E. Marty y M. Bonaparte): *Essais de Psychoanalyse Apliquée*, Gallimard, París, 1933.

I

Dos escenas de Shakespeare —cómica una, la otra trágica— me han inducido recientemente a plantear un problema y a hallarle solución.

La escena festiva es la de *El mercader de Venecia*[23], donde los tres pretendientes de Porcia han de elegir entre tres cofres. La bella e ingeniosa heredera está obligada, por voluntad postrera de su padre, a no casarse sino con aquel de sus pretendientes que, entre los tres cofres presentados, elija bien. Los cofres son de oro, de plata y de plomo; triunfará en el concurso quien escoja el que guarda el retrato de la doncella. Dos de los pretendientes ya se han retirado, derrotados, al elegir el oro y la plata. El tercero, Basanio, opta por el plomo, ganando así a la novia, cuyo favor ya le correspondía antes de la prueba decisiva. Cada uno de los pretendientes expone en un parlamento los motivos de su elección, ensalzando al metal preferido y menoscabando el valor de los restantes. La tarea más pesada recae en el feliz ganador, ya que cuanto puede alegar en favor del plomo, frente al oro y la plata, es escaso y forzado. Si en la práctica del psicoanálisis nos topásemos con semejante discurso, sospecharíamos, sin duda, motivos recónditos que se ocultan tras tan inverosímiles razones.

El enigma de los tres cofres no ha sido inventado por Shakespeare, sino que este lo adoptó de un cuento de las *Gesta Romanorum*, donde una doncella hace idéntica elección para conquistar al hijo del emperador[24]. También esta vez el mensa-

---

[23] N. del Traductor. —Acto II, escenas 7 y 9; acto III, escena 2.

[24] G. Brandes: *William Shakespeare*, 1896.

jero de la felicidad es el tercer metal, el plomo. Es fácil adivinar que nos encontramos ante un tema arcaico que precisa ser interpretado, derivado y reducido a sus orígenes. Una primera conjetura sobre el significado de la elección entre oro, plata y plomo nos la suministra Eduard Stucken[25], quién aborda el mismo tema en vasta relación con otros. He aquí lo que nos dice: "La elección que hacen nos revela a quién representan los tres pretendientes: el príncipe de Marruecos elige el oro, es el sol; el príncipe de Aragón prefiera la plata, es la luna; Bassanio escoge el cofre de plomo, porque es el hijo de las estrellas". Stucken fundamenta su interpretación en un episodio de la epopeya estonia *Kalewipoeg*, en la que los tres pretendientes aparecen sin disfraz, como donceles del sol, de la luna y de las estrellas ("el hijo primogénito de la estrella polar"), y donde también es el tercer pretendiente quien conquista a la novia.

¿Habríamos llevado, así, nuestro pequeño problema a un mito astral? Es una lástima que con esta explicación aún no hayamos llegado a su término, pero las incógnitas subsisten, pues no creemos, como muchos mitólogos, que los mitos fueron leídos por el hombre en el firmamento, sino que opinamos, con Otto Rank[26], que fueron proyectados al cielo después de haber surgido en otra parte, en circunstancias bien humanas, por cierto. Precisamente es este contenido humano el que despierta nuestro interés.

Consideremos una vez más nuestro tema. Tanto en la epopeya estonia como en el cuento de la *Gesta Romanorum* se trata

---

[25] E. Stucken: *Astramythen* (*Mitos astrales*), Leipzig, 1907, pág. 655.

[26] O. Rank: *Der Mythus von der Geburt des Helden* (*El mito del nacimiento del héroe*), pág. 8 y siguientes.

N. del Traductor. —Se encontrará una reseña sucinta de las ideas de Rank en el capítulo XII de *Psicología de las masas y análisis del yo*, en el tomo IX de la presente edición.

de la elección que una doncella hace entre tres pretendientes. La escena de *El Mercader de Venecia* presenta, al parecer, idéntico tema, pero, al mismo tiempo, aparece aquí una especie de inversión, pues es un hombre el que escoge entre tres... ¡cofres! Si nos encontrásemos ante un sueño, pensaríamos de inmediato que también los cofres son mujeres, símbolos de lo esencial en la mujer y, por ende, de ella misma, igual que las cajas, los estuches, alhajeros, polveras, canastos, etc. Si nos permitimos aplicar también al mito esta traducción simbólica, la escena de los cofres en *El mercader de Venecia* sufre, efectivamente, la inversión que suponemos. De golpe, como suele suceder en los cuentos infantiles, hemos desnudado nuestro tema de su ropaje astral y advertimos ahora que narra un asunto profundamente humano: *la elección de un hombre entre tres mujeres*.

Pero este mismo tema es el de otra escena de Shakespeare, perteneciente a uno de sus más conmovedores dramas. No se trata esta vez de una elección nupcial, pero la situación tiene muchos vínculos ocultos con la elección de los cofres en *El mercador de Venecia*. El anciano rey Lear ha decidido repartir en vida su reino entre sus tres hijas, de acuerdo al amor que por él profesen. Las dos hijas mayores, *Gonerila* y *Regania*, se agotan en protestas y expresiones de cariño; la tercera, *Cordelia*, en cambio, se muestra recia[27]. El padre, en lugar de reconocer y premiar este recatado y modesto afecto filial, lo ignora, echa a Cordelia y reparte su reino entre las hermanas, para desgracia suya y de los demás. ¿Acaso no se trata una vez más de una escena que representa la elección entre tres mujeres, de la que la más joven es la mejor, la más perfecta?

Inmediatamente acuden a nuestra mente escenas análogas, tomadas de mitos, cuentos y creaciones poéticas, donde aparece

---

[27] N. del Traductor. —Acto I, escena 1.

la misma situación: el pastor Paris puede optar entre tres diosas, proclamando a la tercera la más bella. Cenicienta también es la menor de las hermanas, preferida por el príncipe frente a las mayores. Psiquis, en el cuento de Apuleyo, es la menor y la más bella de tres hermanas, adorada como encarnación de Afrodita y, al mismo tiempo, tratada por esta diosa como Cenicienta por su madrastra, obligada a cernir un montón de granos, tarea que cumple con la ayuda de pequeños animales (palomas en el cuento de Cenicienta, hormigas en la leyenda de Psiquis)[28].

Quien busque material análogo, seguramente encontrará otras versiones del mismo tema, con idénticos rasgos esenciales.

¡Conformémonos con Cordelia, Afrodita, Cenicienta y Psiquis! Las tres mujeres, de las cuales la más joven es la más perfecta, deben ser consideradas en cierta manera como equivalentes, ya que se las presenta como hermanas. No nos asombre que en *El rey Lear* aparezcan como hijas de quien formula el juicio, pues esta circunstancia podría deberse simplemente a que Lear es presentado como un anciano, y mal podría ser que un anciano eligiera entre tres mujeres, no siendo estas sus hijas.

Pero ¿quiénes son estas tres hermanas y por qué recae la elección en la tercera? Si lográsemos responder a esta pregunta, habríamos hallado la interpretación buscada. Ahora bien: ya aplicamos una vez la técnica psicoanalítica para equiparar simbólicamente los tres cofres a tres mujeres. Atrevámonos a proseguir en este tren, y entraremos así en un camino que, a través de lo insólito e incomprensible, quizá nos conduzca a nuestra meta.

Puede sorprendernos el hecho de que la tercera hermana, tan perfecta, posea en muchos casos, además de su belleza, ciertas otras peculiaridades. Se trata de rasgos que, si bien

---

[28] N. del Traductor. —Debo al doctor O. Rank la indicación de estas analogías. Este episodio del cuento de Cenicienta corresponde a la versión alemana y no se encuentra en la de Perrault, tan ampliamente difundida.

parecen guardar cierta similitud en los distintos ejemplos que hemos citado, no por ello se presentan en todos con idéntica nitidez. Cordelia se disimula, esconde su apariencia, como el plomo; permanece muda, "ama, y guarda silencio"[29]. Cenicienta se oculta, de modo que no se la encuentre; quizá podremos identificar la ocultación con el enmudecimiento. Mas, hasta aquí no hemos considerado sino dos de los cinco ejemplos mencionados; pero, cosa extraña, en otros dos hallamos alusiones e idénticas particularidades. Ya nos resolvimos a comparar a la reacia y desdeñosa Cordelia con el plomo, del que Bassanio dice, insólitamente, en el breve discurso con que formula su elección: *Thy paleness moves me more than eloquence* (en otra versión: *plainness*).

Es decir: "más me mueve tu palidez (o: "tu sencillez") que la elocuencia". Y, explícitamente: "prefiero tu sencillez a la ajena ostentación". El oro y la plata son, efectivamente, "ruidosos"; el plomo, en efecto, es "mudo", como Cordelia, que "ama y guarda silencio"[30].

En las antiguas versiones griegas del juicio de Paris nada expresa tal recato de Afrodita. Cada una de las tres diosas se dirige al doncel y trata de ganarle con sus promesas. Pero en una versión harto moderna de esta misma escena, el rasgo que nos ha llamado la atención en la tercera mujer vuelve, extrañamente, a aparecer. En el libreto de *La bella Elena*, París, luego de narrar los requiebros de las otras dos diosas, cuenta cómo se ha conducido Afrodita en este torneo de belleza:

---

[29] N. del Traductor. —Acto I, escena 1.

CORDELIA: What shall Cordelia do? Love, and be silent.

("¿Qué ha de hacer Cordelia? Amar, y guardar silencio").

[30] En la traducción alemana de Schlegel se ha perdido esta alusión, convirtiéndose en lo contrario: *Dein schlichtes Wesen spricht beredt mich an* ("Tu modestia se dirige a mí con elocuencia").

"La tercera, ¡ah, la tercera!,
quedóse sin decir palabra.
A ella le di la manzana..."[31]

Si nos decidimos a aceptar el mutismo como característica distintiva de la hermana menor, he aquí lo que el psicoanálisis nos dice: en el sueño, la mudez representa frecuentemente a la muerte[32].

Hace más de diez años, una persona de gran inteligencia me comunicó un sueño que aducía en prueba de la naturaleza telepática de los mismos. Vio a un amigo ausente, del cual hacía mucho que no había tenido noticias, y le echaba en cara su silencio, pero aquel no le contestaba. Ahora bien; se enteró posteriormente de que, más o menos a la hora en que tuvo este sueño, el amigo se había suicidado. Sin entrar a considerar el problema de la telepatía, es indudable que, en este caso, el mutismo es una representación onírica de la muerte. También el ocultarse, el no poder ser hallado (tres veces se esconde Cenicienta ante el príncipe, sin que este la descubra), son símbolos inconfundibles de la muerte. No es menos evidente la enigmática palidez a que alude la *paleness* del plomo, en una de las lecciones del texto de Shakespeare[33]. Podremos aplicar más fácilmente estas interpretaciones del lenguaje onírico al lenguaje mitológico que nos ocupa, si previamente logramos demostrar que el mutismo también aparece como signo de la muerte en producciones ajenas a los sueños.

---

[31] *"Und die Dritte —ja die Dritte—*
Stand donaben und blieb stumm.
Ihr musst' ich den Apfel geben..."

[32] También Stekel menciona el mutismo entre los símbolos de la muerte en: *Die Sprache des Traumes* (*El lenguaje de los sueños*), 1911, página 351.

[33] Stekel, loc. cit.

Recurramos con tal fin al noveno de los cuentos populares de Grimm, titulado *Los doce hermanos*[34]. Un rey y una reina tienen doce hijos, todos varones. Declara entonces el rey que, si nace una hija, los varones han de morir. Aproximándose la fecha del nacimiento, manda hacer doce ataúdes, pero, con la ayuda de la madre, los doce hijos huyen a un recóndito bosque, jurando dar muerte a cuanta niña encuentren.

Nace una niña, crece, y cierto día se entera, por conducto de su madre, de que tiene doce hermanos. Decide buscarlos y, llegada al bosque, encuentra al menor, que la reconoce y quisiera ocultarla a causa del juramento. La niña dice: "De buen grado moriría si con ello pudiera salvar a mis hermanos"; pero estos la reciben cordialmente, la niña se queda a su lado y cuida su hogar.

En un jardín junto a la casa crecen doce lirios. La niña los corta para regalar uno a cada hermano, pero al instante estos se convierten en cuervos y desaparecen con la casa y el jardín. Los cuervos son aves que encarnan las almas de los difuntos, y el asesinato de los doce hermanos se expresa, esta vez, en el acto de cortar las doce flores, como anteriormente se había manifestado en los ataúdes y en la desaparición de los hermanos. La niña, dispuesta una vez más a rescatar a sus hermanos de la muerte, se entera de que la condición es que permanezca muda durante siete años, sin pronunciar una sola palabra. Se somete a la prueba, que la pone en peligro de muerte; es decir, muere por sus hermanos, como lo prometiera antes de hallarlos. Finalmente, el cumplimiento de la promesa le permite desencantar a los cuervos.

De análoga manera, en el cuento de *Los seis cisnes*, los hermanos, convertidos en aves son salvados, es decir, resuci-

[34] Pág. 50 de la edición alemana *Reklam*, tomo I.

tados, por el mutismo de la hermana. La doncella ha tomado la firme resolución de rescatar a sus hermanos, "aunque le cueste la vida" y, convertida en esposa del rey, se coloca en peligro de muerte porque, ante malignas acusaciones, se niega a quebrar su voto.

Sin duda encontraríamos en otros cuentos nuevas pruebas de que el mutismo debe ser interpretado como símbolo de la muerte. Si nuestra presunción se confirmara de tal modo, la tercera de nuestras hermanas, la favorecida por la elección, sería una muerta. Pero también podría ser otra cosa: la muerte misma, la diosa de la Muerte. Gracias a un desplazamiento harto frecuente, las cualidades que la divinidad había impuesto a los mortales le son atribuidas a ella misma. De ningún modo puede parecernos extraño este desplazamiento en el caso de la divinidad de la muerte, ya que en su concepción y representación modernas la muerte se encarna, simplemente, en un muerto.

Pero, si la tercera de las mujeres es la diosa de la Muerte, ¡entonces conocemos también a sus hermanas!: son las diosas del Destino, las Moiras, Parcas o Nornas; la tercera de las cuales se llama Atropos, la Inexorable.

II

Abandonemos por el momento la interpretación hallada y su relación con nuestro mito, para recurrir a los mitólogos en busca de información sobre el papel y el origen de las diosas del Destino[35].

La más antigua mitología griega sólo conoce una Moira, que encarna al Destino implacable (Homero). La transformación de

---

[35] Lo que sigue ha sido tomado del *Roschers Lexicon der griechische und romischen Mythologie* (*Diccionario de las mitologías griegas y romana de Roscher*), en los artículos correspondientes.

esta Moira única en un grupo de tres —o, más raramente, de dos diosas hermanas— se operó probablemente en analogía con otras figuras divinas, parientes de las Moiras: las Gracias y las Horas.

Originalmente, las Horas fueron diosas de las aguas celestes, origen de la lluvia y del rocío; de las nubes, fuente de la lluvia y, ya que las nubes eran concebidas como telas formadas por un hilado sutil, las diosas adquirieron el carácter de hilanderas, expresado particularmente en las Moiras. En los países mediterráneos, pletóricos del sol, la lluvia es fuente de fertilidad y, por ello, las Horas se convirtieron en diosas de la vegetación. Se les debe la belleza de las flores, la riqueza de los frutos; se las dota de múltiples rasgos amables y atrayentes. Se convierten en representantes divinas de las cuatro estaciones y quizá deban a ello su triplicidad, aunque basta para explicarla el carácter sagrado del número tres. No nos extrañe esta deducción, considerando que estos pueblos antiguos sólo conocían tres estaciones: el invierno, la primavera y el verano. El otoño fue agregado en épocas grecorromanas posteriores, y entonces también las Horas comenzaron a aparecer, frecuentemente, en número de cuatro en sus representaciones artísticas.

La vinculación con el tiempo se mantiene en las Horas, así como antes rigieron los tiempos del año, así presiden más tarde los períodos del día y, finalmente, su nombre se reduce a la designación de la unidad cronológica (*heure*, 'hora'). Las Nornas de la mitología germana, tan cercanas parientes de las Horas y de las Moiras, ostentan en sus nombres esa significación cronológica[36]. Pero, inevitablemente, sucedió que la concepción de estas divinidades se profundizó, pasando a la legalidad misma de la sucesión del tiempo: las Horas se

[36] N. del Traductor. —En efecto, los nombres de las Nornas (Urdur, Verdandi y Skuld) ofrecen múltiples analogías con términos alemanes de significación cronográfica.

convirtieron entonces en tutelares de las leyes naturales y del orden divino que, en sucesión invariable, hace reaparecer en la Naturaleza siempre los mismos fenómenos.

Esta noción de la Naturaleza influenció a su vez la concepción de la vida humana. El mito de la Naturaleza se convirtió en el mito humano; las diosas del Tiempo se tornaron diosas del Destino. Pero esta función de las Horas ya no alcanzó a expresarse en ellas, sino en las Moiras, que velan tan inexorablemente sobre el imprescindible orden de la vida humana, como las Horas rigen las leyes de la Naturaleza. La implacable severidad de la ley, la relación con la muerte y la destrucción, caracteres que no se habían manifestado en las graciosas figuras de las Horas, se muestran al desnudo en las Moiras, como si el hombre no hubiera advertido la rigidez de las leyes naturales sino cuando se vio obligado a subordinárseles.

También los mitólogos han comprendido el significado que esconden los nombres de las tres hilanderas. La segunda de las hermanas, *Laquesis*, parece representar "al azar que se manifiesta en las leyes del destino"[37] —nosotros diríamos: las contingencias vitales—, como *Atropos* representa, por el contrario, lo ineludible: la muerte; así, queda para *Cloto* la significación de las inalterables disposiciones innatas.

Volvamos ahora al objeto de nuestra interpretación, al tema de la elección entre las tres hermanas. Advertiremos entonces, con profundo desagrado, cuán inexplicables se tornan las situaciones consideradas al incorporarles las interpretaciones halladas, y cuántas contradicciones presentan estas frente al contenido aparente de aquellas. La tercera de las hermanas habría de ser la diosa de la Muerte, la muerte misma, ¡pero en el juicio de Paris aparece como diosa del Amor, en el cuento

---

[37] J. Roscher, según Preller-Robert: *Griechische Mythologie* (*Mitología griega*).

de Apuleyo como una beldad comparable a Afrodita, en *El mercader de Venecia*, es la más bella e ingeniosa de las mujeres, en *El rey Lear*, es la única hija fiel! ¿Puede imaginarse contradicción más perfecta? Sí, y hasta se encuentra en nuestros ejemplos. En efecto, al elegir libremente entre tres mujeres, se escoge a la tercera que, según nuestra interpretación, sería la muerte, produciéndose así la situación absurda de que alguien elige lo que, en general, sólo se acepta como imposición inexorable del destino.

Sin embargo, hay contradicciones que no ofrecen dificultades a la interpretación psicoanalítica y son, precisamente, las de este tipo: las sustituciones por el término diametralmente antagónico y las contradicciones absolutas. No traeremos a colación el hecho de que, en las expresiones de lo inconsciente, como en el sueño, los pares antagónicos suelen manifestarse con un mismo elemento. En cambio, recordaremos que en la vida psíquica hay motivos que provocan la sustitución de una cosa por su contraria, dando lugar a lo que se denomina *una formación reactiva*. El éxito de nuestra labor interpretativa dependerá, precisamente, de la revelación de tales motivos ocultos. Las Moiras aparecen cuando el hombre comprende, dolorosamente, que tampoco él es más que una parte de la Naturaleza y, por eso, está sometido a la inexorable ley de la muerte. Contra esta subordinación hubo de rebelarse algo en el ser humano, que sólo renuncia de mal grado a su posición privilegiada. Ahora bien: sabemos que el hombre emplea su actividad imaginativa para satisfacer sus deseos frustrados por la realidad, de modo que su fantasía se opuso también a la compresión expresada en el mito de las Moiras, derivando de este un nuevo mito, en el cual la diosa de la Muerte es sustituida por la diosa del Amor y por sus figuraciones humanas. La tercera de las hermanas ha dejado de ser la muerte para tornarse la más bella y más perfecta, la más deseable y adorable de las mujeres. De ningún modo fue difícil realizar tal sustitución, pues venía siendo preparada por una antigua ambivalencia y se efectuó por vía de una arcaica relación que, aún no hacía mucho tiempo, había caído en el olvido. La diosa del Amor, sustituta ahora de la Muerte, en tiempos pasados había sido identificada con esta. Aún la Afrodita griega no ha llegado a perder todas sus vinculaciones con los antros infernales, por más que hacía mucho hubiese cedido su papel ctónico a otras divinidades, como Perséfone y la triforme Artemisa Hécate. También las grandes diosas-madres de los pueblos orientales parecen haber sido todas, tanto creadoras como destructoras; diosas de la vida y de la fecundidad, como divinidades de la muerte. Así, la sustitución por una antítesis placentera se realiza en nuestros temas gracias a una identidad ancestral.

La misma interpretación nos permite explicar la aparición del elemento electivo en el mito de las tres hermanas. También aquí se ha producido una inversión en aras de la satisfacción del deseo: la libre y espontánea elección ocupa el lugar de la necesidad imperiosa, de la fatalidad. El hombre supera así la idea de la muerte, que su pensamiento le ha llevado a reconocer. No es posible imaginar un triunfo más completo de la realización del deseo: se elige libremente cuando, en realidad, se obedece a la imposición del destino; la que se elige no es, en modo alguno, la Terrible, sino la más bella y adorable de las mujeres.

Sin embargo, un examen más atento nos mostrará que la deformación del mito primitivo no es tan completa como para impedir la aparición de algunos vestigios reveladores. La libre elección entre las hermanas no es, en realidad, libre, pues necesariamente debe recaer en la tercera si, como sucede en *El rey Lear*, no han de resultar de ello funestas consecuencias. La más bella y más perfecta, que ha ocupado la plaza de la diosa de la Muerte, conserva rasgos que recuerdan el carácter lúgubre de esta y que nos permite desentrañar su significado oculto[38].

Hemos seguido hasta aquí la evolución del mito, esperando haber revelado sus fuentes ocultas. Podemos considerar ahora la elaboración que el tema ha sufrido en manos del poeta. Obtendremos la impresión de que este ha realizado algo así como una reducción del tema al mito primitivo, de modo que su conmovedor sentido, atenuando por las formaciones posteriores, se manifiesta nuevamente a nuestras sensibilidades. Mediante esta anulación de las deformaciones, gracias a tal regreso parcial a las fuentes primitivas, el poeta logra despertar en nosotros el profundo efecto que provoca su creación.

Preciso es que diga, a fin de evitar todo malentendido, que no pretendo negar las dos sabias enseñanzas contenidas en el drama del rey Lear: que no se ha de renunciar en vida a sus bienes y derechos, y que es preciso cuidarse de aceptar las adulaciones como moneda contante. Estas y análogas enseñanzas se desprenden realmente del drama, pero me parece imposible reducir el tremendo efecto de la tragedia a la impresión que causan tales reflexiones, admitiendo implícitamente que la intención personal del poeta se haya agotado en la exposición

---

[38] También la *Psiquis* de Apuleyo ha conservado numerosos rasgos que indican su relación con la muerte. Sus bodas son preparadas cual si fueran funerales; se le obliga a descender a los antros infernales y luego cae en un sueño semejante a la muerte (O. Rank).

Sobre la significación de Psiquis como diosa primaveral y como "prometida de la Muerte", véase: A. Zinzow, *Psyche und Eros* (Halle, 1881).

En otro de los cuentos de Grimm (número 179: *La ganserilla junto a la fuente*) encontramos, como en *Cenicienta*, la alternada figura bella y fea de la tercera hija, rasgo que seguramente indica su naturaleza doble (anterior y posterior a la sustitución). Esta tercera hija es rechazada por su padre, después de una prueba que es casi idéntica a la que hallamos en *El Rey Lear*. Se le pide que, junto con sus hermanas, exprese su amor por el padre, pero sólo logra manifestarlo comparándole con la sal. (Gentil comunicación personal del Dr. Hanns Sachs).

de esas máximas. También, cuando se nos dice que el poeta habría tratado de presentarnos la tragedia de la ingratitud, cuya amargura seguramente sintiera en carne propia, y que el efecto del drama sólo residiría en su forma artística, me parece que no se nos provee un sucedáneo equivalente a la comprensión que ganamos al considerar, como lo hicimos, el tema de la elección entre las tres hermanas.

Lear es un anciano. Ya dijimos que, por ello, las tres hermanas son presentadas como hijas suyas. Esta relación paternal, de la que podrían surgir tan intensas situaciones dramáticas, ya no es utilizada por el poeta en el curso de la tragedia. Pero Lear no sólo es un anciano, sino también un moribundo y, en este caso, el extraño reparto prematuro de su herencia pierde todo carácter enigmático. Este hombre, condenando a la muerte, no se resigna a renunciar al amor de la mujer, pretende seguir escuchando expresiones cariñosas. Recuérdese la emocionante escena final, una de las cumbres del arte trágico moderno: Lear trae a la escena el cadáver de Cordelia. Cordelia es la muerte. Invirtiendo la situación, esta escena se torna comprensible y natural. Es la diosa de la Muerte, que lleva del campo de batalla al héroe muerto, misión que en la mitología germana cumplían las valquirias. La eterna sabiduría, vestida con el ropaje del antiguo mito, aconseja al anciano renunciar al amor y elegir la muerte, conformándose con su inexorabilidad.

El poeta nos facilita la comprensión del viejo tema, haciendo que la elección entre las tres hermanas esté a cargo de un anciano moribundo. La elaboración regresiva a la cual somete, de este modo, un mito deformado bajo el imperio del deseo, transparenta a tal punto su sentido arcano, que nos permite efectuar una interpretación alegórica y superficial de las tres figuras femeninas. Diremos, entonces, que se trata de las tres relaciones que el hombre tiene inevitablemente con la mujer: con la engendradora, con la compañera y con la aniquiladora. O bien, representarían las tres formas que la figura materna adopta en el curso de la vida: la propia madre, la amante, que el hombre elige a imagen de aquella, y, finalmente, la madre tierra, que nuevamente le acoge en su seno. Pero el anciano se aferra en vano al amor de la mujer, tal como primitivamente lo gozara con su madre. Sólo la tercera de las hijas del destino, la silenciosa diosa de la Muerte, le tomará en sus brazos.

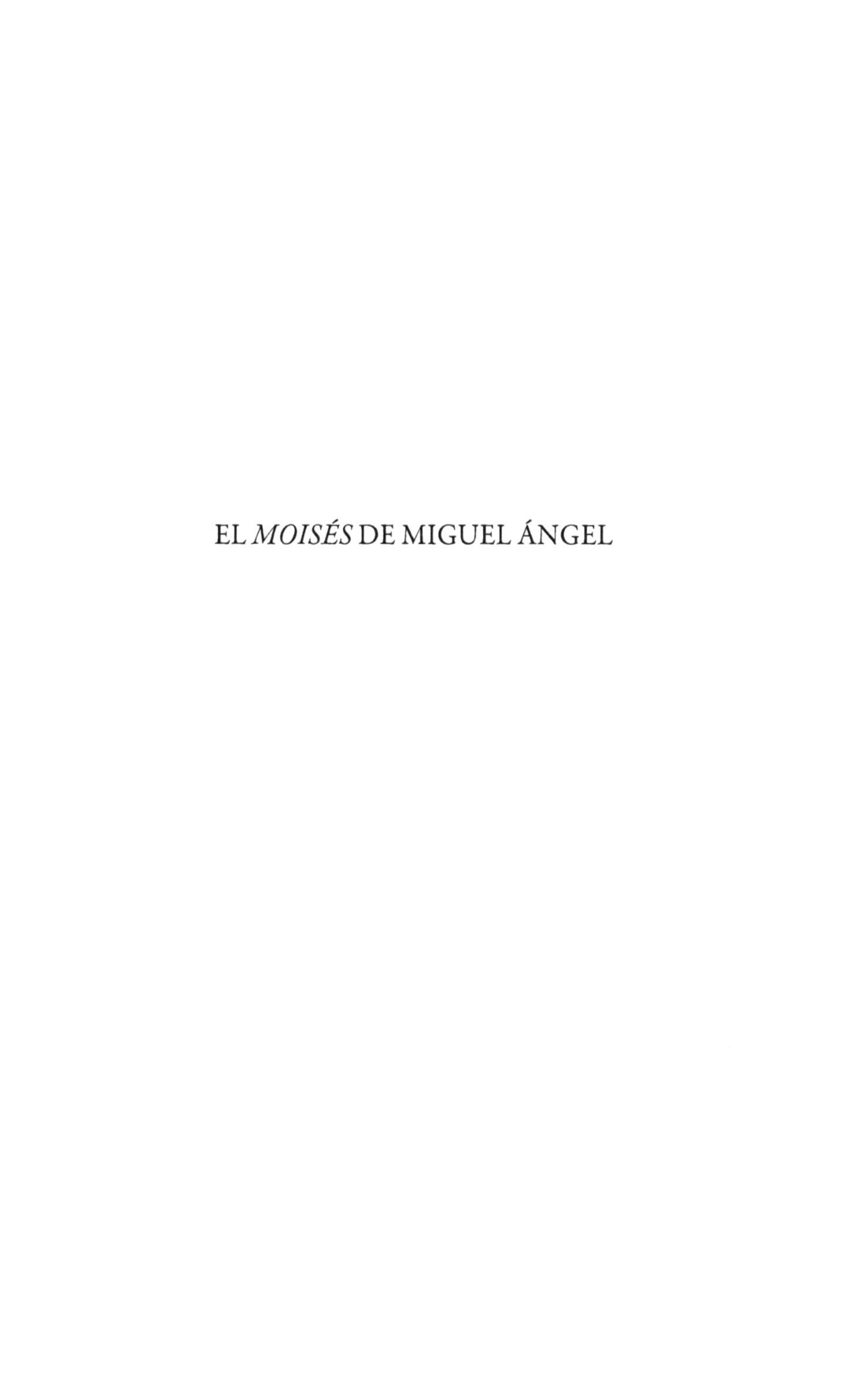

EL *MOISÉS* DE MIGUEL ÁNGEL

Este ensayo apareció en febrero de 1914 en la revista *Imago* (vol. III, número1), sin firma del autor y precedido de la siguiente nota editorial:

"La redacción no ha rehusado publicar este artículo, aunque no concuerda estrictamente con su programa, teniendo en consideración que su autor está relacionado con los círculos analíticos y que su manera de pensar presenta cierta analogía con los métodos del psicoanálisis".

El mismo año fue publicado en el *Jahrbuch der Psychoanalyse* (tomo IV, 1914). Posteriormente se lo incluyó en los *Psychoanalytische Studien an Werken der Dichtung und Kunst* (*Estudios psicoanalíticos sobre obras de la literatura y del arte*), Internationaler Psychoanalytscher Verlag, Wien, 1924; y en las siguientes ediciones de las obras completas:

Gesammelte Schriften (Obras Completas, edición vienesa), tomo X, Internationaler Psychoanalytische Verlag, Wien, 1924.

Gesamte Ausgabe (Obras Completas, edición londinense), tomo X, Imago Publishing Co., London, 1940.

Fue traducido al inglés (E. Jones): *Collected Papers*, tomo IV, Institute of Psychoanalysis and The Hogarth Press, London, 1925.

Al francés (E. Marty y M. Bonaparte): *Essais de Psychoanalyse Apliquée*, Gallimard, París, 1933.

Me apresuro a anticipar que no soy un idóneo conocedor del arte, sino un simple aficionado. Muchas veces advertí que el contenido de una obra artística ejerce sobre mí mayor atracción que sus cualidades formales o técnicas, a las que el artista, por su parte, concede primordial valía. En el fondo, fáltame una comprensión legítima para muchos medios de expresión y para ciertos efectos del arte. Debo adelantar esta declaración a fin de asegurarme una crítica indulgencia del lector.

No obstante, las obras de arte, especialmente las poéticas y las plásticas, y con menor frecuencia las pictóricas, despiertan en mí una repercusión intensa. He llegado así, en ocasiones favorables, a detenerme largo rato para contemplarlas, pretendiendo comprenderlas a mi manera; es decir, tratando de captar por qué producen su efecto. Donde no logro alcanzar tal comprensión —como, por ejemplo, en la música— soy casi incapaz de goce alguno. Una disposición racionalista o, tal vez, analítica, se resiste en mí contra la emoción estética cuando no logro saber por qué me emociono ni qué cosa me conmueve.

De tal manera, me ha llamado la atención el hecho, aparentemente paradójico, de que precisamente algunas de las cosas más grandiosas o más importantes obras de arte permanecen impenetrables a nuestro entendimiento. Las admiramos, nos sentimos dominados por ellas, pero no podríamos expresar qué representan para nosotros. Mi escasa versación me impide saber a ciencia cierta si ya hubo alguien que advierta esto, o si algún esteta llegó a afirmar que tal perplejidad de nuestro intelecto es un *sine que non* de los máximos efectos que una obra de arte puede despertar. Por mi parte, sólo difícilmente podría resignarme a aceptar semejante condición.

Los conocedores y los entusiastas de ningún modo se ven cortos en expresiones cuando se dan a ensalzar una de estas obras de arte. A mi juicio, disponen de ellas en demasía, pero ante tales obras maestras cada uno suele expresar una opinión distinta, y nadie dice las palabras que solucionarían el enigma para el simple admirador profano. Pero, en mi entender, lo que tan intensamente nos impresiona no es más que la intención del artista, siempre que logre expresarla en su obra y que alcance a hacérnosla percibir. Sé que no puede tratarse aquí de una mera inteligencia racional; es preciso que se reproduzca en nosotros la situación afectiva, la constelación psíquica que desencadenó en el artista el impulso creador. Pero, ¿por qué no ha de poder precisarse y expresarse con palabras la intención del artista, como cualquier otra manifestación de la vida psíquica? Tal vez este propósito sólo pueda ser cumplido por el análisis, al menos frente a las grandes obras de arte. No cabe duda que estas, siendo expresiones del artista, no han de impedir, en principio, su indagación analítica. Pero si queremos adivinar esta intención, es preciso que comencemos por descubrir el *sentido* y el *contenido* de lo que la obra representa; en otras palabras: será necesario *interpretarla*. De modo que las obras de arte de esta categoría bien pueden exigir una interpretación, y sólo una vez que la hayamos alcanzado podremos saber por qué hemos sido dominados por tan intensa emoción. Hasta abrigo la esperanza de que esta emoción no sufrirá menoscabo alguno una vez realizado tal análisis.

Piénsese en *Hamlet*, esa obra maestra de Shakespeare más que tricentenaria[39]. Estoy al corriente de la literatura psicoana-

[39] Probablemente estrenada en 1602.

lítica y comparto la opinión de que sólo el análisis, al reducir su asunto al tema de Edipo, logró solucionar el problema de la poderosa impresión que produce esta tragedia. Pero antes de que se llegara a esta explicación: ¡qué fárrago de interpretaciones dispares e inconciliables entre sí!, ¡cuántas opiniones sobre el carácter del héroe y las intenciones del poeta! ¿Quiso Shakespeare despertar nuestra simpatía por un enfermo, por un inválido degenerado, o por un idealista, extranjero en nuestro mundo real? ¡Cuántas de estas interpretaciones nos dejan tan indiferentes, que nada pueden enseñarnos en cuanto al efecto de la obra, induciéndonos, más bien, a atribuir su hechizo tan sólo a la impresión de sus ideas y al brillo de su estilo! Sin embargo, ¿acaso estas tentativas no nos demuestran que se siente la necesidad de hallar una fuente más profunda de nuestra emoción artística?

Otra de estas enigmáticas y grandiosas obras de arte es la estatua en mármol de *Moisés*, levantada por Miguel Ángel en la iglesia de San Pietro in Vincoli, en Roma, que, como se sabe, sólo es una parte del monumental panteón que el artista habría de construir para el poderoso Papa Julio II[40]. Cada vez que leo sobre esta estatua, un comentario como el de que "es la cumbre de la escultura moderna" (Hernan Grimm) me regocijo íntimamente, pues jamás una obra plástica me ha producido tan profunda impresión. ¡Cuántas veces no habré subido la empinada escalera que lleva del desgraciado Corso Cavour a la plaza solitaria en que se levanta la iglesia abandonada! Siempre trataré de soportar la enojada y despectiva mirada del héroe; pero muchas veces tuve que deslizarme solapadamente en la penumbra de la nave, como si también yo fuera uno de la chusma que esa mirada hace temblar, gente incapaz de con-

[40] Según Henry Thode, la estatua fue esculpida entre 1512 y 1516.

vicción duradera, de espera y de confianza, pero dada al júbilo en cuanto le devuelven la ilusión del ídolo.

Pero, ¿por qué califico de enigmática a esta estatua? No cabe la menor duda que representa a Moisés, el legislador de los judíos, sosteniendo con sus manos las sagradas Tablas de la Ley. Esto es cuanto sabemos con certeza, pero nada más. Aún no hace mucho (1912), un erudito del arte, Max Suverlandt, pudo escribir lo siguiente: "Ninguna obra de arte ha inspirado juicios tan dispares como este *Moisés* con cabeza de Pan. La más simple interpretación de la estatua ya tropieza con las más absolutas contradicciones..." Fundándome en una recopilación que sólo data de hace cinco años, ilustraré las vacilaciones y dudas que atañen a la concepción de la figura mosaica. Al revisar estas interpretaciones advertiremos fácilmente que su incertidumbre esconde los elementos esenciales y más importantes para el entendimiento de esta obra de arte[41].

I

El *Moisés* de Miguel Ángel se encuentra sentado, el tronco, dirigido hacia delante, la cabeza, con la imponente barba y la mirada, vueltas a la izquierda; el pie derecho descansando en tierra, el izquierdo, levantado de modo que sólo los dedos tocan el suelo; el brazo derecho en contacto con las Tablas y parte de la barba, el brazo izquierdo, reposando en el regazo. Si pretendiera precisar esta descripción, me vería obligado a anticipar lo que reservo para más adelante. Las versiones de los distintos autores son, a veces, extraordinariamente vagas, pues lo que no se le alcanzó a comprender, mal pudo ser percibido y descrito exactamente. H. Grimm dice que la mano derecha,

[41] Henry Thode: *Michelangelo, Kritische Untersuchungen über seime Werke* (*Miguel Ángel, Estudio crítico de sus obras*), tomo I, 1908.

"bajo cuyo brazo reposan las Tablas de la Ley, toma entre sus dedos la barba". Así también, W. Lübke: "Estremecido, hunde la mano derecha en la raudalosa barba..."; y Springer: "Con una de sus manos (la izquierda), Moisés estrecha su cuerpo; con la otra, toma como al descuido la poderosa y ondulante barba". C. Justi encuentra que los dedos de la mano (derecha) juegan con la barba, "como el hombre civilizado, que, cuando está inquieto, juega con la cadena de su reloj". Müntz también señala el juego con la barba. H. Thode habla de "la actitud tranquila y firme de la mano derecha, posada sobre las erguidas Tablas de la Ley". Ni aún en la mano derecha reconoce signo alguno de agitación como pretenden Justi y Boito. "La mano derecha conserva la posición que tenía al sujetar la barba, antes de que el titán volviera la cabeza a un lado". Jakob Burkhardt indica que "el famoso brazo izquierdo nada tiene el cuerpo".

Dado que ni siquiera coinciden las descripciones, no ha de extrañarnos la discrepancia en la interpretación de determinados rasgos de la estatua. Con todo, pienso que no podremos caracterizar la expresión del rostro de *Moisés* mejor de lo que lo hizo Thode, al leer en él "una mezcla de cólera, dolor y desprecio. La cólera, en las fruncidas cejas, preñadas de amenazas; el dolor, en la mirada; el desprecio, en el labio inferior avanzado y en las comisuras deprimidas". Pero otros admiradores de la estatua deben haberla contemplado con distintos ojos. Así, Dupaty: *Ce frent auguste semble n'être qu'un voile trasparent qui couvre à peine un esprit inmense*[42]. Por el contrario, Lübke opina: "En vano se buscaría en la cabeza una expresión de inteligencia superior; en esta frente contraída no anida más que la capacidad de una inmensa cólera, de una energía pronta

[42] Thode, *loc. cit.*, pág. 197: "Esta frente augusta parece no ser más que un velo transparente cubriendo apenas un inmenso espíritu".

a vencer todos los obstáculos". Guillaume (1875) diverge aún más en su interpretación de la expresión facial, no hallando en ella excitación alguna, sino "sólo una altiva austeridad, una nobleza plena de alma, la energía de la fe. La mirada de Moisés penetra el futuro, como si vislumbrara la eternidad de su raza, la inmutabilidad de su Ley". Análogamente, Müntz dice: "La mirada de Moisés va más allá de la especie humana, pues penetra misterios que sólo él pudo contemplar". Para Steinmann, este Moisés "ya no es el severo legislador, el terrible enemigo del pecado, lleno de la cólera de Jehová; sino el sacerdote real, impertérrito ante la vejez, que, bendiciendo y profetizando, con la aureola de la eternidad sobre su frente, se despide por vez postrera de su pueblo".

Finalmente, hubo críticos a quienes nada pudo decirles el *Moisés* de Miguel Ángel, y que tuvieron, además, la sinceridad de confesarlo. Así, un crítico de la *Quarterly Review* escribió en 1858: *There is an abscense of meaning in the general conception, which precludes the idea of a self-sufficing whole...*[43]. Y nos sorprendemos al hallar que aún hubo quien nada admirable vio en el *Moisés*, menospreciándolo y calificando de brutal su figura y de animal su cabeza.

¿Es posible que el maestro haya escrito en el mármol palabras tan ambiguas e imprecisas, como para que sean posibles tantas lecciones distintas?

Pero aún podemos plantear otra cuestión, a la que es fácil subordinar las incertidumbres precedentes. ¿Quiso Miguel Ángel fijar en el *Moisés* "un carácter y un estado de ánimo generales y eternos", o representó al héroe en determinado y significativo momento de su vida? La mayoría de los críticos opinan

[43] N. del Traductor. — "Hay una falta de significado en la concepción general, que excluye la idea de un todo completo e integrado..."

en el último sentido, y aún pretenden establecer el instante de la vida de Moisés que el artista logró inmortalizar. Trataríase de su descenso del Monte Sinaí, donde acaba de recibir de Dios las Tablas de la Ley. En este momento se percata de que los judíos han erigido en su ausencia un becerro de oro, a cuyo alrededor danzan jubilosamente. A esta escena se dirige su mirada; esta visión despierta los sentimientos que se expresan en su rostro y que, de un momento a otro, lanzarán la poderosa figura a la más violenta acción. Miguel Ángel ha escogido, de la calma antes de la tempestad, un segundo más, y Moisés se precipitará adelante —el pie izquierdo ya se alza del suelo—, destrozará en tierra las tablas y descargará su cólera sobre los renegados.

Pero también los sustentadores de esta interpretación discrepan en cuanto a sus detalles.

J. Burckhardt: "Moisés parece haber sido representado en el momento en que contempla la adoración del becerro de oro y se apresta a precipitarse adelante. Su figura expresa la impaciencia de un impetuoso movimiento que, ante la fuerza física que lo anima, sólo puede ser esperado con angustia".

W. Lübke: "Como si sus ojos centelleantes acabaran de ver el sacrilegio de la adoración del becerro de oro, tal es el impulso contenido que conmueve su cuerpo entero. Estremecido, hunde la mano derecha en la raudalosa barba, como si pretendiera contenerse durante un instante más, para desencadenarse luego con mayor violencia".

Springer se hace partícipe de esta opinión, no sin adelantar una reserva que nos ocupará más adelante: "Encendido en cólera y violencia, el héroe sólo a duras penas alcanza a contener su excitación... Por eso pensamos, sin quererlo, en una escena dramática, y creemos que Moisés ha sido representado en el momento en que asiste a la adoración del becerro de oro y, airado, quiere levantarse en un salto. Pese a que esta suposición difícilmente concuerda con la intención real del artista —ya que el *Moisés*, como las cinco otras estatuas sedentes de la superestructura[44], habría de cumplir una función decorativa—, la aceptamos como prueba de la plenitud vital y la esencia individual de Moisés".

Algunos autores, aunque no se pronuncian en favor de la escena del becerro de oro, coinciden, sin embargo, con el punto esencial de esta interpretación: Moisés se encontraría, en efecto, a punto de levantarse y de pasar a la acción.

Hermann Grimm: "Está llena (la estatua) de cierta majestad, de una conciencia de su propia dignidad; de tal seguridad, como si este hombre dispusiera de los truenos celestes, pero los contuviera antes de desencadenarlos, aguardando a ver si los enemigos que se dispone a aniquilar osarán atacarlo. Está sentado, como dispuesto a precipitarse al instante: la cabeza orgullosamente erguida sobre los hombros; la mano, bajo cuyo brazo reposan las Tablas de la Ley, toma entre sus dedos la barba que desciende sobre el pecho cual ampulosa cascada; su nariz respirando agitadamente; su boca, en cuyos labios ya parecen temblar las palabras..."

Heath Wilson dice que la atención de Moisés parecería haber sido atraída por algo; que se encuentra a punto de levantarse, vacilando aún. La expresión de su mirada, donde se mezcla la ira con el desprecio, todavía podría tornarse piadosa.

Wolfflin habla de "un movimiento contenido". Esta inhibición se debería a la propia voluntad del individuo; es el último momento en que se tiene dominio sobre sí mismo, antes del desencadenamiento; es decir, de levantarse en un salto.

C. Justi ha sido quién adujo más argumentos para la interpretación basada en la visión del becerro de oro, relacionando esta circunstancia con otros detalles de la estatua que los

---

[44] Se trata, desde luego, del piso superior del panteón papal.

autores anteriores no habían registrado. Nos señala, con acierto, la posición, en efecto curiosa, de ambas Tablas de la Ley, que estarían a punto de resbalar sobre el pétreo asiento. "Por lo tanto, él (Moisés), o bien se encontraría mirando en dirección del ruido, como quien nada bueno sospecha; o sería la misma visión de lo abominable la que le deja en profundo estupor. Penetrado de horror y de desprecio, se ha dejado caer en el asiento[45]. Cuarenta días y cuarenta noches estuvo en la montaña, de modo que se siente fatigado. Todo lo que es exorbitante —un gran destino, un crimen, aún la felicidad— bien puede ser percibido en un instante, pero no es posible comprender su esencia, su profundidad, sus consecuencias últimas. Durante un momento cree su obra destruida, desespera de su pueblo. En tales trances, la conmoción interior se expresa por pequeños movimientos involuntarios. Deja deslizarse al asiento de piedra las Tablas que sostenía con la diestra; han venido a apoyarse en un ángulo, apretadas por el antebrazo contra el costado. Pero la mano es llevada al pecho y a la barba que, al girar el cuello hacia la derecha, es retenida a la izquierda[46], quebrando así la simetría de este ancho atributo viril; parecería que los dedos jugaran con la barba, como el hombre civilizado, cuando está inquieto, juega con la cadena de su reloj. La siniestra se hunde en la túnica sobre el vientre (pues en el Antiguo Testamento los intestinos son el sitio de las pasiones), pero la pierna izquierda se retira y

---

[45] Es preciso señalar que la prolija disposición del manto alrededor de las piernas de la figura sedente quita todo fundamento a esta primera parte de la interpretación de Justi. Podríase aceptar, más bien, que se ha representado a Moisés sentado, tranquilo, y despertada de pronto su expectativa por una repentina percepción.

[46] N. del Traductor. —Tratase, sin duda, de un error, pues una ojeada a la figura permitirá advertir que "derecha" e "izquierda" se encuentran trocadas en esta descripción.

la derecha se adelanta, arrojará su fuerza psíquica de la sensación a la voluntad. El brazo derecho se moverá, las Tablas caerán a tierra y torrentes de sangre expiarán la mancilla de los renegados..." "No se trata aún del momento culminante en que la acción se desencadena. Todavía reina el dolor del alma, casi cual si paralizara el movimiento".

En forma muy análoga se expresa *Fritz Knapp*, salvo que acepta la situación inicial sin la señalada inhibición, y describe hasta sus últimas consecuencias el esbozado movimiento de las Tablas: "Terrenos rumores le distraen a él, que hace un instante aún estaba en comunión con su Dios. Oye ruidos; la algarabía de los renegados le despierta de su ensueño. Los ojos, la cabeza, se vuelven hacia el ruido. El sobresalto, la cólera, toda la furia de las pasiones arrebatadas conmueven en este instante la gigantesca figura. Las Tablas de la Ley comienzan a resbalar; caerán a tierra y se destrozarán cuando el gigante se levante para aniquilar a las masas del pueblo apóstata con tonantes palabras de ira... Miguel Ángel ha elegido este instante de máxima tensión..." Por consiguiente, Knapp acentúa los preparativos de la acción y, teniendo en cuenta el estado de soberana excitación, no cree que el artista haya querido reflejar una inhibición inicial.

No negaremos el particular interés que tienen las tentativas de interpretación como las de Justi y Knapp, acabadas de mencionar. Deben su atracción a la circunstancia de que no se limitan a estudiar la impresión general de la estatua, sino que consideran detalles característicos que, en general, pasan desapercibidos a quien, por así decirlo, queda dominado y paralizado por el efecto del conjunto. La orientación lateral de la cabeza y de los ojos, en una figura que en lo restante se dirige hacia adelante, coincide con la hipótesis de que, encontrándose en reposo, Moisés vio algo que despertó súbitamente su atención. El pie levantado del suelo no acepta otra interpretación sino la de un preparativo para levantarse[47]; la curiosísima posición de las Tablas que, siendo sacrosantas, no pueden ser colocadas arbitrariamente en el espacio, como si no fuesen más que un accesorio decorativo, se explica fácilmente aceptando que, debido a la excitación de su portador, han resbalado y están a punto de caer al suelo.

Así, habríamos llegado a establecer que esta estatua de Moisés representa un momento decisivo e importante en la vida del hombre, y tampoco correremos peligro de engañarnos al determinar este momento.

Sin embargo, dos observaciones de Thode nos privan nuevamente de lo que ya creíamos poseer. Este observador dice que las Tablas no parecen deslizarse, sino que "están firmemente apoyadas". Observa "la actitud tranquila y firme de la mano derecha, posada sobre las erguidas Tablas de la Ley". Contemplando la estatua no podemos menos que darle toda la razón. Las Tablas están apoyadas y no corren peligro de caer. La mano derecha las sostiene, o se apoya sobre ellas. Aunque de este modo aún no logramos explicar su posición, ésta ya no es conciliable con las interpretaciones de Justi y de otros.

La segunda observación es aún más contundente. Thode señala que "esta estatua estaba destinada a ser una entre un grupo de seis, y la figura está representada en posición sentada. Ambas circunstancias contradicen la hipótesis de que Miguel Ángel quiso fijar determinada situación histórica, pues, en cuanto a la primera circunstancia, el proyecto de agrupar seis figuras sentadas como otros tantos tipos de la naturaleza humana (*vita activa, vita contemplativa*) excluye la posibilidad de representar hechos históricos particulares. En cuanto

[47] Téngase en cuenta, sin embargo, que también está levantado en forma similar el pie izquierdo del *Giuliano*, en la sacristía de los Médicis; aunque esta estatua se encuentra sentada en actitud tranquila.

al segundo argumento, la posición sentada, impuesta por la concepción artística global del monumento, se contradice con la propia índole de aquel suceso, es decir, con el descenso del Monte Sinaí al campamento".

Adoptemos estas objeciones de Thode, y creo que aún podremos reforzarlas. El *Moisés* estaba destinado a ornar el pedestal del mausoleo, junto con otras cinco estatuas, que en un boceto posterior fueron reducidas a tres. Debía formar pareja con un San Pablo. Dos de las figuras restantes —*la Vita activa* y *la Vita contemplativa*— fueron realizadas como imágenes en pie, las de Lea y Raquel. Tal es la composición del monumento en su estado actual, lastimosamente trunco. La inclusión del *Moisés* en un conjunto torna inadmisible la idea de que estuviera destinado a impresionar, como si al instante se levantara de su asiento, para precipitarse a dar la alarma por su cuenta. Si —lo que es muy improbable— las otras figuras no fueron destinadas a representar también la disposición para semejante arrebato, entonces causaría pésima impresión que justamente una de ellas pudiese dar la ilusión de querer abandonar su plaza y a sus compañeros, sustrayéndose así a su misión en la estructura del monumento. Tan grosera incoherencia no puede ser atribuida al insigne artista, sino bajo el imperio de absoluta necesidad. Una figura que se precipitara de tal manera sería incompatible con el estado de ánimo que el panteón había de evocar.

Por consiguiente, es preciso que este Moisés no quiera levantarse, que permanezca en sublime calma, como las restantes figuras, como la proyectada estatua del propio Papa, que Miguel Ángel no alcanzó a esculpir. Pero, en este caso, el *Moisés* que contemplamos de ningún modo puede representar al hombre poseído por la ira que, descendiendo del Sinaí, acaba de asistir a la apostasía de su pueblo y arroja las Tablas de la Ley, haciéndolas añicos. En efecto, recuerdo mi decepción cuando, en mis primeras visitas a San Pietro in Vincoli, me sentaba ante la estatua con la esperanza de verla levantarse bruscamente, erguirse y echar de sí las Tablas, dando rienda suelta a su cólera. Nada de esto sucedía; en cambio, el mármol se tornaba cada vez más rígido. Un sagrado y casi agobiador silencio emanaba de él, haciéndome sentir que aquí se había representado algo para siempre inconmovible, que este Moisés estaría así eternamente: sentado e iracundo.

Pero si no nos queda más recurso que abandonar la interpretación de que la estatua representa el instante que precede al estallido de la cólera ante la visión del ídolo, hemos de aceptar una de las opiniones que pretenden ver en el *Moisés* el retrato de un carácter humano. Entre estas, la de Thode parece ser la menos arbitraria y la mejor fundamentada en un análisis de las tendencias dinámicas que la figura denota: "Aquí, como siempre, Miguel Ángel persigue la figuración de un tipo de carácter. Crea la imagen de un apasionado conductor de la humanidad que, consciente de su misión divina y legisladora, tropieza con la incomprensiva oposición humana. No había otro medio para representar a semejante hombre de acción, sino el de expresar la energía de su voluntad, gracias a la manifestación de un movimiento que emerge a través de la calma aparente; impulso acusado en el giro de la cabeza, en la tensión de los músculos y en la posición de la pierna izquierda. Estos son los mismos medios de expresión que encontramos en el *Giuliano*, el *vir activus* de la capilla de los Médicis. Esta característica general es aún acentuada al destacar el conflicto en que se encuentra, frente a la generalidad de los hombres, este genio plasmador de la humanidad; la cólera, el desprecio y el dolor adquieren así una expresión típica, sin la cual hubiera sido imposible trasmitir la esencia de un personaje histórico. Lo que Miguel Ángel ha creado no es una imagen histórica, sino un tipo de carácter de insuperable energía, que domina al mundo reacio, representando, al mismo tiempo, los rasgos bíblicos, las propias vivencias íntimas, las impresiones que le produjo la personalidad de Julio II y, según creo, también las de la lucha de Savonarola".

A esta interpretación puede agregarse la observación de *Knackfuss*, según la cual, el secreto del efecto que causa el *Moisés* residiría en la oposición artística entre el fuego profundo y la calma superficial de su actitud.

Por mi parte, nada encuentro que oponer a la explicación de Thode, pero en ella echo algo de menos. Quizá sea menester hallar una vinculación más profunda entre el estado anímico del héroe, y este contraste de "calma aparente" y "conmoción interna", expresado en su actitud.

II

Mucho antes de que llegará a mis oídos el psicoanálisis, averigüé que Iván Lermolieff, un ruso perito en arte, cuyos primeros trabajos aparecieron entre 1874 y 1876 en lengua alemana, había desencadenado una verdadera revolución en los museos de arte europeos al revisar la atribución de muchos cuadros a determinados artistas, al enseñar cómo distinguir con certeza los originales de las copias, y al formar con las obras así liberadas de sus adjudicaciones primitivas nuevas individualidades artísticas. Logró cumplir esta tarea desdeñando la impresión de conjunto y los rasgos generales de un cuadro, para destacar, en cambio, el significado característico de ciertos detalles secundarios, de minucias como la conformación de las uñas, de los lóbulos de las orejas, de las aureolas y de otros elementos inadvertidos que el copista negligencia, pero que todo artista ejecuta en una manera característica. Con gran interés averigüé, posteriormente, que tras el seudónimo ruso se había ocultado un médico italiano, de nombre Morelli, que murió en 1891 mientras ocupaba un puesto en el Senado de su patria. Creo que su procedimiento está estrechamente emparentado con la técnica del psicoanálisis médico. También este suele revelar lo que se esconde bajo los rasgos desdeñados o inadvertidos, lo que albergan los "desechos" —el *refuse*[48]— de la observación.

Ahora bien: dos partes de la estatua mosaica contienen detalles que hasta ahora no fueron tomados en cuenta, que ni siquiera han sido descritos con corrección. Se trata de la actitud en que se encuentra la mano derecha, y de la posición de ambas Tablas. Esta mano vincula las Tablas y la barba del iracundo héroe en una forma ciertamente extraña y forzada, que será preciso explicar. Se ha dicho que sus dedos hurgan la barba, jugando con sus mechones, mientras que con el borde del meñique se apoya en las Tablas. Nada de esto concuerda, a todas luces, con la realidad. Valdrá la pena observar con mayor detenimiento qué hacen los dedos de esta mano derecha, y describir la imponente barba con la cual se encuentran en contacto[49].

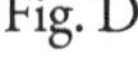

Fig. D

Fig. 1

[48] N. del Traductor. —'Residuo', 'sobras'.

[49] Véase la reproducción adjunta.

Advertimos entonces, con toda claridad, lo siguiente: el pulgar de esta mano está oculto, y sólo el índice se encuentra en contacto real con la barba. Este dedo se hunde tan profundamente en la blanda masa pilosa, que la levanta por encima y por debajo (hacia la cabeza y la hacia el vientre), haciéndola sobresalir del dedo que la oprime. Los tres dedos restantes, con sus falanges flexionadas, aprietan el pecho y apenas son rozadas por el último bucle derecho de la barba, que escapa a su presión. Por así decirlo, estos dedos se han sustraído a la barba. De modo que, no es posible afirmar que la mano derecha juega con la barba, o que está mesándola; por el contrario, lo único cierto es que sólo el dedo índice está posado sobre una parte de la barba, produciendo en esta un profundo surco. Oprimirse la barba con un dedo, he aquí un gesto por cierto curioso y difícil de comprender.

La tan encomiada barba de Moisés desciende de las mejillas, del labio superior y del mentón, en una serie de mechones que hasta es posible distinguir entre sí en todo su trayecto. Uno de los últimos mechones del lado derecho, que nace en la mejilla, se dirige hacia el borde superior del índice, que lo detiene. Admitamos que continúa deslizándose entre este dedo y el pulgar oculto. El mechón simétrico del lado izquierdo cae, casi sin ser desviado, hasta el pecho. La espesa masa de pelos que se encuentra entre este último mechón y la línea media sufre la más extraña de las suertes. No ha podido seguir a la cabeza en su giro hacia la izquierda, siendo obligada a describir un arco suavemente ondulado, una especie de guirnalda que viene a cruzar las guedejas del lado derecho. En afecto, aunque nacida en el costado izquierdo y formando, en realidad, la mayor parte de esta mitad de la barba, es retenida por la presión del índice derecho. De esta manera, la masa principal de la barba aparece desplazada hacia la derecha, aunque la cabeza está vuelta fuertemente a la izquierda. En el lugar en que el índice derecho se hunde en ella, se ha formado una especie de torbellino; aparecen aquí mechones procedentes del lado izquierdo, superpuestos a otros del lado derecho, todos ellos comprimidos por el autoritario dedo. Sólo más allá de este las masas pilosas desplazadas emergen libremente para caer verticales hacia la mano izquierda que, descansando abierta en el regazo, recibe sus extremos.

No me forjo ilusiones sobre la claridad de mi descripción, ni me atrevo a juzgar si el artista nos ha facilitado, o no, la solución de este nudo en la barba. Pero un hecho escapa a toda duda: la presión del índice *derecho* sujeta, ante todo, los mechones de la mitad *izquierda*, de modo que esta invasora intervención impide a la barba seguir el giro de la cabeza y de la mirada hacia la izquierda. Hemos de preguntarnos qué significa esta disposición y cuáles son sus motivos. Si realmente fueron consideraciones de lineamiento y composición las que indujeron al artista a llevar hacia la derecha la ondulante barba de Moisés, que mira hacia la izquierda, ¿por qué recurrió para ello a la inadecuación presión de un solo dedo? Además, ¿quién, después de haber llevado, por cualquier causa, su barba a un costado, caería en la peregrina ocurrencia de fijar una mitad sobre la otra, apretándolas con un dedo? Después de todo, estos detalles nimios bien podrían carecer de significado y nosotros estaríamos cavilando sobre cosas que fueron indiferentes al artista.

Pero prosigamos nuestro análisis, aceptando que aun estos detalles algún significado. Se nos presenta, entonces, una solución que elimina todas las dificultades y que nos permite adivinar un sentido nuevo. Si en la figura de Moisés los mechones izquierdos de la barba son apretados por el índice derecho, quizá sea esto la huella de una relación entre la mano derecha y la mitad izquierda de la barba que, en algún momento anterior al representado en la estatua, habría sido mucho más íntima. Quizá la mano derecha haya asido la barba con mayor energía, llegando hasta el borde izquierdo de la misma y al retirarse nuevamente a la posición en que la encontramos, le siguió una parte de la barba, testimoniando el movimiento desarrollado. La guirnalda de pelos señalaría así el camino recorrido por esta mano.

Habríamos descubierto de tal manera un retroceso de la mano derecha, pero esta hipótesis nos conduce irremediablemente a otras. Nuestra imaginación completa el proceso acaecido, del cual el desplazamiento marcado en la barba no es más que una parte, llevándonos sin violencia a la suposición de que Moisés, reposando, habría sido asustado de pronto por la batahola del pueblo y por la visión del becerro de oro. Hallábase sentado, tranquilamente; la cabeza, con la ondulante barba, dirigida hacia adelante; la mano, probablemente, sin relación alguna con esta. En ese momento el tumulto hiere sus oídos, la cabeza y la mirada se vuelven hacia el lugar de donde aquel procede; contempla la escena y la comprende sin tardanza. Entonces, preso de cólera y de indignación, querría levantarse, castigar a los sacrílegos, aniquilarlos. Pero la ira, viendo aún lejano su objeto, se descarga mientras tanto en un ademán dirigido contra el propio cuerpo. Impaciente, la mano dispuesta al castigo ase por delante la barba que ha seguido el giro de la cabeza, la toma con férrea energía entre el pulgar y la palma, con los dedos que se cierran, gesto éste de tal fuerza y violencia que recuerda otras expresiones similares de Miguel Ángel. Pero, en ese momento, sin que aún sepamos cómo y por qué, se obra un cambio: la mano adelantada, sumida en la barba se retira con rapidez, la deja en libertad; sus dedos se desprenden, pero se habían hundido tan profundamente que, al apartarse, arrastran consigo un abundante mechón del lado izquierdo hacia el derecho donde, sujetado por un solo dedo, precisamente el más largo y elevado de esta mano, vendrá a cubrir los mechones del lado derecho.

Esta es la posición, sólo comprensible por su derivación de una anterior, que fue fijada en la escultura.

Ha llegado el momento de recapacitar sobre lo expuesto. Hemos aceptado que la mano derecha se encontraba al principio apartada de la barba; que luego, en un momento de máxima conmoción, se lanzó hacia la izquierda para asirla entre sus deseos, y, que, finalmente, se retiró de nuevo, arrastrando consigo una parte de la barba. Hemos dispuesto de esta mano derecha como si estuviera librada a nuestro arbitrio. Pero ¿acaso podemos hacerlo? ¿Acaso esta mano está en libertad? ¿No tiene, por ventura, la misión de sostener o de llevar las Tablas? ¿No están limitados sus ademanes expresivos por su importante función? Además, ¿qué habría de provocar su rápido retroceso, cuando un poderoso motivo la impulsó a abandonar su primera posición?

He aquí nuevas dificultades. Sin duda alguna, la mano derecha está en relación con las Tablas, pero no es menos seguro que carecemos de un motivo para obligarla a efectuar el retroceso que acabamos de describir. Sin embargo, ¿no podríamos solucionar ambas dificultades a un tiempo, hallando un proceso comprensible, exento de lagunas? ¿No sería posible que algo ocurrido con las Tablas nos explique, precisamente, los movimientos de la mano? A propósito de estas Tablas, es menester señalar algunos elementos que hasta ahora escaparon a la observación[50]: se dijo que la mano reposa en ellas, o que las sostiene. Además, se observa fácilmente que ambas Tablas, rectangulares y adosadas mutuamente, se apoyan de canto. Mirando más detenidamente, advertimos que el borde inferior de las Tablas tiene una conformación distinta a la del superior, inclinado hacia adelante. Este borde superior es recto,

[50] Véase el detalle en la Figura D en la página 123.

mientras que el inferior presenta, en su parte delantera, una saliente, una especie de cuerno que es precisamente el punto con el cual apoyan sobre el asiento de piedra. ¿Cuál puede ser la significación de este detalle? (Por otra parte, muy mal reproducido en el gran calco de yeso que se encuentra en la colección de la Academia de Artes Plásticas de Viena). No cabe la menor duda de que este cuerno está destinado a señalar el borde que, de acuerdo a la disposición de la escritura, viene a ser el superior. Sólo el borde superior de semejantes Tablas rectangulares suele ser redondeado o escotado. Por consiguiente, las Tablas están aquí invertidas, tratamiento harto singular tratándose de tan sagrados objetos. Se encuentran al revés, casi balanceándose sobre una esquina. ¿Qué factor formal puede haber determinado esta disposición? ¿O acaso le habría sido indiferente al artista este detalle?

Llegamos a concebir así que también las Tablas han tomado esta posición a consecuencia de un movimiento transcurrido, movimiento que depende del desplazamiento comprobado en la mano derecha y que, a su vez, habría ocasionado el ulterior retroceso de esta mano. Los movimientos de las manos y de las Tablas se prestarían a la siguiente interpretación conjunta. Al principio, cuando el personaje estaba sentado en reposo, llevaba las Tablas erguidas bajo el brazo derecho. La mano derecha asía sus bordes inferiores, hallando apoyo en el saliente dirigido hacia adelante. Este accesorio, que facilita su sostén, explica por qué las Tablas son llevadas al revés. Sobrevino entonces el instante en que el reposo fue turbado por el rumor. Moisés volvió la cabeza y, viendo la escena, su pie se levantó, pronto al salto; su mano soltó las Tablas y se dirigió hacia la izquierda y arriba, asiendo la barba para desahogar la indignación en propio cuerpo. Las Tablas quedaron así abandonadas a la presión del brazo, que había de estrecharlas contra el pecho, pero, no bastando este sostén, comenzaron a deslizarse hacia adelante y abajo; el borde superior, antes horizontal, vino hacia adelante y abajo; el inferior, privado de apoyo, se acercó con su ángulo anterior al pétreo asiento. Un instante más, y las Tablas habrían girado sobre este nuevo punto de apoyo, cayendo al suelo con su borde superior hacia abajo, y haciéndose añicos. Para evitarlo, la mano derecha retrocede bruscamente, suelta la barba, llevando sin quererlo una parte de la misma, toma nuevamente el borde superior de las Tablas y las sostiene cerca de su ángulo posterior, convertido ahora en superior. Así, este conjunto de barba, mano y dos Tablas apoyadas de canto, aparentemente forzado y arbitrario, se deriva del apasionado ademán y de sus consecuencias obligadas. Si se quiere hacer retroceder el movimiento transcurrido, es necesario levantar el ángulo anterior y superior de las Tablas, llevándolas nuevamente al pleno de la estatua, separando así el ángulo inferior y anterior, con su saliente, del asiento de piedra; descender la mano derecha y colocarla bajo el borde inferior de las Tablas, cuya posición vuelve a ser así horizontal.

Fig. 2

Fig. 3

He hecho dibujar por un artista tres esquemas destinados a ilustrar mi descripción. La Figura 3 muestra la estatua tal como la vemos; las dos anteriores presentan las fases previas que mi interpretación plantea: la primera corresponde al momento de reposo; la segunda, al de máxima tensión, al de disposición al salto, de separación entre las manos y las Tablas, y de su inminente caída. Ahora bien, es notable cómo los dos esquemas que presento prestan nuevo valor a las inexactas descripciones de autores anteriores. Un contemporáneo de Miguel Ángel, Condivi, decía: "Moisés, príncipe y capitán de los hebreos, está sentado en actitud meditabunda, sostiene bajo el brazo derecho las Tablas de la Ley y apoya el mentón en la mano izquierda (!), como quien se siente cansado y lleno de preocupaciones". Tal descripción no podría verse en la estatua de Miguel Ángel, pero coincide, sin embargo, con la suposición que ha dado lugar al primer esquema. W. Lübke escribió, análogamente a otros observadores: "Estremecido, hunde la mano derecha en la raudalosa barba..." Esto no es exacto, si se refiere al aspecto que presenta la estatua, pero coincide con nuestro segundo esquema. Como ya lo mencionamos, Justi y Knapp advirtieron que las Tablas se deslizan y se encuentran en peligro de romperse. Debieron someterse a la corrección de Thode, según el cual, las Tablas aparecen firmemente sostenidas por la mano derecha, pero tendrían razón si, en lugar de describir la estatua, se hubieran referido a nuestra segunda figura. Casi podría creerse que estos autores se apartaron de la actitud real de la estatua, realizando inconscientemente un análisis de los motivos de sus ademanes, llegando a los mismos resultados que hemos establecido más consciente y explícitamente.

III

Si no me equivoco, cosecharemos ahora los frutos de nuestro trabajo. Hemos visto cómo muchos observadores, impresionados por la estatua, llegaron a la interpretación de que representa a Moisés, bajo la influencia del espectáculo de su pueblo renegado, danzando alrededor de un ídolo. Pero esta interpretación tuvo que ser abandonada, pues imponía el corolario de que Moisés se aprestaría a levantarse en salto, a romper las Tablas y a cumplir obra de venganza. Sin embargo, esta conclusión habría estado en contradicción con la finalidad de la estatua, que debía formar parte del mausoleo de Julio II, junto con otras tres o cinco figuras sedentes. No obstante, podemos retomar ahora esa interpretación abandonada, pues nuestro Moisés no ha de levantarse y no arrojará de sí las Tablas. Lo que en él vemos no es el comienzo de una acción violenta, sino la huella de una conmoción extinguida. En un rapto de cólera, quiso levantarse, vengar la afrenta, olvidar las Tablas; pero superó la tentación: permanecerá sentado, contenido su furor, en un dolor mezclado con desprecio. Tampoco arrojará las Tablas, destrozándolas contra la piedra, pues justamente por ellas ha dominado su ira; para salvarlas ha refrenado su arrebato. Abandonado a su apasionada indignación, tuvo que descuidar las Tablas retirando la mano que las soportaba. Comenzaron entonces a resbalar, corriendo peligro de romperse. Pero esto hizo que Moisés volviera en sí. Recordó su misión y, en aras de ella, renunció a satisfacer su pasión. Su mano retrocedió; salvó las Tablas antes de que pudieran caer, y permaneció en esta posición. Así lo representó Miguel Ángel, como un guardián del panteón.

En el sentido vertical, esta figura presenta tres niveles distintos. Los rasgos del rostro reflejan las emociones que se han tornado dominantes; en la parte media del cuerpo hallamos los signos del movimiento contenido, y el pie aun adopta la posición correspondiente a la acción intentada, como si ésta hubiera sido dominada progresivamente desde arriba hacia abajo. El brazo izquierdo, al cual aún no nos hemos referido, parece reclamar su parte en nuestra interpretación. La mano reposa muellemente en el regazo y toma, acariciadora, los extremos de la barba descendente. Parecería que pretende compensar la violencia con la cual, hace un instante, la otra mano trató a la barba.

Se podrá objetar ahora que no es este el Moisés bíblico que realmente se dejó llevar por la ira, destrozando las Tablas de la Ley. Trataríase de un Moisés distinto, nacido en la sensibilidad del artista, el cual se habría atrevido a enmendar el texto bíblico y a falsear el carácter del divino personaje. ¿Podemos atribuir a Miguel Ángel este albedrío que no está lejos del sacrilegio?

Los pasajes de la Sagrada Escritura, que reproducen la conducta de Moisés al contemplar la escena del becerro de oro, rezan así[51]:

"7) Entonces Jehová dijo a Moisés: Anda, desciende, porque tu pueblo que sacaste de tierra de Egipto se ha corrompido: 8) Presto se han apartado del camino que yo les mandé, y se han hecho un becerro de fundición, y lo han adorado, y han sacrificado a él, y han dicho: Israel, estos son tus dioses, que te sacaron de la tierra de Egipto. 9) Dijo más Jehová a Moisés: Yo he visto a este pueblo, que por cierto es pueblo de dura cerviz. 10) Ahora pues, déjame que se encienda mi furor en ellos, y los consuma: y a ti yo te pondré sobre gran gente. 11) Entonces Moisés oró a la faz de Jehová su Dios, y dijo: Oh Jehová, ¿por qué se encenderá tu furor en tu pueblo, que tú sacaste de la tierra de Egipto con gran fortaleza, y con mano fuerte? [...]"

"[...] 14) Entonces Jehová se arrepintió del mal que dijo que había de hacer a su pueblo. 15) Y volvióse Moisés, y descendió del monte trayendo en su mano las dos Tablas del Testimonio, las Tablas escritas por ambos lados; de una parte y de otra estaban escritas. 16) Y las Tablas eran obra de Dios, la escritura

[51] N. de Traductor. —Para estos pasajes bíblicos (Éxodo, cap. 32) me he servido de la antigua versión castellana de Casiodoro de Reina, revisada por Cipriano de Valera. Freud cita la traducción de Lutero, excusándose por su anacronismo en relación con la época de Miguel Ángel.

era escritura de Dios grabada sobre las Tablas. 17) Y oyendo Josué el clamor del pueblo que gritaba, dijo a Moisés: Alarido de pelea hay en el campo. 18) Y él respondió: No es eco de algazara de fuertes ni eco de alaridos de flacos: algazara de cantar oigo yo. 19) Y aconteció que como llegó él al campo, y vio el becerro y las danzas, enardeciéndosele la ira de Moisés, y arrojó las Tablas de sus manos, y quebrólas al pie del monte. 20) Y tomó el becerro que habían hecho, quemólo en el fuego, y molíólo hasta reducirlo a polvo, que esparció sobre las aguas, y diólo a beber a los hijos de Israel [...]"

"[...] 30) Y aconteció que el día siguiente dijo Moisés al pueblo: Vosotros habéis cometido un gran pecado: mas yo subiré ahora a Jehová; quizá le aplacaré acerca de vuestro pecado. 31) Entonces volvió Moisés a Jehová, y dijo: Ruégote, pues este pueblo ha cometido un gran pecado, porque se hicieron dioses de oro; 32) Que perdones ahora su pecado, y si no, ráeme ahora de tu libro que has escrito. 33) Y Jehová respondió a Moisés: A que pecare contra mí, a éste rearé yo de mi libro. 34) Ve pues ahora, lleva a este pueblo donde te he dicho: he aquí mi ángel irá delante de ti; que en el día de mi visitación yo visitaré en ellos su pecado. 35) Y Jehová hirió al pueblo, porque habían hecho el becerro que formó Aarón".

Influenciados por exégesis moderna, no podemos leer este pasaje sin dejar de encontrar en él indicios de una torpe complicación de varios relatos emanados de fuentes diversas. En el versículo 8, el Señor mismo anuncia a Moisés que su pueblo ha renegado y ha levantado un ídolo. Moisés intercede por los pecadores, pero en el versículo 18 habla a Josué como si nada supiera de lo ocurrido, y se abandona a repentina ira (en el versículo 19 al contemplar la escena de la adoración apóstata). En el versículo 14 ya ha obtenido el perdón divino para su pecaminoso pueblo, pero en el versículo 31 y en los siguientes vuelve a la montaña para implorar este perdón. Comunica al Señor la apostasía de su pueblo y obtiene la seguridad de que el castigo será aplazado. El versículo 35 se refiere a un castigo del pueblo por Dios, del cual nada se ha dicho anteriormente, mientras que los versículos 20 a 30 describen el castigo que el propio Moisés acaba de ejecutar. Sabemos que las partes históricas de la Escritura que se refieren al Éxodo presentan incongruencias y contradicciones aún más sorprendentes que las anotadas.

Desde luego, los hombres del Renacimiento no adoptaban tal posición crítica frente al texto bíblico, aceptando la descripción como algo coherente y encontrándose, entonces, con que ofrecía escasos elementos para la interpretación artística. El Moisés de la Biblia ya estaba enterado de la idolatría, había optado por el perdón y, sin embargo, cae en un súbito arrebato de ira al divisar el becerro de oro y la muchedumbre danzando en torno de este. No sería de extrañar, entonces, que el artista, al querer reproducir la reacción del héroe frente a tan dolorosa sorpresa, se hubiera independizado del texto bíblico, impulsado por motivos íntimos. Semejantes discrepancias con el texto de la Sagrada Escritura de ningún modo eran raras, aún por razones de menor peso, ni les estaban prohibidas al artista. Un célebre cuadro de Parmigiano, que se encuentra en su ciudad natal, nos muestra a Moisés sentado en lo alto de la montaña y arrojando al suelo las Tablas, aunque el versículo bíblico dice expresamente: "...y quebrólas al pie del monte". Hasta la representación de un Moisés sentado no encuentra asidero alguno en el texto, pareciendo dar la razón a quienes opinan que la estatua de Miguel Ángel no pretende fijar un momento determinado de la vida del héroe.

Pero la transformación que Miguel Ángel, según nuestra interpretación, habría efectuado en el carácter de Moisés es aún más importante que la infidelidad frente al sagrado texto. Según el testimonio de la tradición, Moisés, el hombre, era irascible y propenso a los arrebatos de la pasión. En uno de estos accesos de sagrada cólera mató al egipcio pues maltrataba a un israelita, viéndose obligado, por ello, a huir al desierto. En un arrebato semejante destrozó las Tablas que Dios mismo acababa de escribir. Al presentar la tradición estos rasgos del carácter mosaico, seguramente es objetiva y conserva la impresión de una gran personalidad que realmente ha existido. Pero Miguel Ángel colocó en el mausoleo del Papa a un Moisés distinto, superior al histórico o tradicional. Retocó el tema de las destrozadas Tablas de la Ley; no permite que la ira de Moisés las aniquile, pero deja que la pasión se exprese como amenaza de destrucción, o la contiene, por lo menos, en camino a la acción violenta. Con ello ha puesto en la figura de Moisés algo nuevo, sobrehumano, convirtiendo la imponente masa corporal y la hercúlea musculatura en medios de expresión material para el supremo esfuerzo psíquico de que un hombre es capaz: la dominación de las propias pasiones en aras de una misión a la cual se ha consagrado.

Podemos concluir aquí la interpretación de la estatua de Miguel Ángel. Aún podríamos indagar los motivos que llevaron al artista a destinar el *Moisés* y, más precisamente, un Moisés transformado, para el mausoleo del Papa Julio II. Muchos autores han concordado en indicar que estos motivos han de buscarse en el carácter del Papa y en su relación con el artista. Julio II tenía gran afinidad con Miguel Ángel pues, como este, trató de realizar obras grandes e imponentes y, ante todo, lo grandioso en el espacio. Era un hombre de acción que perseguía un fin concreto: la unidad de Italia bajo la hegemonía papal. Lo que no habría de lograrse sino siglos más tarde, con la colaboración de otras potencias; aunque él lo quería alcanzar solo, en el corto espacio del tiempo y de dominio que le estaba acordado; impacientemente, con recursos violentos. Supo apreciar a Miguel Ángel como a un igual, pero a menudo le hizo sentir su cólera y su falta de consideración. El artista veía en sí idéntica ambición violenta y es posible que, profundo pensador que era, presintiese el fracaso a que ambos estaban condenados.

Por eso colocó a su Moisés en el mausoleo del Papa, expresando así un reproche al protector desaparecido, una advertencia a sí mismo, superando con esta crítica su propia esencia íntima.

IV

En el año 1836, un inglés, W. Watkiss Lloyd, dedicó un pequeño opúsculo al *Moisés* de Miguel Ángel[52]. Una vez que me hube procurado este escrito de cuarenta y seis páginas, me enteré de su contenido con mezclados sentimientos. Se me ofreció una vez más la ocasión de experimentar en carne propia cuán indignos y pueriles motivos suelen gobernar nuestras obras dedicadas al servicio de una magna causa, pues, ante todo, me causó gran disgusto que Lloyd se me hubiese anticipado en tantas cosas que me eran caras por ser productos de mi propio esfuerzo, y sólo más tarde logré alegrarme por la inesperada confirmación. Con todo, nuestras opiniones divergen en un punto decisivo.

Lloyd ha sido el primero en advertir que las descripciones habituales son inexactas; que Moisés no está a punto de incorporarse[53], que la mano derecha no toma la barba, y que sólo su dedo índice reposa sobre ésta[54]. Y, lo que es más importante, también señaló que la actitud representada en la estatua sólo puede ser explicada reduciéndola a una posición anterior, no

---

[52] W. Watkiss Lloyd: *The Moses of Michelangelo*, London, Williams and Norgate, 1863.

[53] N. del Traductor. — El siguiente fragmento se halla en inglés en el original: "Pero no se está incorporando, ni a punto de hacerlo; el torso se encuentra erecto, y no inclinado hacia adelante, como si quisiera alterar el equilibrio para disponerse a ejecutar tal movimiento..." (Pág. 10).

[54] N. del Traductor. — Fragmento que está en inglés en el original: "Semejante descripción es completamente errónea; los mechones de la barba son retenidos por la mano derecha, pero esta no los ase, no los empuña, ni los sujeta o se aferra a ellos. Más aún: sólo se encuentran retenidos momentáneamente, estando a punto de quedar en libertad". (Pág. 11).

figurada; además, que el desplazamiento de los mechones izquierdos, hacia la derecha, indica que la mano derecha y la parte izquierda de la barba se encontraban previamente en una relación más íntima, establecida con naturalidad. Pero, al reconstruir esta vecindad convincentemente deducida, sigue un camino distinto al nuestro: no cree que la mano se haya dirigido a la barba, sino que esta se encontraba junto a aquella. Según él, deberíamos imaginar que "un instante antes de la repentina conmoción, la cabeza de la estatua esta tornada completamente a la derecha, hallándose colocada por encima de la mano que, entonces como ahora, sostenía las Tablas de la Ley". La presión de estas sobre la palma de la mano habría hecho que sus dedos se abrieran graciosamente bajo los pendientes rizos, de modo que, al girar de pronto la cabeza hacia el lado opuesto, parte de los mechones fueron retenidos un instante por la mano inmóvil, formándose esa guirnalda que se habría de concebir como un surco (*wake*) dejado por la mano.

Al rechazar la otra posibilidad de una aproximación anterior entre la mano derecha y la mitad izquierda de la barba, Lloyd aduce un argumento que demuestra cuán cercano estuvo a nuestra interpretación. Considera imposible que el profeta, aun hallándose en máxima agitación, hubiese extendido la mano para llevar así la barba a un lado. En tal caso, la posición de los dedos tendría que ser distinta y, además, este movimiento habría hecho caer las Tablas, sostenidas únicamente por la presión de la mano derecha. De modo que, para salvar las Tablas, sería preciso atribuir a Moisés un movimiento tan torpe, que representarlo equivaldría al sacrilegio[55].

[55] N. del Traductor. — "Unless clutched by a gesture so awkward, that to imagine it is profanation".

"A menos que las empuñe con un gesto tan torpe, que imaginarlo sería un sacrilegio".

Advertiremos fácilmente dónde el autor peca por omisión. Interpreta correctamente los detalles singulares de la barba, rastros de un movimiento transcurrido, pero deja de aplicar idéntica deducción a los pormenores no menos arbitrarios de la posición que adoptan las Tablas. Sólo toma en cuenta las indicaciones de la barba, y no las de las Tablas, cuya posición acepta como original y establecida. De tal manera, ciérrese el acceso a una concepción como la nuestra, que, destacando ciertos detalles insignificantes, nos llevó a una sorprendente interpretación de la figura entera y de las intenciones que la animan.

Pero ¿no podría ser que ambos nos encontrásemos en camino errado? ¿Si hubiéramos atribuido importancia y significación a detalles indiferentes para el artista, que este empleó tal como son, a su arbitrio o movido por consideraciones formales, sin poner en ellos ninguna intención oculta? ¿Habríamos caído en el error de tantos intérpretes que creen ver claramente cosas que el artista no pretendió crear, ni consciente ni inconscientemente? Desde luego, no puedo decidir semejante disyuntiva. No sé si a un artista como Miguel Ángel, en cuyas obras brega por alcanzar su expresión tal contenido espiritual, podemos atribuirle una actitud tan ingenua, y esto precisamente tratándose de los rasgos notables y enigmáticos de la estatua de Moisés. Para concluir, indicaremos humildemente que la responsabilidad por esta incertidumbre corresponde por igual al artista y al intérprete. En sus creaciones, Miguel Ángel muchas veces llegó a límite de lo que el arte es capaz de expresar; quizá tampoco haya tenido pleno éxito en el *Moisés*, si su intención fue la de la evocar la emoción violenta mediante las huellas que restan de la pasada tempestad una vez renacida la calma.

Apéndice
(1927)[56]

Años después de que viera la luz mi estudio sobre *El «Moisés» de Miguel Ángel* —publicado en 1914, en la revista *Imago*, sin mención de mi nombre—, llegó a mis manos, gracias a la deferencia de E. Jones, de Londres, un número del *Burlington Magazine for Connoisseurs* (número CCXVII, vol. XXXVIII, abril de 1921) que despertó nuevamente mi interés por la interpretación que había propuesto para la estatua. Este ejemplar contenía un breve artículo de H. P. Mitchell, relativo a dos bronces del siglo XVII que se encuentran actualmente en el Ashmolean Museum, de Oxford, y que son atribuidos a un eximio artista de aquella época: *Nicolás de Verdún*. Poseemos de él otras obras en Tournay, en Arrás y en Klosterneuburg, cerca de Viena, y *El relicario de los Reyes Magos*, de Colonia, es considerado su obra maestra.

Una de las dos estatuillas estudiadas por Mitchell es un Moisés de unos 23 cm. de altura, identificado como tal, sin lugar a dudas, por las Tablas del Decálogo que porta. También este Moisés está representado en posición sedente, envuelto en un manto de ampulosos pliegues; su rostro presenta una expresión apasionada y, quizá, acongojada. Su mano derecha

[56] N. del Traductor. —Este apéndice al estudio sobre *El «Moisés» de Miguel Ángel* apareció a fines de 1927 en la revista *Imago* (tomo XIII); fue incluido en el tomo XI de las *Gesammelte Schriften* y en el XIV de la *Gesamte Ausgabe*. Además, fue traducido al francés (E. Marty y M. Bonaporte), apareciendo en el primer número de la *Revue Francaise de Psychoanalyse* (1927), y formando parte, más tarde, de los *Essais de Psychoanalyse Appliquée* (Gallimard, París, 1933).

tiene presa la luenga barba y oprime sus mechones, entre la palma y el pulgar, como una pinza; es decir, exhibe el mismo gesto que se encuentra representado en la Figura 2 de mi estudio, como fase previa a la actitud en la cual encontramos inmovilizado al *Moisés* de Miguel Ángel.

Una ojeada a la reproducción adjunta permitirá advertir la principal diferencia entre estas dos imágenes, separadas por más de tres siglos. El *Moisés* del artista lorenés ase las Tablas con su mano izquierda, por su borde superior, apoyándolas en la rodilla. Pasando las Tablas al otro lado y confiándolas al brazo derecho, se habrá restablecido la posición inicial del *Moisés* de Miguel Ángel. Si fuera exacta la idea que he formado acerca del ademán con el cual Moisés toma su barba, entonces este Moisés de 1180 representaría el instante del desencadenamiento de la pasión, mientras que la estatua de San Pietro in Vincoli correspondería a la calma que sigue a la tempestad.

Creo que el hallazgo aquí presentado incrementa la verosimilitud a la interpretación que ensayé en mi estudio de 1914.

Quizá algún estudioso del arte logre colmar el abismo que media entre el *Moisés* de Nicolás de Verdún y el del maestro del Renacimiento italiano, demostrando que existen versiones del Moisés originarias de épocas intermedias.

ALGUNOS TIPOS CARACTEROLÓGICOS REVELADOS POR EL PSICOANÁLISIS

Este estudio apareció originalmente en la revista *Imago* (tomo IV, 1915/16), siendo incluido posteriormente en la *Sammlung kleiner Schriften zut Neurosenlehre* (*Breves escritos sobre la teoría de las neurosis*), cuarta serie, Deuticke, Leipzig-Wein, 2.ª edición, 1922.

Gesammelte Schriften (Obras Completas, edición vienesa), tomo X, Internationaler Psychoanalytischer Verlag, Wien, 1924.

Gesamte Ausgabe (Obras Completas, edición londinense), tomo X, Imago Publishing Co., London, 1940.

Fue traducido a los siguientes idiomas:

Traducción inglesa (E. Jones): *Collected Papers*, tomo IV, Institute of Psychoanalysis and The Hogarth Press, London, 1925.

Traducción francesa (E. Marty y M. Bonaparte): *Essais de Psychoanalyse Apliquée*, Gallimard, París, 1933;

Traducción rusa (M. Wulff), Moscú, 1926.

Cuando el médico emprende el tratamiento psicoanalítico de un neurótico, su interés en modo alguno no se concentra en el carácter de este, sino que prefiere revelar el significado de sus síntomas, descubrir los impulsos instintivos que tras ellos se ocultan y que por su mediación se satisfacen, y recorrer las etapas del enigmático camino que conduce de aquellos deseos instintivos a estos síntomas. Sin embargo, la técnica que el médico está obligado a aplicar con este fin, rápidamente le lleva a dirigir su afán científico hacia otros objetos. Ve amenazada su investigación por las resistencias que el enfermo le opone y que ha de atribuir al carácter de este. De tal manera, este carácter adquiere el derecho a ocupar el centro de su interés.

Lo que se opone a los esfuerzos del médico no son siempre aquellos rasgos del carácter que el enfermo reconoce en sí mismo o que sus semejantes le atribuyen. Por el contrario, sucede con frecuencia que algunas modalidades aparentemente poco acusadas en el paciente se manifiestan con insospechada intensidad, o bien que adopta actitudes cuya existencia no se había denunciado en otras circunstancias de la vida.

En las páginas que siguen intentaremos describir y reducir a su origen algunos de estos sorprendentes rasgos del carácter.

I. Los seres excepcionales

La labor analítica se enfrenta a diario con la tarea de inducir al paciente a que renuncie a un placer fácil e inmediato. No se trata de que abandone todo placer; tal cosa difícilmente podría exigirse de hombre alguno, y aún la religión, cuando demanda la dimisión del placer terreno, se ve obligada a fundar su pretensión con la promesa de un placer incomparablemente más grande y precioso en el más allá. No; el enfermo simplemente ha de abandonar aquellas satisfacciones que inevitablemente causarían un perjuicio, basta con que su renuncia sea transitoria, con que aprenda a trocar el placer inmediato por uno más seguro, aunque diferido. O bien, en otros términos: es preciso que, conducido por el médico, efectúe *el progreso que media entre el principio del placer y el principio de la realidad*, progreso que distingue al hombre adulto del niño. Al realizar esta tarea educativa, escaso es el provecho que el médico extrae de su conocimiento superior, pues por lo general nada puede decir al enfermo que este no haya averiguado por su propia inteligencia. Pero una cosa es saber algo por sí mismo, otra escucharlo por boca ajena. El médico asume en este caso el papel de ese prójimo activo, sirviéndose de la influencia que un hombre puede ejercer sobre sus semejantes. O bien, recordando que en el psicoanálisis se suele colocar lo primordial y originario en lugar de lo secundario y atenuado; diremos que el médico emplea en su tarea pedagógica un componente cualquiera del amor. Llevando a cabo esta reeducación, probablemente no hace más que repetir el proceso que, en el fondo, permitió realizar la primera educación en el niño. Junto a las necesidades vitales, el amor es la gran instancia educativa, y el hombre cuya evolución no sea completa será llevado por su amor a los personajes más cercanos, a respetar la ley de la necesidad, ahorrándose el castigo que sigue a su violación.

Cuando de tal manera se exige del enfermo una renuncia provisional a cualquier satisfacción placentera: un sacrificio, una aceptación de sufrimientos momentáneos en aras de un fin mejor; o bien, simplemente, la resolución de someterse a la necesidad impuesta a todo el mundo, entonces se tropieza con ciertos individuos que se oponen a semejante exigencia, fundándose en una motivación particular. Afirman haber renunciado y sufrido tanto, que han adquirido el derecho de que se les exima de nuevas exigencias; se niegan a someterse a toda solicitud desagradable, alegando que son excepcionales y que tendrán buena cuenta de seguir siéndolo. En un enfermo de esta categoría, tal pretensión había llegado a convencerle de que una providencia especial le amparaba, protegiéndole de semejantes sacrificios penosos. Frente a una certeza interior manifestada con tal intensidad, nada pueden los argumentos del médico, y también su poder de influencia fracasa al principio, obligándole a buscar las fuentes que alimentan este perjudicial prejuicio.

Ahora bien: no se puede dudar que todo hombre quisiera considerarse una "excepción" y exigir prerrogativas sobre sus semejantes, pero justamente por eso debe obrar alguna razón particular, que no hallaremos, en general, cuando alguien se proclama y se conduce realmente como un ser excepcional. Es posible que haya más de una de estas causas, pero en los casos que estudié he llegado a comprobar una particularidad común a todos y relacionada con los *sucesos más tempranos de su vida*: sus neurosis arrancaban de una vivencia o de un sufrimiento experimentados en las primeras épocas de la infancia, de los cuales se sabían inocentes y que habían sentido como un injusto ataque contra sus personas. Los privilegios que pretendían derivar de esta injusticia, y la consiguiente insubordinación, habían contribuido en medida no escasa a exacerbar los conflictos que, más tarde, llevarían a la explosión de la neurosis.

Una de estas enfermas adoptó frente a la vida la actitud que describo al enterarse de que un doloroso padecimiento orgánico, que había truncado sus ambiciones, era de origen congénito. Mientras atribuyó el mal a una contingencia ulterior, lo había soportado pacientemente; pero desde el instante en que descubrió que formaba parte de su herencia, adoptó una actitud de rebeldía. El ya mencionado joven que se creía amparado por una providencia especial, había contraído accidentalmente, en su lactancia, una infección contagiada por la nodriza, y desde entonces, durante toda su vida, habíase cobrado sus derechos de indemnización como si se tratara de una pensión por accidente, sin sospechar jamás el origen de sus pretensiones. La reconstrucción analítica de este nexo, basada en obscuros restos mnémicos y en la interpretación de los síntomas, fue confirmada en el caso de este enfermo por el testimonio de sus familiares.

Por motivo que se comprenderá fácilmente, me es imposible ser más explícito en lo que a este y a otros enfermos se refiere. Tampoco consideraré la manifiesta analogía que los vincula a las alteraciones del carácter, consecutivas a prolongadas enfermedades infantiles, y a la actitud de pueblos enteros que han debido soportar un pasado lleno de privaciones. En cambio, no esquivaré la referencia a un personaje creado por el más insigne de los poetas, en cuyo carácter la pretensión de ser excepcional está íntimamente relacionada con un detrimento congénito que le presta evidente motivación.

En el monólogo que sirve de introducción a *Vida y muerte de Ricardo III*, de *Shakespeare*, dice Gloucester, el futuro rey[57]:

[57] N. del Traductor. —Las citas de Shakespeare que van en este ensayo han sido tomadas de la versión castellana de Luis Astrana Marín (Aguilar, Madrid, 1941).

"Pero yo, que no he sido formado para estos traviesos deportes, ni para cortejar a un amoroso espejo...: yo, groseramente construido y sin la majestuosa gentileza para pavonearme ante una ninfa de libertina desenvoltura; yo, privado de esta bella proporción, desprovisto de todo encanto por la pérfida Naturaleza; deforme, sin acabar, enviado antes de tiempo a este latente mundo; terminado a medias, y eso imperfectamente y fuera de la moda, que los perros me ladran cuando ante ellos me paro... Y así, ya que no pueda mostrarme como un amante, para entretener estos bellos días de galantería, ha determinado portarme como un villano y odiar los frívolos placeres de estos tiempos".

A primera vista, quizá consideremos esta exposición de propósitos como carente de relación con nuestro tema. Ricardo no parece querer decir otra cosa, sino: "Esta vida solazada me hastía, y yo quiero divertirme; pero ya que mi maltrecha figura me impide hacer el amante, me haré el malvado: intrigaré, mataré, en fin, procederé como me plazca". Tan frívola argumentación ahogaría en el espectador todo resto de simpatía, si tras ella no se escondiera algo más serio. Además, la tragedia se tornaría psicológicamente imposible, pues es menester que el poeta logre despertar en nosotros una oculta simpatía por su héroe, si pretende hacernos admirar sin reservas su coraje y su destreza; y esta simpatía sólo puede surgir de una comprensión, de un sentimiento de comunión espiritual con el héroe.

Por eso creo que el monólogo de Ricardo no dice todo, se limita a alusiones y que deja a nuestro cargo desarrollarlas. Pero si llevamos a cabo esta interpretación, desaparece todo cariz de frivolidad, y la amargura, la minuciosidad con que Ricardo pinta sus deformaciones adquieren justo valor, permitiéndonos descubrir los lazos de comunidad que nos ligan a este malvado personaje y que nos fuerza a tenerle simpatía. Parece querer decirnos, entonces, lo siguiente: La Naturaleza me hizo gran injusticia al negarme la belleza de formas que gana el amor del prójimo; por eso, la vida me debe una compensación, que he de procurarme. Tengo el derecho a ser una excepción, que he de procurarme. Tengo el derecho a ser una excepción y a pasar por sobre los escrúpulos que sujetan a los demás. Puedo cometer injusticias, puesto que una injusticia me fue infligida..., y aquí sentimos que también nosotros podríamos tornarnos Ricardos; que ya lo somos, aunque en pequeña escala. Ricardo es una gigantesca magnificación de esta faz que también hallamos en nosotros. Todos nos creemos con derecho a guardar rencor a la Naturaleza y al Destino por nuestros infortunios hereditarios o infantiles; todos reclamamos una compensación por las mortificaciones que tempranamente debió soportar nuestro narcisismo, nuestro amor propio. ¿Por qué no nos dio Natura los dorados bucles de Balder, la fuerza de Sigfrido, la frente del genio, las nobles facciones del aristócrata? ¿Por qué hubimos de nacer en cuarto burgués, y no en castillo real? Por cierto, que belleza y distinción nos sentarían tan bien como a quienes por ellas envidiamos.

Con todo, el poeta ha realizado una sutil obra de economía artística al no hacer que su héroe exprese clara y totalmente el secreto de sus motivaciones. De tal manera, nos obliga a completarlas, tiene ocupada nuestra actividad mental; nos aparta de la reflexión crítica y nos mantiene identificados con el héroe. En cambio, un chapucero habría dado expresión consciente a cuanto querría comunicarnos, enfrentándose entonces con nuestra inteligencia fría y libre, e impidiéndonos así sumergirnos en la ilusión.

Pero no dejaremos a los "excepcionales" sin recordar que la pretensión de las mujeres a gozar de privilegios y a ser dispensadas de tantas obligaciones de la vida se basa en idéntico motivo. Según nos lo enseña la experiencia psicoanalítica, la mujer se considera dañada en la infancia, injustamente menospreciada y rebajada en su persona, ¡y cuánto encono de una hija contra su madre tiene por raíz última el reproche de haberla hecho nacer mujer, en vez de hombre!

II. Los que fracasan ante el éxito

La investigación psicoanalítica nos ha enseñado que los hombres caen en la neurosis a consecuencia de la privación. Se entiende que nos referimos a la privación de satisfacer sus deseos libidinosos, y, por cierto, es largo el rodeo que habremos de recorrer para llegar a comprender esta proposición. En efecto, para que surja una neurosis es preciso que se produzca un conflicto entre los deseos libidinosos del individuo y aquel sector de su personalidad que denominamos *yo*, expresión de sus instintos de conservación que encierra el ideal que de sí mismo se ha forjado. Tal conflicto patogénico sólo puede aparecer cuando la libido pretende transcurrir por vía y orientarse hacia fines que el *yo* hace mucho ha superado y condenado, prohibiéndolos, en consecuencia, definitivamente; y la libido sólo apela a estos expedientes cuando se la priva de toda posibilidad de una satisfacción ideal, conforme al *yo*. Así, la privación, la defraudación de una satisfacción real es la primera condición para que aparezca la neurosis, aunque de ningún modo sea la única.

Tanto mayor será la sorpresa y la confusión del médico al advertir que hay ciertos individuos que enferman precisamente cuando un deseo, profundamente arraigado y largo tiempo acariciado, acaba de cumplirse. Parecería entonces que estas personas fuesen incapaces de soportar su felicidad, pues no se puede dudar de la relación causal entre el éxito y la enfermedad. De tal modo, tuve oportunidad de conocer el destino de una mujer que describiré como ejemplo de tan trágicos azares.

De buena familia y bien educada, no pudo, siendo aún muy joven, poner freno a su ansia de vivir, y escapó del hogar paterno, lanzándose a recorrer mundo y sus aventuras, hasta que conoció a un artista que supo apreciar sus encantos femeninos, pero que también comprendió la delicada fibra de esta mujer envilecida. La recibió en su casa y tuvo en ella una fiel compañera, a cuya felicidad sólo parecía faltar la legitimación de su alianza. Después de largos años de vida común, él logró que su familia le dispensara su amistad, y se manifestó dispuesto a convertirla en su esposa ante la ley. En este momento, ella comenzó a fracasar: descuidó el hogar cuya ama había de ser, se creyó perseguida por la familia que se aprestaba a recibirla, con sus celos insensatos privó al hombre de todas sus relaciones, trastornó su labor artística y cayó rápidamente en una enfermedad psíquica incurable.

En otra oportunidad, observé a un hombre sumamente respetable que, siendo profesor académico, durante años había mecido el comprensible anhelo de suceder al maestro que le había iniciado en la ciencia. Cuando, al retirarse este de la cátedra, los colegas le comunicaron que ningún otro, sino él, podía ser su sucesor, comenzó a intimidarse, disminuyó sus méritos, se declaró indigno para ocupar el cargo que se le ofrecía y cayó en un estado de melancolía que durante varios años le impidió toda actividad.

Por más que ambos casos difieran en sus circunstancias especiales, concuerdan, no obstante, en el hecho de que la enfermedad apareció al realizarse el deseo, anulando el goce que de ello debía resultar.

La contradicción entre estas observaciones y la proposición de que el individuo enferma por la privación no es insoluble. Para eliminarla basta con distinguir una *defraudación externa* de una *interna*. Cuando desaparece en la realidad el objeto que permite a la libido satisfacerse, tratase de una privación externa. Por sí misma, esta es ineficaz; carece de capacidad patogénica mientras no se le agregue una privación interna que debe provenir del *yo* y negar a la libido los nuevos objetos de que ahora pretender apoderarse. Sólo entonces aparece el conflicto y, con él, la posibilidad de una neurosis; es decir, de una satisfacción sustitutiva que siga el rodeo de lo inconsciente reprimido. La privación interna actúa, pues, en todos los casos, pero no entra en acción sino cuando la privación real —la externa— le ha preparado el terreno. En las situaciones excepcionales en que el hombre enferma ante el éxito, la privación interna ha obrado sola; más aún: no ha podido manifestarse sino después que la privación externa cedió el lugar a la realización del deseo. A primera vista, hay algo sorprendente en este fenómeno, pero una consideración más detenida nos hará recordar que el *yo* suele tolerar un deseo, considerándolo inofensivo en tanto que se limite al terreno de la fantasía y parezca alejado de toda realización, mientras que, por el contrario, se defiende enérgicamente contra sus pretensiones en cuanto se aproxima a su satisfacción y amenaza convertirse en realidad. La diferencia frente a las situaciones bien conocidas que generan una neurosis sólo reside en que, mientras por lo general la exaltación interna del revestimiento libidinoso es lo que convierte en adversarios peligrosos a las menospreciadas y toleradas fantasías, en nuestros casos, en cambio, la señal para el desencadenamiento del conflicto está dada por una modificación real y exterior.

El análisis nos demuestra fácilmente que son las *instancias de la conciencia moral* las que prohíben al individuo extraer de la feliz modificación exterior el beneficio largamente anhelado. Pero no sería tarea fácil revelar la naturaleza y el origen de estas tendencias justicieras y punitivas, que muchas veces aparecen, para gran sorpresa nuestra, donde menos las sospechábamos. Cuanto de ellas sabemos o suponemos no quiero ilustrarlo, por razones obvias, en casos de la práctica médica, sino en personajes que la creación poética ha hecho surgir de un profundo conocimiento del alma humana.

Lady Macbeth, de Shakespeare, es una persona que sucumbe al alcanzar el éxito que persiguiera con energía tenaz. Antes, no había en ella vacilación alguna ni signo alguno de una lucha interior; sólo aspiraba a vencer los escrúpulos de su ambicioso, aunque compasivo, marido. Está dispuesta a sacrificar hasta su femineidad al propósito homicida, sin tener en cuenta cuán decisivo papel ha de jugar esta feminidad cuando se trate, más tarde, de conservar lo que su ambición consiguió mediante el crimen.

(Acto I, escena 5): "¡Corred a mí, espíritus propulsores de pensamientos asesinos!... ¡Cambiadme de sexo! ¡Venid a mis senos maternales y convertid mi leche en hiel! [...]"
(Acto I, escena 7): "He dado de mamar, y sé lo grato que es amar al tierno ser que me lacta. Bien: pues en el instante en que sonriese ante mi rostro, le hubiera arrancado el pezón de entre sus encías sin hueso, y estrellándole el cráneo, de haberlo jurado, como vos lo jurasteis así".

Sólo una vez, antes del hecho, manifiesta una ligera vacilación:

(Acto II, escena 2): "Yo misma lo habría hecho, de no haberme recordado a mi padre dormido..."

Convertida ahora en reina por el asesinato de Duncan, se anuncia fugazmente algo, como una defraudación, un hastío. ¿De dónde procede? No lo sabemos.

(Acto III, escena 2): "Nada se gana; al contrario, todo se pierde cuando nuestro deseo se realiza sin satisfacernos. ¡Vale más ser la víctima, que vivir con el crimen en una alegría preñada de inquietudes!"

Sin embargo, se sobrepone. En la escena del banquete que sigue a estas palabras, ella sola conserva su sangre fría, disimula la turbación de su marido y halla un pretexto para despedir a los comensales. Luego, desaparece de nuestra vista. La vemos de nuevo —como sonámbula— en la primera escena del quinto acto, fijada a las impresiones de la noche fatal. Como entonces, sigue alentando a su marido.

"¡Qué vergüenza! ¿Un soldado, tener miedo?... ¡Qué importa que llegue a saberse, si nadie puede pedir cuenta a nuestro poder!...

Oye los golpes en la puerta, los golpes que después del crimen asustaron a su marido; pero, al mismo tiempo, se esfuerza por "deshacer el hecho que no se puede deshacer". Se lava las manos que tiene tintas en sangre, y advierte la inutilidad de sus esfuerzos. El remordimiento parece haberla doblegado, a ella, que parecía inaccesible a este sentimiento. Cuando muere, Macbeth, su marido, tornado ahora tan implacable como ella fue al principio, sólo halla este breve epílogo que dedicarle:

(Acto V, escena 5): "¡Debiera haber muerto un poco después! ¡Tiempo vendrá que pueda yo oír palabras semejantes!...

Uno se pregunta ahora: ¿Qué ha doblegado a este carácter que parecía forjado del más duro metal? ¿Sería simplemente la desilusión, ese otro rostro que muestra el crimen una vez cumplido? ¿O deberíamos aceptar que, también en Lady Macbeth, un alma que antes fuera femenina, suave, llegó a una concentración y una tensión máximas que no podían perdurar? ¿O bien hemos de buscar signos que, mediante una motivación más profunda, presten a este descalabro mayor proximidad humana?

Creo que es imposible decidir aquí esta alternativa. *Macbeth*, de Shakespeare, es una obra de circunstancias, compuesta para la coronación de Jacobo, hasta entonces rey de Escocia. Su asunto estaba planteado por tal motivo y había sido elaborado simultáneamente por otros autores, cuyo trabajo seguramente fue utilizado por Shakespeare, en la manera habitual. En todo caso, permitía realizar extraordinarias alusiones a la mencionada situación, pues la "virginal" Isabel, de la que corría el rumor que jamás podría dar a luz un hijo, la que, al enterarse del nacimiento de Jacobo, había exclamado dolorosamente que ella era "un tronco seco"[58]; Isabel acaba de verse obligada, por su esterilidad, a aceptar como sucesor al rey de los escoceses. Pero este era hijo de aquella María, cuya ejecución, aunque a disgusto, había ordenado, y que, pese a toda la tirantez que la política causó en sus relaciones, no había dejado de ser su parienta carnal y su huésped.

La ascensión al trono de Jacobo I venía a ser como una demostración de las maldiciones que pesan sobre la esterilidad y de las bendiciones de una generación no interrumpida. Sobre idéntico contraste reposa la evolución de Macbeth, el personaje de Shakespeare. Las Parcas le han anunciado que será rey, pero al mismo tiempo dicen a Banquo que sus hijos heredarán la corona. Macbeth se rebela contra esta sentencia del destino, no se conforma con la satisfacción de su ambición personal; pretende ser el fundador de una dinastía y no se resigna a haber matado para provecho de extraños. Este conflicto escapará a quien no quiera ver en la obra de Shakespeare más que la tragedia de la ambición. Es evidente que Macbeth, no pudiendo vivir eternamente, sólo dispone de un recurso para anular la parte de la profecía que le desagrada: tener hijos que puedan sucederle. Por otra parte, parece esperar que su fuerte mujer se los dé:

(Acto I, escena 7): "¡No des al mundo más que hijos varones, pues de tu temple indomable no pueden salir más que machos!"

---

[58] Véase: *Macbeth* (Acto II, escena 1): "Sobre mi cabeza han ceñido ellas una corona infructífera y me han dado a empuñar un cetro estéril, que me arrancará una mano extraña, pues no tengo hijo que me suceda..."

No menos evidente es que, de ser defraudada esta esperanza, Macbeth tendrá que someterse al destino, o bien sus actos perderán todo fin y sentido, convirtiéndose en ciegos arrebatos de un condenado a la ruina que aun quiere, antes de hundirse, destruir cuanto se ponga a su alcance. Contemplamos cómo Macbeth sufre esta evolución, y en el punto culminante de la tragedia se oye esa exclamación, a la que tantas veces se atribuyó múltiple sentido y que bien podría encerrar la clave de esa transformación, la exclamación de Macduff:

(Acto IV, escena 3): "¡Él no tiene hijos! [...]"

Esto significa, sin duda: "Sólo porque él mismo no tenía hijos, pudo asesinar a los míos". Pero también podría ser que esta expresión esconda algo más, y, ante todo, sería posible que revelase el motivo oculto que, por un lado, llevó a Macbeth mucho más allá de su naturaleza y, por el otro, toca el único punto débil de la implacable Lady Macbeth. Pero si desde este momento culminante, señalado por las palabras de Macduff, contemplamos el conjunto de la tragedia, advertimos que toda ella está como tramada con alusiones a la relación entre padres e hijos. El asesinato del bondadoso Duncan es poco menos que un parricidio. En el caso de Banquo, Macbeth ha matado al padre, mientras que se le escapa el hijo; en cuanto a Macduff, mata a los hijos, porque se le ha escapado el padre. En la escena de la invocación, las tres brujas le hacen contemplar a un niño ensangrentado y coronado; la cabeza armada con un casco, que acaba de aparecer es, sin duda, la del propio Macbeth. Pero en el fondo surge la sombría aparición del vengador Macduff, ¡otra excepción a las leyes de la generación, ya que no fue parido por su madre, sino arrancado de su vientre!

Ahora bien: concordaría del todo con la justicia poética, basada en la ley del talión, si la falta de hijos de Macbeth y la esterilidad de su mujer fuesen el castigo de sus crímenes contra la santidad de la generación; es decir, que Macbeth no pudiera ser padre, porque ha quitado a los hijos el padre, y al padre sus hijos; que Lady Macbeth se viese privada de su sexo por haber invocado a los espíritus asesinos. Creo que se comprenderá, sin ir más lejos, que tanto la enfermedad de Lady Macbeth, como la transformación de su osadía criminal en arrepentimiento, se pueden considerar como reacciones frente a su esterilidad, que la convencen de su impotencia ante las leyes de la Naturaleza, y que, al mismo tiempo, le muestran cómo su propia culpa le ha quitado la mejor parte del beneficio de su crimen.

En la *Crónica de Holinshed* (1577), de la cual extrajo Shakespeare el tema de *Macbeth*, Lady Macbeth no es mencionada sino una vez, como una mujer ambiciosa que, por convertirse en reina, impulsa a su marido al asesinato. No se alude a su destino ulterior, ni a una transformación de su carácter. En cambio, en esta crónica la transformación del carácter de Macbeth, que lo convierte en un monstruo sanguinario, parece obedecer a motivos análogos a los que hemos esbozado; pues, según Holinshed, entre el asesinato de Duncan, que convierte a Macbeth en rey, y sus fechorías posteriores, median diez años, durante los cuales aparece como monarca severo, pero justo. Sólo después de este período de tiempo se opera en él una transformación, bajo la influencia del torturante temor a que la profecía hecha a Banquo llegue, como su propio destino, a realizarse. Sólo entonces hace matar a Banquo e, igual que en Shakespeare, se precipita de crimen en crimen.

En la crónica de Holinshed tampoco se dice expresamente que sea la falta de heredero la que lo impulsa a este camino, pero esta motivación bien puede haber surgido y adquirido desarrollo en el tiempo en que transcurre la tragedia. Muy distinta es la situación en Shakespeare. Los sucesos de la tragedia desfilan vertiginosamente ante nosotros, de modo que, según las referencias de los personajes, aquella habría de transcurrir en el curso de una semana[59]. Esta precipitación resta todo fundamento a nuestra interpretación de los motivos a que obedecería la transformación del carácter de Macbeth y de su mujer. El tiempo es demasiado breve como para que sean repetidamente defraudadas sus esperanzas en cuanto a la fecundidad, agobiando a la mujer e impulsando al marido a una rencorosa furia. De tal manera, la contradicción subsiste, aunque muchísimas relaciones sutiles de la tragedia, y de esta con la circunstancia en que fue compuesta, convergen todas hacia el tema de la falta de descendencia. La disposición cronológica de este asunto, en cambio, se opone expresamente a una transformación de los caracteres bajo la influencia de motivos que no sean interiores, inmanentes a los personajes.

Mas, a mi juicio, es imposible adivinar cuáles pueden ser los motivos que en tan poco tiempo convierten al tímido ambicioso, en un agresor sin freno; a la dura instigadora del crimen, en una enferma torturada por el remordimiento. Creo que nos será preciso renunciar al desentrañamiento de este triple secreto, en el cual se condensan la conservación deficiente del texto, la desconocida intención del poeta, y el sentido oculto de la leyenda. Con todo, no podría aceptar la objeción de que tales estudios serían superfluos frente a la grandiosa impresión que la tragedia produce en el espectador. Es verdad que el poeta con su arte puede cautivarnos durante la representación de su obra, paralizando nuestra reflexión; pero no logrará evitar que posteriormente tratemos de comprender el mecanismo psicológico de semejante efecto. Tampoco me parece justificada la observación de que el poeta tendría el derecho de abreviar, a su albedrío, la sucesión temporal de los hechos que relata, si

[59] J. Darmstetter: *Macbeth*, Edition classique, pág. LXXV, París, 1887.

con el sacrificio de su verosimilitud logra aumentar el efecto dramático; pues tal sacrificio sólo estaría justificando cuando no perturbarse más que esta verosimilitud[60], pero no cuando, al mismo tiempo, sucumbe la concatenación causal de los hechos. En lo que a nuestro caso se refiere, no podemos aceptar que la intensidad dramática de la obra habría menguado si su longitud temporal hubiera sido dejada incierta, en lugar de reducirla expresamente a pocos días.

Es tan difícil abandonar, sin solucionarlo, un problema como el de *Macbeth*, que aún arriesgaré una observación que quizá nos señalará un nuevo camino. Ludwig Jekels, en un reciente estudio sobre Shakespeare, cree haber dilucidado parte de la técnica del poeta, siendo sus conclusiones aplicables también a *Macbeth*.

Cree que muchas veces Shakespeare divide un carácter entre dos personajes, cada uno de los cuales será, pues, sólo imperfectamente comprensible, hasta que no se lo haya juntado de nuevo con su pareja, reconstituyendo la unidad original. También podría suceder esto en el caso de Macbeth y de su mujer, de modo que sería vano considerar a esta como un personaje individual y buscar los móviles de su transformación, sin atender a Macbeth[61]. Él es quien, antes del hecho, tuvo la alucinación del puñal; pero ella la que, más tarde, será presa de la enfermedad mental. Cometido el crimen oye gritar en la casa: "¡No dormirás más!... ¡Macbeth ha asesinado el sueño!" y, en consecuencia, no habría de dormir más; pero nada se nos dice de que el rey Macbeth no logre conciliar el sueño, mientras que vemos a la reina levantarse y, sonámbula, traicionar su culpa. Él, en su zozobra, contempla sus manos ensangrentadas, gimiendo

---

[60] Como, por ejemplo, cuando Ricardo III solicita a Ana junto al ataúd del rey que ha asesinado.

[61] Véase: J. Darmstetter, *loc. cit.*

que el océano inmenso de Neptuno no bastaría para lavarlas; pero ella encuentra consuelo: "Un poco de agua nos lavará de esta acción", y, sin embargo, es ella misma la que durante un cuarto de hora limpiará sus manos de la sangre: "¡Todas las esencias de Arabia no desinfectarán esta pequeña mano mía!" (Acto V, escena 1). Así se cumple en ella, lo que él temió en su angustia: ella encarna el remordimiento después del crimen; él, en cambio, adopta una actitud de desafío. Juntos agotan todas las posibles reacciones frente a un crimen, como dos partes discordes de una misma individualidad psíquica, quizá calcadas en un mismo modelo.

Si al considerar la figura de Lady Macbeth no logramos comprender por qué, después del éxito, se derrumba en la enfermedad, quizá tengamos mejores perspectivas de éxito frente a la creación de otro gran dramaturgo que suele ajustarse con rigor absoluto a la determinación psicológica de sus personajes.

Rebeca Gamvik, hija de una partera, ha sido educada por su padre adoptivo, el doctor West, como librepensadora y adversaria de todo lazo que una moralidad basada en la fe religiosa podría imponer a las aspiraciones vitales. Muerto el médico, halla albergue en *Rosmersholm*[62], la residencia familiar de una antigua estirpe, cuyos miembros no conocieron la risa y han sacrificado toda alegría al rígido cumplimiento del deber. En Rosmersholm viven el pastor Johannes Rosmer y su esposa Beate, mujer enfermiza y privada de hijos. Dominada "por un salvaje e incontenible deseo" de ser amada por este noble hombre, Rebeca decide eliminar a la mujer que se opone en su camino, sirviéndose con tal fin de su voluntad "valiente, libérrima", incontenible por escrúpulo alguno. Hace llegar a

[62] N. del Traductor. —Los pasajes de la novela de Ibsen, *Rosmersholm* (*La casa de los Rosmer*), que figuran a continuación, han sido traducidos de la versión alemana que reproduce Freud en su ensayo.

manos de Beate un libro de medicina, en el cual la procreación es descrita como único objetivo del matrimonio, de modo que la infeliz mujer llega a dudar de si su propio matrimonio tiene razón de ser; además, le hace sospechar que Rosmer, cuyas lecturas y pensamientos comparte, está a punto de abandonar la vieja creencia, para adoptar el partido de la Ilustración. Quebrantada así la confianza de la mujer en los principios morales de su marido, le da a entender, finalmente, que ella, Rebeca, pronto se verá obligada a abandonar la casa para ocultar las consecuencias de una relación ilícita con Rosmer. El criminal propósito tiene éxito. La pobre mujer, que pasaba ya por melancólica e irresponsable, se precipita al agua desde la pasadera del molino, convencida de su propia superfluidad y para no oponerse a la felicidad del hombre amado.

Años hace que Rebeca y Rosmer viven solo en Rosmersholm, en una relación que él pretende considerar como amistad puramente intelectual e ideal. Pero cuando, desde fuera, la calumnia echa sus primeras sombras sobre esta relación y, al mismo tiempo, se agitan en Rosmer penosas dudas respecto a los motivos que llevaron a su mujer a la muerte, le ruega a Rebeca que se convierta en su segunda mujer, para poder oponer a este triste pasado una nueva y viviente realidad (Acto II). Ella recibe esta proposición con una explosión de júbilo, pero al instante afirma que tal cosa sería imposible, que, si él insistiera, "seguiría el camino que tomó Beate". Desconcertado, Rosmer no comprende esta negativa, y es aún menos comprensible para nosotros, que estamos mejor informados de los actos y propósitos de Rebeca. Cuanto podemos hacer es no poner en duda la sinceridad de su negativa.

¿Cómo es posible que la aventurada, de audaz y libre voluntad, la mujer que supo apartar sin escrúpulos los obstáculos que se oponían a la realización de sus deseos, no quiera cosechar los frutos de su éxito ahora que le son ofrecidos? En el cuarto acto, ella misma se encargará de explicárnoslo: "Eso es justamente lo terrible: que ahora, cuando toda la felicidad del mundo me es ofrecida a manos llenas, tal como soy ahora, mi propio pasado me cierra el camino de la felicidad". De modo que, entre tanto, ha cambiado. Su conciencia se ha despertado, ha adquirido un sentimiento de culpabilidad que le impide gozar el placer de su éxito. ¿Qué ha despertado su conciencia moral? Escuchémosla, y reflexionemos después si podemos creer plenamente en sus manifestaciones: "Es el espíritu de los Rosmer —o, por lo menos, el tuyo— lo que ha contagiado mi voluntad... y que la ha enfermado, la ha doblegado con leyes que antes no valían para mí. Mi vida a tu lado; eso es lo que purificó mi alma".

Es preciso reconocer que esta influencia sólo se hizo sentir cuando pudo vivir en soledad con Rosmer: "...En calma, en soledad, cuando era confidente absoluta de todos tus pensamientos, de todas tus impresiones, como tú las sentías: suaves y delicadas; entonces se produjo la gran transformación".

Poco antes habíase quejado del reverso de esta transformación: "Porque en Rosmerholm, porque aquí se paralizó mi valiente energía... ¡Me ha hundido! Para mí pasó el tiempo en que todo lo podía intentar. ¡Perdí la energía para actuar, me entiendes, Rosmer!"

Tal es la explicación que Rebeca ofrece después que, en su espontánea confesión a Rosmer y al rector Kroll, hermano de la mujer que ha matado, se declara criminal.

Mediante pequeños rasgos de magistral sutilidad, Ibsen nos muestra que Rebeca nunca miente, pero que tampoco es absolutamente sincera. Así como, aunque libre de prejuicios, redujo su edad en un año; así también, su confesión ante los hombres es incompleta, y sólo presionada por Kroll agrega algunos puntos esenciales. También nosotros tenemos el derecho de aceptar que las razones con que explica su renuncia sólo liberan un secreto, para ocultar otro. No tenemos, por cierto, motivo alguno para no creerle cuando dice que la atmósfera de Rosmersholm y su relación con Rosmer, la han ennoblecido y, al mismo tiempo, ¡paralizado! Dice con ello cuanto sabe y siente. Pero esto no es todo lo que en ella sucedió, y tampoco es imprescindible que de todo se haya apercibido. La influencia de Rosmer bien podría no ser más que un disfraz, bajo el cual se ocultaría alguna otra influencia y, en efecto, un elemento notable nos indica en qué sentido debemos buscarla.

Aún después de su confesión, en el último diálogo que concluye el drama, Rosmer le ruega una vez más que se convierta en su mujer, perdonándole el crimen que cometió por amor a él. Ella no le contesta lo que habría de responderle: que ningún perdón bastaría para librarla de la vergüenza que arrojó sobre sí al engañar de tan pérfida manera a la pobre Beate. En cambio, asume espontáneamente una nueva culpa que seguramente ha de extrañarnos en una librepensadora y que en modo alguno no se concilia con la oportunidad en que es expresada: "¡Ah, amigo mío, nunca me hables más de eso! ¡Es imposible! Es que...; es preciso que lo sepas, Rosmer; hay una mancha en mi pasado". Naturalmente, pretende insinuar que ha tenido relaciones sexuales con otro hombre, y tendremos en buena cuenta que esta relación, acaecida en una época en que era libre y no debía responder a nadie, le parece un obstáculo mayor para su unión con Rosmer, que su actitud verdaderamente criminal frente a la mujer de este. Rosmer se niega a enterarse de su pasado. Nosotros, en cambio, podemos adivinarlo, aunque todo lo que podría indicarlo permanece, en el drama, en un plano, por así decirlo, subterráneo, y ha de ser deducido de algunas insinuaciones. Sin embargo, estas son presentadas con tal habilidad que es imposible interpretarlas equivocadamente.

Entre la primera negativa de Rebeca y su confesión sucede algo que ha de tener decisiva importancia para su destino ulterior. El rector Kroll la visita para humillarla, al confiarle que conoce su filiación ilegítima, sabiendo que es hija de aquel doctor West que la adoptara después de la muerte de su madre. El odio ha aguzado su suspicacia, pero él no cree que, con ello, le comunica algo nuevo: "Yo creía, realmente, que usted sabía todo. De otro modo, habría sido sumamente extraño que usted se dejara adoptar por el doctor West..." "...Y él la recibe en su casa, inmediatamente después de la muerte de su madre. La trata duramente, pero, no obstante, usted se queda a su lado. Usted sabe que no le dejará un solo maravedí. Efectivamente, lo único que heredó fue un cajón de libros. Sin embargo, permanece a su lado, soporta sus caprichos, le cuida solícitamente, hasta el último instante". "Su conducta sólo se explica por un instinto filial inconsciente. Todas sus actitudes restantes, las atribuyo a su origen ilegítimo".

Pero Kroll se equivoca. Rebeca no sabía que era hija del doctor West. Cuando comenzó con obscuras alusiones a su pasado, pensó, seguramente, que se referiría a otra cosa. Una vez que comprende cuál es su objetivo, se domina durante un instante, pues puede creer que su enemigo funda su presunción en aquella falsa edad que le comunicara en ocasión de una visita anterior. Pero Kroll rechaza esta objeción, diciendo: "Puede ser; pero, de todos modos, mi cálculo es exacto, pues un año antes de ser nombrado para el cargo, West estuvo allí de visita". Al oír esta nueva revelación, Rebeca pierde todo dominio sobre sí misma: "¡Eso no es verdad!" Presa de agitación, se retuerce las manos: "Es imposible. Usted sólo quiere inculcármelo. Pero jamás puede ser cierto. ¡Es mentira, no puede ser verdad! ¡Nunca, nunca!" Su emoción es tan violenta que Kroll no atina a relacionarla con lo que acaba de revelarle:

«KROLL: Pero, mi querida amiga, ¿por qué tomarlo de esa manera? ¡Dios mío! ¡Usted me asusta! ¿Qué he de creer y qué pensar?

REBECA: Nada. Usted no tiene que creer ni pensar nada.

KROLL: Explíqueme, entonces, por qué este asunto, por qué esta posibilidad la agita tanto.

REBECA (*dominándose*): Pero eso es muy simple, señor rector: a nadie le agrada ser tenida por hija natural.»

La enigmática conducta de Rebeca sólo acepta una solución. Comunicarle que el doctor West era su padre es el más duro golpe que podía infligírsele, pues no sólo había sido su hija adoptiva, sino también su amante. Cuando Kroll comenzó a hablar, creyó que aludiría a estas relaciones ilícitas que probablemente habría aceptado, escudándose en su libertad. Pero el rector estaba lejos de sospechar esto: nada sabía de esta relación con el doctor West; como ella, por su parte, ignoraba su paternidad. Sólo puede aludir a esta relación amorosa cuando, en su última negativa a Rosmer, afirma tener un pasado que le hace indigna de convertirse en su mujer. Probablemente tampoco habría confesado a Rosmer, de haberlo querido este, más que la mitad de su secreto, ocultando la parte más grave.

Pero ahora comprendemos, por cierto, que este pasado es para ella el mayor obstáculo que se opone al matrimonio; el más grave de los delitos.

Enterada de que ha sido la amante de su propio padre, es abatida por el sentimiento de culpabilidad que ahora surge con pleno poderío. Hace a Rosmer y a Kroll su confesión, proclamándose asesina; renuncia definitivamente a la felicidad que su delito le habría permitido alcanzar y, finalmente, se prepara a partir. Pero el verdadero motivo de su sentimiento de culpabilidad, que la hace fracasar ante el éxito, queda oculto. Hemos visto que es algo muy distinto de la atmósfera de Romersholm y de la influencia moralizadora de su dueño.

El lector que nos haya seguido hasta aquí no dejará de objetar algo que justificará más de una duda sobre el valor de nuestra interpretación. El primer rechazo de Rosmer por Rebeca sucede antes de la segunda visita de Kroll, es decir, antes de revelarle este su origen ilegítimo, en un momento en que aún ignora su incesto; siempre que hayamos interpretado correctamente al poeta. Sin embargo, su negativa es enérgica y sincera. Por consiguiente, el sentimiento de culpabilidad que la impulsa a renunciar al provecho de sus actos ya se hace sentir intensamente antes de que haya llegado a conocer su crimen capital, y si tomamos esto en cuenta, quizá tengamos que renunciar, finalmente, a considerar el incesto como origen del sentimiento de culpabilidad.

Hasta ahora hemos tratado a Rebeca West como si fuera una persona de carne y hueso, y no un personaje creado por la fantasía de Ibsen, cuya imaginación se ajustaba siempre el más crítico raciocinio. Intentemos seguir adelante, colocándonos en este punto de vista al rebatir aquel argumento. La objeción es válida: aún antes de conocer el incesto, ya se había despertado en Rebeca una parte de su conciencia. Nada nos impide atribuir este cambio a la influencia moralizadora que la propia Rebeca reconoce y acusa, pero ello no nos libra de reconocer un segundo motivo. La actitud de Rebeca ante la comunicación del rector, su reacción inmediata al confesar su crimen, no nos permiten dudar de que sólo entonces comienza a actuar el motivo más fuerte y decisivo de la renuncia. Se trata aquí de un caso de motivación múltiple, en el cual tras el motivo superficial aparece otro, más profundo. Las necesidades de la composición dramática obligaron a Ibsen a describir el caso de esta manera, pues este motivo más profundo no podía ser manifestado, debía permanecer oculto, sustraído a la cómoda percepción del espectador o del lector, pues de otra manera se habrían despertado en estos violentas resistencias originadas en los más penosos sentimientos, resistencias que habrían comprometido el propio efecto del drama.

Pero tenemos el derecho de exigir que el motivo presunto guarde alguna relación íntima con aquel que tras él se oculta;

que sea una especie de atenuación o derivación de este último. Y si podemos confiar en que el poeta derivará consecuentemente su combinación poética consciente de condiciones inconscientes, entonces trataremos de demostrar que también ha cumplido la mencionada condición. El sentimiento de culpabilidad de Rebeca se origina en el reproche del incesto aún antes de que el rector lo haya llevado a su conciencia, con su agudeza analítica. Si reconstruimos el pasado de Rebeca, indicado por el poeta, completándolo y explayándolo, diremos que de ningún modo puede haber estado libre de toda sospecha acerca de la relación íntima entre su madre y el doctor West. Al convertirse en sucesora de su madre junto a este hombre, debe haber experimentado una profunda impresión, y es indudable que se encontraba bajo el dominio del complejo de Edipo, aún sin saber que esta fantasía general se había convertido, en su caso, en realidad. Al llegar a Rosmersholm, la repercusión profunda de esta vivencia primitiva la llevó a restablecer, mediante una intervención enérgica, una situación parecida a la que la primera vez habíase realizado sin su contribución: desplazar a la mujer y madre, para ocupar su lugar junto al hombre y padre. Con persuasiva elocuencia nos describe cómo se vio obligada, contra su voluntad, a dar paso tras paso en camino a su objetivo: eliminar a Beate.

"Pero, ¿acaso creéis que procedí con fría y razonada premeditación? ¡Ah! Entonces aún no era lo que soy ahora, cuando me veis ante vosotros confesando. Y, además, ¿acaso no hay en nosotros dos clases de voluntad? ¡Yo quería apartar a Beate, costara lo que costara! Pero jamás creí que llegaría a ese extremo. A cada paso que daba hacia adelante, oía como una voz interior que me decía: ¡No sigas más, ni un solo paso más! Sin embargo, no podía detenerme. Tenía que seguir adelante, tan solo un paso más. Y luego otro más... y siempre otro más. ¡Y así pasó! Es así como suelen suceder estas cosas".

Con estas palabras Rebeca no trata de embellecer sus actos, sino que da sincera cuenta de ellos. Cuanto le sucedió en Rosmersholm, su amor por Rosmer, la hostilidad con su mujer, que ya eran efectos del complejo de Edipo, inevitables reproducciones de su relación con la madre y con el doctor West.

Por eso, el sentimiento de culpabilidad que la lleva a rechazar por primera vez la solicitud de Rosmer no es, en el fondo, diferente de aquel otro, más intenso, que la obliga a confesar, después de las revelaciones de Kroll. Pero, así como bajo la influencia del doctor West se había convertido en librepensadora, despreciando toda moral religiosa, así se tornó, a través de su nuevo amor por Rosmer, un ser moral y noble. Esto era cuanto ella misma comprendía de sus procesos íntimos, y por eso podía considerar sinceramente a la influencia de Rosmer como factor tangible de su transformación.

Todo médico familiarizado con el psicoanálisis sabrá cuán frecuentemente la muchacha que ingresa a un hogar como sirvienta, dama de compañía o institutriz se abandona allí, consciente o inconscientemente, a un sueño diurno cuyo contenido procede del complejo de Edipo y en el cual se imagina que la dueña de casa desaparece de cualquier modo, casándose el amo con ella en su lugar. *Rosmersholm* es la obra maestra del género que desarrolla esta fantasía cotidiana de las adolescentes. Adquiere categoría de tragedia porque, además, en la historia de la heroína este sueño diurno es precedido por una realidad correspondiente[63].

Luego de esta prolongada visita a la poesía, volvamos a nuestra experiencia médica, pero sólo para confirmar en pocos

---

[63] La demostración del tema del incesto en *Rosmersholm* ya fue lograda, con medios idénticos a los que aquí empleo, en la muy profusa obra de O. Rank, *Das Inzestmotiv in Dichtung und Sage* (*El tema del incesto en la poesía y en la leyenda*), 1992.

términos la completa coincidencia en ambos sectores. La labor psicoanalítica nos enseña que las fuerzas de la conciencia moral, que hacen enfermar ante el éxito, en lugar de hacerlo, como de ordinario, por la privación, están vinculadas íntimamente al complejo de Edipo, a las relaciones con el padre y la madre, vinculación que quizá comparte nuestro sentimiento de culpabilidad en general.

III. Los delincuentes por sentimiento de culpabilidad

Personas muy respetables, al narrarme su juventud, especialmente los años previos a su pubertad, con frecuencia me comunicaban haber incurrido en actos ilícitos, como robos, estafas y aun actividades incendiarias. Solía pasar por alto estas informaciones, diciéndome que es perfectamente conocida la debilidad de las inhibiciones morales en esa época de la vida, y no trataba de encuadrarlas en un conjunto más significativo. Pero, finalmente, me vi obligado a estudiar el asunto con mayor detenimiento al encontrarme con casos más francamente expresados y más demostrativos, en los que habían incurrido mientras se hallaban en tratamiento conmigo, y siendo personas que ya habían pasado de esos años juveniles. La investigación analítica permitió llegar a la sorprendente comprobación de que estos hechos eran cometidos, ante todo, por ser prohibidos y porque su ejecución procuraba un alivio psíquico al autor. Este sufría un opresor sentimiento de culpabilidad, de origen desconocido, cuya intensidad se reducía luego de haber cometido alguna falta. Por lo menos, de esta manera el sentimiento de culpabilidad quedaba anexo a algo concreto y definido.

Por más paradójico que parezca, debo decir que el sentimiento de culpabilidad era anterior al delito, que no surgía de este, sino, por el contrario, el delito era su consecuencia. Era lícito denominar a estas personas "delincuentes por sentimiento de culpabilidad". La preexistencia de este sentimiento había podido ser comprobada, desde luego, mediante toda una serie de otras manifestaciones y consecuencias.

Sin embargo, la labor científica no queda agotada al comprobarse la existencia de un hecho curioso. Hemos de responder a otras dos preguntas: primero, de dónde procede al enigmático sentimiento de culpabilidad anterior al hecho; luego, si es probable que una motivación de este género intervenga en gran medida en los delitos humanos.

La respuesta a la primera pregunta prometería informarnos sobre la fuente del sentimiento de culpabilidad en general. La investigación psicoanalítica nos ofrece invariablemente el resultado de que este obscuro sentimiento de culpabilidad emana del complejo de Edipo, que es una reacción frente a los dos grandes propósitos criminales: el de matar al padre y el de tener relaciones sexuales con la madre. Comparadas con este delito, las faltas realizadas para fijar el sentimiento de culpabilidad representaban, por cierto, verdaderos alivios para el individuo torturado. Es menester recordar aquí que el parricidio y el incesto materno son los dos crímenes máximos de la humanidad, los únicos que los pueblos primitivos persiguen y condenan como tales. Tengamos también en cuenta cómo otras de nuestras investigaciones nos han llevado a aceptar que la humanidad adquirió su conciencia moral, manifestada actualmente como una instancia psíquica heredada, a través del complejo de Edipo.

La respuesta a la segunda pregunta excede los límites de la labor psicoanalítica. En los niños se suele observar fácilmente que se "portan mal" para provocar un castigo, quedando tranquilos y contentos después del mismo. Una investigación analítica ulterior nos conduce muchas veces al origen del sentimiento de culpabilidad que les hizo buscar ese castigo. Ciertamente será preciso excluir, entre los delincuentes adultos, aquellos que delinquen sin experimentar un sentimiento de culpabilidad, ya sea porque no han desarrollado ninguna inhibición moral, ya porque en su lucha contra la sociedad consideran justificadas sus actividades. Pero en la mayoría de los restantes delincuentes, en aquellos para los cuales realmente han sido creadas las leyes penales, tal motivación del crimen bien podría entrar en juego, iluminado muchos puntos obscuros de la psicología del delincuente y presentando a la pena un nuevo fundamento psicológico.

Un amigo me señaló que también Nietzche conocía a estos "delincuentes por sentimiento de culpabilidad". El discurso de Zaratustra sobre "el criminal pálido" alude a la preexistencia del sentimiento de culpabilidad y a la realización del hecho con el fin de racionalizar aquel. Dejemos que la investigación futura decida cuántos de los delincuentes han de ser incluidos entre estos "criminales pálidos".

SÍMIL MITOLÓGICO DE UNA REPRESENTACIÓN OBSESIVA PLÁSTICA

Esta contribución casuística apareció por vez primera en la *Internacionale Zeitschrift für Psychoanalyse* (*Revista internacional de psicoanálisis médico*), tomo IV, 1916; siendo incluida posteriormente en:

Sammlung kleiner Schriften zur Neurosenlehre (*Breves escritos sobre la teoría de las neurosis*), cuarta serie, Deuticke, Leipzig-Wien, 2.a edición, 1922.

Gesammelte Schriften (Obras Completas, edición vienesa), tomo X, Internationaler Psychoanalytischer Verlag, Wien, 1924.

Gesamte Ausgabe (Obras Completas, edición londinense), tomo X, Imago Publishing Co., London, 1940.

Fue traducido al inglés (E. Jones): *Collected Papers*, tomo IV, Institute of Psychoanalysis and The Hogarth Press, London, 1925.

Al francés (E Marty y M. Bonaparte): *Essais de Psychanalyse Appliquée*, Gallimard, Paris, 1933.

En un enfermo, de aproximadamente 21 años de edad, los productos de su actividad inconsciente no se hacían conscientes tan sólo bajo la forma de ideas obsesivas, sino también como imágenes obsesivas. Ambos síntomas podían aparecer juntos o en mutua independencia. En determinada época, cada vez que el padre entraba a la habitación, le acudían a la mente una palabra y una figura obsesivas, estrechamente vinculadas. La palabra era *Vaterarsch* ("ano del padre"), y la imagen acompañante representaba al padre bajo la forma de la mitad inferior de un cuerpo, provista de brazos y piernas, pero a la cual faltaba la parte superior del tronco y la cabeza. Los órganos genitales no estaban figurados y los rasgos faciales se encontraban pintados sobre el vientre.

Para aclarar esta formación sintomática, tan extraordinariamente grotesca, debemos señalar que el joven, de acabado desarrollo intelectual y provisto de elevadas ambiciones morales, se había abandonado a un intensísimo erotismo anal, bajo las más diversas manifestaciones, hasta pasada la edad de diez años. Una vez superado aquel, su actividad sexual fue retraída a la fase previa anal, por la lucha posterior con el erotismo genital. Amaba y respetaba sobremanera a su padre, y le temía no poco. Pero frente a sus elevadas exigencias en materia de represión instintiva y de castidad, este le parecía representar la intemperancia y la sensualidad desenfrenadas.

La palabra *Vaterarsch* pudo ser desenmascarada rápidamente como germanización maliciosa del título honorífico *Patriarch* (patriarca)[64]. La imagen obsesiva era, a todas luces, una criatura. Nos recuerda otras representaciones que, con intención denigrante, reemplazan a la persona entera por uno de sus órganos; por ejemplo, por sus genitales.

También nos hace pensar en las fantasías inconscientes que llevan a la identificación de todo el individuo con sus órganos genitales, como en las locuciones jocosas del género de "soy todo oídos".

Al principio me pareció muy extraña la aplicación de los rasgos faciales en el vientre de la caricatura, pero pronto recordé haber visto algo semejante en caricaturas francesas[65]. Más tarde la casualidad llevó a mis manos una antigua imagen que corresponde exactamente a la figura obsesiva de mi paciente.

Según la leyenda griega, Démeter, buscando a su hija raptada, llegó a Eleusis, donde fue hospedada por Dyraules y su mujer, Baubo; pero, agobiada por profunda pena, rechazó la comida y bebida que sus anfitriones le ofrecían. Entonces, Baubo la movió a risa levantando de pronto sus vestidos y descubriendo su vientre. Los comentarios sobre esta anécdota, probablemente destinada a representar un ceremonial mágico cuyo significado hemos perdido, se encuentran en el cuarto tomo del libro *Cultes, mythes et religions* (1912), de Salomón Reinach. La misma obra menciona que en las excavaciones de Priene, en Asia Menor, se hallaron terracotas que retratan a Baubo. Muestran un cuerpo de mujer sin cabeza ni pecho, en cuyo vientre hay trazado un rostro

---

[64] N. del Traductor. —Las últimas sílabas de ambas palabras tienen, en alemán, una pronunciación casi idéntica, prestándose sí al retruécano intraducible a otro idioma.

[65] Véase: *La indecente Albión*, caricatura sobre Inglaterra de Jean Véber (1901), en el libro de Eduard Fuchs: *Das erotische Element in der Karkatur* (*El elemento erótico en la caricatura*), 1904.

rodeado por el vestido levantado, como por una corona de cabellos (S. Reinach, *loc. cit.*, pág. 117).

UN RECUERDO DE INFANCIA EN *POESÍA Y VERDAD* DE GOETHE

Este ensayo fue publicado originalmente en la revista *Imago* (tomo V, 1917), incluido posteriormente en la *Sammlung kleiner Schriften zur Neurosenlehre* (*Breves escritos sobre la teoría de las neurosis*), cuarta serie, Deuticke, Leipzig-Wien, 2.ª edición, 1902.

Gesammelte Schriften (Obras Completas, edición vienesa), tomo X, Internationaler Psychoanalytischer Verlag, Wien, 1934.

Gesamte Ausgabe (Obras Completas, edición londinense), tomo XII, Imago Publishing Co., London, 1940.

Fue traducido a los siguientes idiomas:

Traducción inglesa (E. Jones): *Collected Papers*, tomo IV, Institute of Psychoanalysis and The Hogarth Press, London, 1925.

Traducción francesa (E Marty y M. Bonaparte): *Essais de Psychanalyse Appliquée*, Gallimard, Paris, 1933.

"Cuando uno quiere recordar lo ocurrido en la época de su primera infancia, sucede a menudo que confundimos lo oído a otros, con lo que por nosotros mismos sabemos del propio recuerdo"[66].

Esta observación la anota Goethe en una de las primeras páginas de su autobiografía, que comenzó a la edad de 60 años. Sólo es precedida por algunas palabras sobre su nacimiento, ocurrido "el 28 de agosto de 1749, a mediodía, con la última de las doce campanadas". La constelación planetaria le fue favorable y seguramente contribuyó a que sobreviviera, pues nació "medio muerto" y sólo mediante ingentes esfuerzos se logró hacerle ver la luz. Luego de esta noticia sigue una corta descripción de la casa y de los lugares preferidos por los niños —él y su hermana menor— para sus juegos. Pero, en lo restante, Goethe se limita a comunicar un solo episodio que se podría situar en la época de "su primera infancia" (¿en los primeros cuatro años de la vida?), y del cual parece haber conservado un recuerdo personal.

He aquí su relato: "También los niños trabábamos conocimientos con los vecinos, y a mí llegaron a tomarme gran efecto tres hermanos Ochsenstein, hijos del difunto corregidor, que se divertían conmigo mucho".

"Los míos gustan de referir las travesuras a que me excitaban aquellos hombres; por otra parte, tan serios y que llevaban una

---

[66] N. del Traductor. —Este pasaje, como los que siguen, ha sido tomado de la versión española de J. Pérez Bances (Goethe, *Memorias de mi vida*, Calpe, Madrid, 1922).

vida muy retirada. Mencionaré aquí una de ellas. Había habido por aquellos días mercado de cacharros, y no sólo se había llenado de ellos la cocina, sino que nos habían comprado también a los niños otros más pequeños para jugar. Una hermosa tarde, cuando todo era sosiego en casa, jugaba yo en el zaguán con mis fuentes y mis pucheros, y como la cosa resultaba poco entretenida, tiré un plato y me produjo un extraordinario regocijo verlo en pedazos. Los Ochsenstein, que vieron mi gozo y me oyeron palmotear de alegría, comenzaron a gritarme: "¡Más!" No vacilé y arrojé un puchero y, excitado por sus voces, que me pedían incesantemente "¡Más, más!", fui tirando a la calle toda mi provisión de fuentes, platos y pucheros. Mis vecinos seguían aplaudiéndome y yo estaba encantado de ver cómo se divertían. Pero había agotado mis existencias y ellos continuaban gritándome: "¡Más, más!"; así que, sin vacilar, corrí a la cocina y traje unos platos de loza, que se rompieron con un estrépito más regocijante todavía. Volví por más, y así, un viaje tras otro, fui trayendo una hilera de platos que había en el vasar, y como mis vecinos no se diesen todavía por satisfechos, arramblé con cuanta cacharrería hallé a mano; tardó bastante rato hasta que de casa se dieron cuenta e intervinieron. La desgracia ya no podía evitarse, y, a cambio de tanto cacharro roto, sólo quedó una divertida historia, con la que especialmente los malignos instigadores se regocijaron toda la vida".

En épocas anteriores al psicoanálisis se habría podido leer semejante pasaje sin detenerse ni asombrarse, pero pronto hizo sentir su influencia el criterio psicoanalítico. Hemos adquirido determinadas opiniones e hipótesis respecto a los recuerdos de la temprana infancia, a las que quisiéramos dar valor general. Según ellas, no sería indiferente ni insignificante el hecho de que determinados detalles de la vida infantil escapen a la amnesia general de la infancia. Por el contrario, aceptamos que lo conservado de tal modo en la memoria quizá sea lo más importante de todo ese período de la vida, ya porque haya poseído tal valor desde el principio, ya porque lo adquirió bajo la influencia de vivencias posteriores.

Sin embargo, sólo en raros casos era evidente el alto valor de tales recuerdos infantiles. Por lo general, parecían ser indiferentes, por no decir nimios, y al principio era imposible comprender por qué justamente estos recuerdos habían escapado a la amnesia. Además, quien los conservaba durante tantos años como patrimonio mnémico personal no lograba estimarlos mejor que el prójimo a quien se los narraba. Para reconocer su importancia era necesario someterlos a determinado trabajo de interpretación que, por un lado, mostraba cómo su contenido podía ser sustituido por otro, o bien revelaba sus relaciones con otras vivencias de indudable importancia, a las cuales habían llegado a suplantar en calidad de denominados *recuerdos encubridores*.

En toda elaboración psicoanalítica de una historia individual se logra explicar, de esta manera, la importancia de los recuerdos infantiles más tempranos. Más aún: por regla general, precisamente aquellos recuerdos que el analizado expone y narra antes que otros, con los cuales inicia sus confesiones biográficas, son los que resultan tener mayor importancia, los que esconden la clave de los sectores más ocultos de su estructura psíquica. Pero en el caso de la pequeña vivencia infantil que el poeta nos narra en *Poesía y verdad*, hallamos escasas perspectivas para nuestra especulación. Los recursos y caminos que nos permiten llegar a las interpretaciones en nuestros enfermos son, desde luego, inaplicables en este caso; además, el hecho en sí no parece tener una vinculación evidenciable con vivencias importantes de años posteriores. Una travesura en perjuicio de la economía doméstica, cometida bajo influencia ajena, no es, por cierto, una viñeta adecuada para encabezar lo que Goethe ha de comunicarnos sobre su vida, tan rica y exuberante. Este recuerdo de infancia nos produce, pues, una impresión de absoluta inocencia y de falta de toda vinculación, pareciendo querer conminarnos a no exigir demasiado del psicoanálisis y a no aplicarlo en ocasiones inoportunas.

De este modo, el pequeño problema se había sustraído hacía tiempo a mis pensamientos, cuando la casualidad me trajo a un paciente que presentaba un recuerdo infantil análogo, en un conexo transparente. Tratábase de un hombre de veintisiete años, muy oculto y talentoso, que se encontraba totalmente absorbido por un conflicto actual con su madre, extendido a casi todos los restantes intereses de su vida, y bajo cuya influencia había menguado en grado sumo su capacidad afectiva y su independencia. Este conflicto estaba profundamente arraigado en su infancia y pudimos perseguirlo hasta el cuarto año de su vida. Antes de esa época había sido un niño endeble, siempre enfermizo y, sin embargo, en sus recuerdos esa triste época se había transformado en un estado edénico, pues entonces poseía sin limitaciones el afecto materno, no viéndose obligado a compartirlo con nadie. Cuando aún no había cumplido cuatro años, nació un hermano (que vive todavía) y, como reacción a este cambio, se transformó en un niño terco y rebelde, que sin cesar trataba de provocar la severidad de su madre. Desde entonces, jamás volvió al camino recto.

Cuando acudió a mí en busca de tratamiento —impulsado en gran parte por el hecho de que su madre, beata, aborrecía el psicoanálisis—, desde hacía mucho tiempo estaba olvidada la envidia hacia su hermano menor, que otrora llegó a manifestarse hasta en un atentado directo contra el pequeñuelo acostado en su cuna. Actualmente, trataba a su hermano menor con las mayores consideraciones, pero algunos enigmáticos actos casuales, que le llevaban a infligir repentinamente un daño cruel a animales que, sin embargo, amaba (como, por ejemplo, a su perro de caza o a los pájaros que cuidaba solícitamente), no eran, con seguridad, más que restos de aquellos impulsos agresivos contra el hermano.

Ahora bien: este enfermo me contó que, más o menos en la época del atentado contra el niño aborrecido, había arrojado una vez, por la ventana de la casa de campo, cuanta vajilla pudo alcanzar. Es decir, hizo lo mismo que Goethe recuerda de su infancia en *Poesía y verdad*. Debo observar que mi paciente era extranjero y no había tenido acceso a la cultura alemana, de modo que la autobiografía de Goethe le era completamente desconocida.

Esta observación me indujo a interpretar el recuerdo infantil de Goethe en el sentido que la historia de mi paciente me había revelado. Pero, ¿sería posible comprobar en la infancia del poeta las circunstancias requeridas por semejante interpretación?

El propio Goethe hace responsables de su travesura a los señores Ochsenstein, pero los detalles de su narración dejan entrever que sus vecinos no hicieron sino estimularle a continuar una actividad destructora que había iniciado espontáneamente. Los móviles a que se atribuye su acción ("Jugaba yo... y como la cosa resultaba poco entretenida...") pueden ser interpretados fácilmente como una confesión de que, al anotar estos recuerdos, y quizá también durante muchos años anteriores, Goethe ignoraba un motivo más plausible de esos actos.

Sabemos que Johann Wolfgang Goethe y su hermana Cornelia eran los sobrevivientes de un gran número de niños sumamente débiles. El doctor Hans Sachs tuvo la gentileza de proporcionarme los datos referentes a esos hermanos de Goethe, muertos prematuramente.

Hermanos de Goethe:

a) Hermann Jakob, bautizado el lunes 27 de noviembre de 1752; alcanzó la edad de seis años y seis meses, siendo inhumado el 13 de enero de 1759.

b) Catharina Elisabeth, bautizada el lunes 9 de septiembre de 1754; enterrada el 22 de diciembre de 1755, al año y cuatro meses de edad.

c) Johanna María, bautizada el martes 29 de marzo de 1757, y enterrada el sábado 11 de agosto de 1759, a la edad de dos años y cuatro meses. (Esta era seguramente la bella y encantadora niña tan alabada por su hermano).

d) Georg Adolph, bautizado el domingo 15 de junio de 1760, y enterrado, a la edad de ocho meses, el martes 18 de febrero de 1761.

Cornelia Friederica Christiana, la hermana más próxima en edad a Goethe, había nacido el 7 de diciembre de 1750, cuando aquel tenía quince meses. Esta escasa diferencia de edad la excluye como objeto de sus celos, pues sabemos que los niños, cuando se despiertan sus pasiones, jamás experimentan reacciones tan violentas contra sus hermanos mayores ya existentes, sino que dirigen su aversión contra los recién llegados. Además, la escena cuya interpretación nos ocupa es incompatible con la tierna edad que contaba Goethe al nacer Cornelia, o poco después.

Al nacer el primero de los hermanos menores. Hermann Jakob, Goethe contaba con tres años y tres meses de edad. Unos dos años más tarde, cuando tenía alrededor de cinco, nació la segunda hermana. Ambas fechas pueden ser aceptadas para ubicar el episodio de la vajilla rota, pero quizá sea preferible optar por la primera que, además, estaría más de acuerdo con el caso de mi enfermo, que al nacer su hermano contaba más o menos con tres años y nueve meses.

Hermann Jakob, el hermano menor hacia el cual se orienta de tal manera nuestro ensayo de interpretación, no fue, por lo demás, un huésped tan pasajero como los niños que le siguieron. No podemos menos que sorprendernos de que la autobiografía de su excelso hermano no le recuerde con una sola palabra[67].

[67] *Apéndice, 1924:* Aprovecho la oportunidad de una nueva edición para desmentir una afirmación errónea, que no debía haberse producido. En un pasaje ulterior de esta autobiografía, el hermano menor es, efectivamente, mencionado

Llegó a la edad de seis años, y Johann Wolfgang contaba con cerca de diez cuando aquel murió. El doctor Eduard Hitschmann, que ha tenido la gentileza de poner a mi disposición sus notas al respecto, escribe:

"*Tampoco el pequeño Goethe dejó de experimentar satisfacción ante la muerte de su hermano menor*. Por lo menos, según nos informa Bettina Bretano, su madre contaba que se sorprendió dolorosamente al advertir que, ante la muerte de su hermano menor Jakob, que había sido su camarada de juego, no derramara una sola lágrima, sino que más bien manifestara cierto enfado por el duelo de los padres y los hermanos restantes. Cuando, más tarde, la madre le preguntó al recalcitrante niño si no había sentido amor por su hermano, corrió a su pieza y sacó de bajo su cama un montón de papeles borroneados con lecciones y cuentos, diciéndole que sólo los había escrito para enseñar al hermano. Por consiguiente, al hermano mayor le había gustado, por lo menos, hacer el papel de padre frente al menor, mostrándole su superioridad".

Podemos aceptar, pues, que la acción de arrojar la vajilla es un *acto simbólico* o, más precisamente, *mágico*, mediante el cual el niño (tanto Goethe como mi paciente) expresa ruidosamente su deseo de eliminar al molesto intruso. No es preciso negar por ello la alegría que experimenta todo niño al romper objetos; pues si un acto ya es placentero de por sí, esto no es un impedimento, sino más bien una tentación para repetirlo al servicio de otras intenciones. Pero no creemos que haya sido el placer del ruido o de la destrucción el que asegurarse a estas travesuras infantiles una perduración en la

---

y descrito. Se trata de los recuerdos de las molestas enfermedades infantiles, bajo las cuales "también sufrió no poco" este hermano. "Era de temple delicado, silencioso y obstinado, y jamás entablamos una relación cordial, uno con otro. Por otra parte, apenas sobrevivió los años de la infancia".

memoria del adulto. Tampoco vacilaremos en complicar la motivación de esta actividad, introduciendo un nuevo factor. Al destrozar la vajilla, el niño sabe perfectamente que comete una acción prohibida, que los mayores de castigarán por ella, y si esta convicción no le lleva a detenerse, probablemente es porque quiere satisfacer algún rencor contra sus padres. Simplemente quiere hacerse el malvado.

Pero el placer de destrozar y de ver objetos rotos también podría ser satisfecho arrojando simplemente los objetos frágiles al suelo, quedando entonces por explicar la necesidad de arrojarlos a la calle, por la ventana. Pero este elemento de *lanzar afuera* parece desempeñar un papel esencial en el acto mágico, derivándose seguramente de su sentido oculto. El hermano rival ha de ser *eliminado*, si es posible por la ventana, ya que por ella ha entrado. Todo el acto mágico equivaldría entonces a esa reacción de un niño que, según me la narraron, exclamó, al anunciársele la llegada de un hermanito traído por la cigüeña: "¡Que se lo lleve de vuelta!"

Sin embargo, no ignoramos cuán arriesgado es (abstrayendo de todas las otras incertidumbres que el tema presenta) fundamentar la interpretación de un acto infantil en una sola analogía. He aquí por qué durante largos años guardé para mí la interpretación de la pequeña escena de *Poesía y verdad*. Pero cierto día recibí a un enfermo que inició su análisis con las siguientes palabras, que retuve textualmente:

"Soy el mayor de ocho o nueve hermanos[68]. Es uno de mis primeros recuerdos veo a mi padre que, sentado en su cama

[68] Un error sumamente notable que no permite negar que el paciente ya se encuentra dominado por las tendencias agresivas contra el hermano. (Véase: Ferenczi, "Sobre formaciones sintomáticas fugaces en el curso del análisis", en *Zentralblatt für Psychoanalyse*, II, 1912).

y vestido con ropa de dormir, me dice riendo, que acabo de tener un hermanito.

Contaba yo, entonces, con tres años y nueve meses, precisamente la diferencia de edad con el más próximo de mis hermanos. Además, recuerdo que al poco tiempo —¿o fue, quizá, un año antes?[69] boté cierta vez, por la ventana a la calle, diversos objetos: cepillos —¿o fue, quizá un solo cepillo?—, zapatos y otros. Pero aún tengo un recuerdo más precoz. Cuando contaba con dos años, pasé una vez la noche con mis padres, en un cuarto de hotel en la ciudad de Linz, estando en viaje al Salzkammergut. En esa oportunidad estuve tan agitado y lancé tales gritos, que mi padre tuvo que castigarme".

Ante semejante declaración, dejé caer todas mis dudas. Si, al iniciar un análisis, dos hechos aparecen en inmediata sucesión, como si, por así decirlo, fueran expresados sin tomas de aliento, hemos de interpretar esta aproximación como índice de alguna vinculación más profunda. Sería como si el paciente nos hubiera dicho: precisamente porque me enteré que había tenido un hermano, arrojé al poco tiempo aquellos objetos por la ventana. El acto de botar los cepillos, zapatos, etcétera aparece, entonces, como una reacción frente al nacimiento del hermano. En este caso no fue un inconveniente que los objetos botados no hubieran sido cacharros, sino otros, probablemente aquellos que el niño tenía justamente a mano. El elemento de arrojar (por la ventana, a la calle) viene a ser así lo esencial del acto; el placer de destruir, de hacer ruido, y la naturaleza de los objetos sobre los cuales "tiene lugar la ejecución", son, en cambio, inconstantes y accesorios.

[69] Esta duda, expresada aquí como resistencia que desvirtúa el punto esencial de la narración, más tarde fue retirada espontáneamente por el paciente.

La relación que planteamos se aplica, desde luego, también al tercer recuerdo de nuestro paciente, que, a pesar de ser el más antiguo, es presentado como último término de la pequeña serie. Comprendemos la agitación del niño, ya que no podía tolerar que su padre y su madre estuvieran acostados juntos en su presencia. Probablemente, en las circunstancias del viaje, fue irremediable que el niño se convirtiera en testigo de esta escena. De los sentimientos que en aquella oportunidad se agitaron en el pequeño celoso le quedó el rencor frente a la mujer, que tuvo por consecuencia un trastorno permanente de su vida amorosa.

Cuando, después de estas dos experiencias, manifesté en la Sociedad Psicoanalítica la opinión de que vivencias de este género no serían raras en la primera infancia, la doctora von Hugh-Hellmuth me comunicó otras dos observaciones que relato a continuación:

I

Hacia la edad de tres años y medio, el pequeño Erich tomó "de pronto" la costumbre de arrojar por la ventana cuanta cosa se le ocurría, recurriendo también a objetos que no le molestaban ni le concernían. Precisamente el día del aniversario del padre —tenía entonces tres años y cuatro meses— arrojó un pesado rodillo, que había arrastrado de la cocina a la sala, por la ventana del departamento, situado en el tercer piso. Unos días más tarde, hizo tomar el mismo camino al mazo de un mortero; luego, a un pesado par de zapatos de montaña, pertenecientes al padre, y que había tenido que sacar del armario[70].

En esa época, la madre, que se encontraba en el séptimo u octavo mes del embarazo, sufrió un aborto, después del cual el niño quedó

[70] Siempre elegía objetos de peso considerable.

"como transformado; juicioso, tierno y calmado". En el quinto o sexto mes había dicho repetidas veces a su madre: "Mamita, voy a saltar sobre tu vientre"; o bien: "Mamita, te voy a hundir el vientre". Poco antes del aborto, en octubre, dijo: "Ya que voy a tener un hermanito, que sea, por lo menos, después de Navidad".

II

Una joven de diecinueve años me comunica espontáneamente, como primer recuerdo de su infancia, lo siguiente:

"Me veo muy traviesa, sentada bajo la mesa del comedor, dispuesta a salir gateando. Sobre la mesa se encuentra mi tazón de café —aún recuerdo con precisión el dibujo de la porcelana— que, en el instante en que mi abuela entró a la pieza, disponía a arrojar por la ventana.

Debo decir que ese día nadie se había ocupado de mí, y durante ese tiempo se había formado sobre el café con leche una "nata", cosa que siempre fue terrible para mí, y aún sigue siéndolo.

Ese día nació mi hermano, menor que yo en dos años y medio, y por eso nadie tenía tiempo que dedicarme.

Aún me cuentan que ese día estuve insoportable. A mediodía había hecho añicos la copa preferida de mi padre, y en el curso del día ensucié repetidas veces mi vestido, manifestando de la mañana a la noche el peor de los humores. En mi cólera, también hice trizas mi muñequita bañista".

Estos dos casos apenas exigen un comentario. Sin necesidad de recurrir a la elaboración analítica, confirman el hecho de que el rencor del niño por la irrupción esperada o acaecida de un competidor se expresa arrojando objetos por la ventana, como también por otras travesuras y por una tendencia a la destrucción. En la primera de las mencionadas observaciones, los "objetos pesados" seguramente simbolizan a la propia madre, contra la cual se dirige la cólera del niño, mientras aún no ha llegado el nuevo hermano. El niño de tres años y medio está enterado del embarazo de su madre, y no le cabe la menor duda de que aloja al hermanito en su vientre. En esta relación, se recordará a "Juanito"[71], y a su especial temor ante los coches pesadamente cargados[72]. En la segunda de las observaciones es preciso advertir la poca edad del niño: dos años y medio.

Volviendo ahora al recuerdo infantil de Goethe, si en el lugar que ocupa en *Poesía y verdad* insertamos lo que hemos creído adivinar a través de la observación de otros niños, nos hallamos con un conjunto armónico que de otro modo no habríamos descubierto. La autobiografía de Goethe dice, entonces, lo siguiente: "Soy hijo de la fortuna, favorecido por el destino; la suerte me mantuvo con vida, aunque vine al mundo tenido por muerto. En cambio, suprimió a mi hermano, de manera que no tuve que compartir con él el amor de nuestra madre". Sigue luego el hilo de los pensamientos de Goethe, hasta llegar a una persona que murió en aquella temprana época, a su abuela, que vivía en otra parte de la casa, como un espíritu benévolo y tutelar.

Ahora bien: ya dijimos en otra parte que, si alguien ha sido, sin oposición, el hijo predilecto de su madre, conserva

---

[71] *Análisis de la fobia de un niño de cinco años (Caso «Juanito»)*, en el tomo XV de estas *Obras Completas*.

[72] Una dama, cuya edad pasa de los cincuenta años, me ha suministrado recientemente una nueva confirmación de este símbolo del embarazo. Sus familiares le habían contado en repetidas ocasiones que, siendo niña pequeña, sabiendo apenas hablar, solía arrastrar agitadamente al padre hasta llevarlo junto a la ventana, cada vez que por la calle pasaba un pesado carro de mudanzas. Teniendo en cuenta los recuerdos fijados a determinados domicilios, se pudo establecer que entonces debía haber contado menos de dos años y nueve meses. Más o menos por el mismo tiempo tenía muchas veces, antes de dormirse, la impresión angustiosa de algo extraordinariamente grande que se le acercaba, y entonces "las manos se le ponían tan gruesas".

ese sentimiento conquistador, esa confianza en el triunfo que en no pocas oportunidades lleva al triunfo real. Goethe bien habría podido iniciar su autobiografía con una reflexión de esta índole: "Mi fuerza tuvo su origen en mi relación con mi madre".

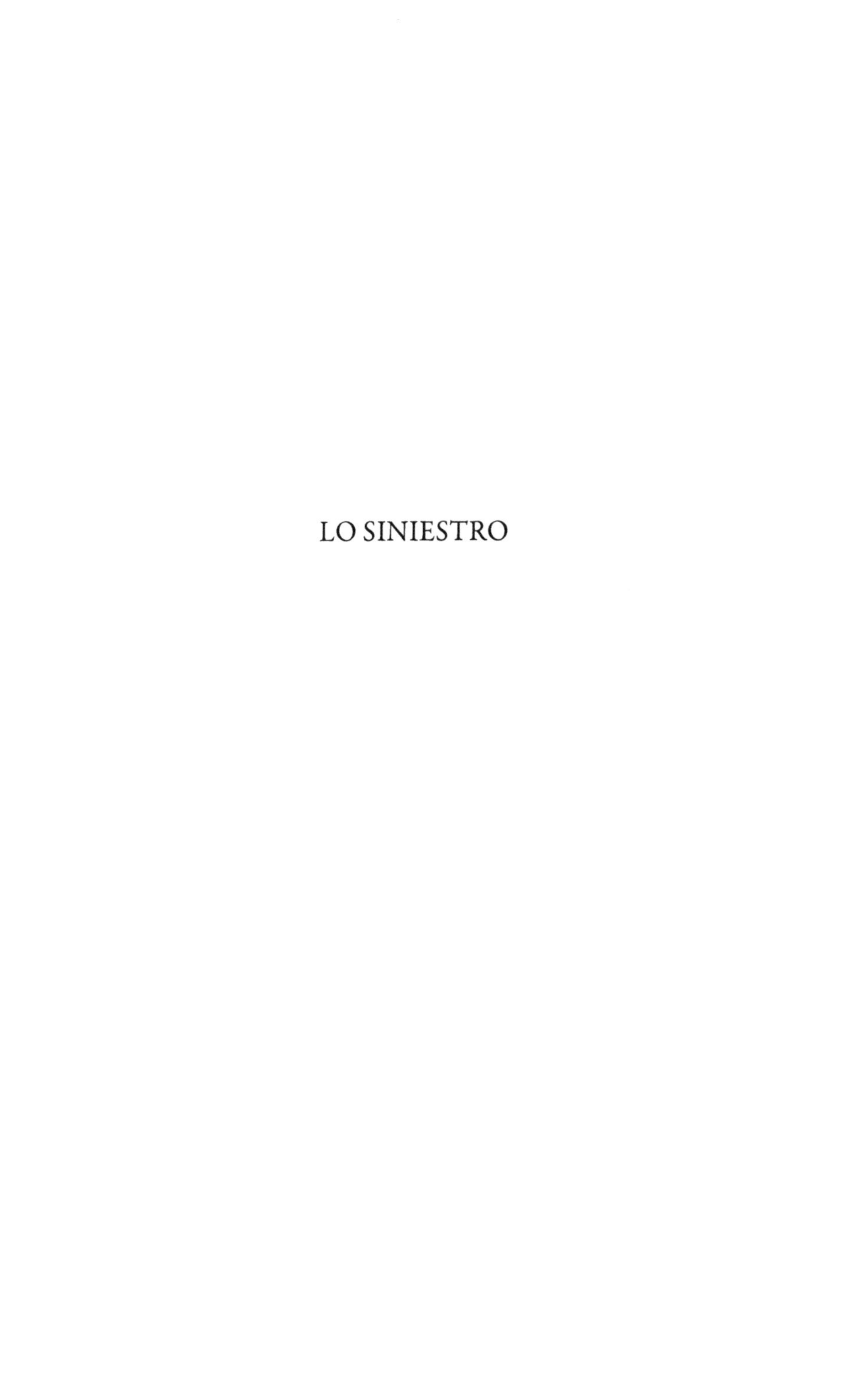

LO SINIESTRO

Este estudio apareció originalmente en la revista *Imago* (vol. V, 1919). Mas tarde, fue incluido en la *Sammlung kleiner Schriften zut Neurosenlehre* (*Breves escritos sobre la teoría de las neurosis*), quinta serie. Internationaler Psychoanalytischer Verlag, Wien, 1922, y en las siguientes ediciones de las obras completas:

Gesammelte Schriften (Obras completas, edición vienesa), tomo X, Internationaler Psychoanalytischer Verlag, Wien, 1924.

*Gesamte Ausgab*e (Obras completas, edición londinense), tomo XII, Imago Publishing Co., London, 1940.

Fue traducido al inglés (E. Jones): *Collected Papers*, tomo IV, Institute of Psychoanalysis and The Hogarth Press, London, 1925.

Al francés (E. Marty y M. Bonaparte): *Essais de Psychoanalyse Apliquée*, Gallimard, París, 1933.

I

El psicoanalista no siente sino raramente el incentivo de emprender investigaciones estéticas, aunque no se pretenda ceñir la estética a la doctrina de lo bello, considerándola, en cambio, como ciencia de las cualidades de nuestra sensibilidad. La actividad psicoanalítica se orienta hacia otros estratos de nuestra vida psíquica, y tiene escaso contacto con los impulsos emocionales —inhibidos en su fin, amortiguados, influenciados por tantas constelaciones simultáneas— que forman en su mayor parte el material de la estética. Sin embargo, puede darse la ocasión de que sea impedido a prestar su interés a determinado sector de la estética, tratándose entonces, por lo general, de uno que está como a trasmano, que es descuidado por la literatura estética propiamente dicha.

Lo *Unheimlich*[73], lo siniestro, forma uno de estos dominios. Sin duda este concepto está próximo a los de lo horroroso,

---

[73] N. del Traductor. —*Das Unheimliche* (sustantivación del adjetivo *unheimlich*) es uno de esos escollos que el traductor alcanza a salvar a duras penas y decepcionantemente. La falta de un término español homólogo obedece, sin duda, a que el clima racial latino no admite, en tal medida como otros materiales étnicos, el sentimiento y, por consiguiente, el concepto de lo *Unheimlich*. No se crea que la voz elegida —lo siniestro— llena por entero las varias acepciones contenidas en *das Unheimliche*. Con mayor o menor propiedad podría decirse también: truculento, horroroso, temible, espantoso, cruel, atroz, inhumano o sobrehumano, fiero, grande, excesivo, descompasado, espeluznante, consternado, asombroso, terrorífico, pasmoso, insólito, desacostumbrado, misterioso, fantástico, lúgubre, inquietante (o, como en la traducción francesa, "inquietante extrañeza"), etc. Cada uno de estos términos corresponde a un matiz de *unheimlich*. 'Lo siniestro' quizá sólo tenga la única ventaja de englobar varios matices, aunque no todos; de ser un concepto con intenso tono negativo

atroz, espeluznante, pero no es menos seguro que el término no siempre se usa en una acepción estrictamente determinable, de modo que, casi siempre coincide con lo temible en general. Sin embargo, podemos abrigar la esperanza de que el empleo de un término —*unheimlich*— para denotar determinado concepto será justificado por el hallazgo, en él, de un núcleo particular. En suma: quisiéramos saber cuál es ese núcleo, este sentido esencial y propio que permite discernir, en lo angustioso, algo que además es "siniestro".

Poco nos dicen al respecto las detalladas exposiciones estéticas que, por otra parte, prefieren ocuparse de lo bello, lo grandioso y lo atrayente, es decir, de los sentimientos de tono positivo, de sus condiciones de aparición y de los objetos que los despiertan, desdeñando, en cambio, la referencia a los sentimientos contrarios, repulsivos y desagradables. En cuanto a la literatura médicopsicológica, sólo conozco la disertación de E. Jentsch[74], que, si bien plena de interés, no agota el asunto. He de confesar, en todo caso, que, por motivos fáciles de adivinar, dependientes de las circunstancias actuales, no pude consultar a fondo la literatura respectiva, particularmente la extranjera, de modo que pongo este trabajo en manos del lector sin sustentar ninguna pretensión de prioridad.

Jentsch señala, con toda razón, que una dificultad en el estudio de lo siniestro obedece a que la capacidad para experimentar esta cualidad sensitiva se da en grado extremadamente dispar en los distintos individuos. Hasta el autor del presente

---

(considérese sus múltiples antinomias con "diestro"), y de aceptar los diversos usos que se da a *unheimlich*. De todos modos, a medida que estudie la primera parte de este trabajo, el lector irá ubicando en "lo siniestro" los múltiples matices que corresponden a la voz alemana.

[74] *Zur Psychologie des Unheimlichen* (*Sobre la psicología de lo siniestro*), Psychiatrisch-Neurologische Wochenschrift, 1906, números 22 y 23.

estudio debe achacarse una particular insensibilidad al respecto, cuando sería mucho más adecuada una sensibilidad delicada; pues desde hace mucho tiempo no he experimentado ni conocido nada que le produjera la impresión de lo siniestro, de modo que le es preciso evocar deliberadamente esta sensación en su pensamiento, despertándola como una eventualidad. Sin embargo, dificultades de esta clase también son propias de muchos otros dominios de la estética, y a causa de ellas no abandonaremos, por cierto, la esperanza de hallar casos que se presten para admitir en ellos, sin lugar a dudas y unánimemente, el fenómeno en cuestión.

Podemos elegir ahora entre dos caminos: o bien averiguar el sentido que la evolución del lenguaje ha depositado en el término *unheimlich*, o bien congregar todo lo que en las personas y en las cosas, en las impresiones sensoriales, vivencias y situaciones, nos produzca el sentimiento de lo siniestro, deduciendo así el carácter oculto de este a través de lo que todos esos casos tengan en común. Confesamos sin tardanza que cualquiera de ambas vías nos llevará al mismo resultado: lo siniestro sería aquella suerte de espantoso que es propio de las cosas conocidas y familiares desde tiempo atrás. En lo que sigue, se verá cómo ello es posible y bajo qué condiciones las cosas familiares pueden tornarse siniestras, espantosas. Quiero observar aún que, en mi estudio, comencé por reunir una serie de casos particulares, hallando sólo más tarde una confirmación en los modos del lenguaje; al exponer el tema, en cambio, seguiré el camino inverso.

La voz alemana *unheimlich* es, sin duda, el antónimo de *heimlich* y de *heimisch* (íntimo, secreto; y familiar, hogareño), imponiéndose en consecuencia la deducción de que lo siniestro causa espanto precisamente porque *no* es conocido, familiar. Pero, naturalmente, no todo lo que es nuevo e insólito es por ello espantoso, de modo que aquella relación no es reversible. Cuanto se puede afirmar es que lo nuevo se torna fácilmente espantoso y siniestro; algunas cosas insólitas son espantosas, pero de ningún modo lo son todas. Es menester que a lo nuevo y desacostumbrado se agregue algo para convertirlo en siniestro.

Jentsch se ha detenido, en general, en esta relación de lo siniestro con lo nuevo, lo no familiar. Ubica en la incertidumbre intelectual la condición básica para que se dé el sentimiento de lo siniestro. Según él, lo siniestro sería algo en que uno se encuentra, por así decirlo, desconcertado. Cuanto más orientado esté un hombre en el mundo, tanto menos fácilmente las cosas y sucesos de este le producirán la impresión de lo siniestro.

Pero comprobaremos sin dificultad que esta caracterización de lo siniestro no agota su aceptación, de modo que intentaremos superar la ecuación: siniestro-insólito. Dirijámonos ante todo a otras lenguas; pero he aquí que los diccionarios no nos dicen nada nuevo, quizá simplemente porque esas lenguas no son la nuestra. Sí; hasta adquirimos la impresión de que muchas lenguas carecen de un término que exprese este matiz particular de lo espantoso[75].

Latín (según el pequeño diccionario alemán-latino de K. E. Georges, 1898): un lugar siniestro: *locus suspectus*; a una siniestra hora de la noche: *intempesta nocte.*

Griego (diccionarios de Rost y de Schenkl): *ξενσδ* —es decir: extraño, misterioso, desconocido.

Inglés (según los diccionarios de Lucas, Bellow, Flügel, Muret-Sanders): *uncomfortable, uneasy, gloomy, dismal, uncanny, ghastly*; refiriéndose a una casa: *haunted*; de un hombre: *a repulsive fellow.*

[75] Estoy en deuda de gratitud con el Dr. Theodor Reik por las citas que siguen a continuación.

Francés (Sachs—Villatte): *inquiétant, sinistre, lugubre, mal à son aise.*

Español (Tollhausen, 1889): *sospechoso, de mal agüero, lúgubre, siniestro.*

Las lenguas italiana y portuguesa parecen conformarse con palabras que designaríamos como circunlocuciones. En árabe y en hebreo, *unheimlich* coincide con demoníaco, espeluznante.

Volvamos, por ello, a la lengua alemana.

En el *Wörterbuch der Deutschen Sprache*, de Daniel Sanders (1860), el artículo *'heimlich'* contiene las siguientes indicaciones, que reproduciré íntegramente, destacando algunos pasajes (tomo I, pág. 729)[76]:

«*Heimlich*, a. (*-keit*, f *-en*): 1. —También *heimelich, heimelig*, propio de la casa, no extraño, familiar, dócil, íntimo, confidencial, lo que recuerda el hogar, etc.

a) (arcaísmo) perteneciente a la casa, a la familia; o bien: considerado como propio de tales; cif. lat. *familiaris*, acostumbrado: *Die Heimlichen*, los íntimos; *die Hausgenossen*, los cohabitantes de la casa; *der heimliche Rat*, el consejo íntimo (Gén. 41:45; 2 Samuel 23:23; 1 Crón. 12:25; Prov. 8:4); término reemplazado ahora por *Geheimer* (ver: *d* 1) *Rat*; véase: *Heimlicher*.

b) Se dice de animales mansos, domesticados. Contrario de salvaje; por ejemplo: "Animales que ni son salvajes, ni *Heimlich*", etc. (Eppendorf, 88). "Animales salvajes... que se domestican para hacerlos *heimlich* y acostumbrados a las gentes" (92). "Cuando estas bestiecillas son criadas, desde muy jóvenes, junto al hombre, se tornan muy

[76] N. del Traductor. —En los ejemplos ilustrativos que contiene esta cita, muchas veces he dejado la voz alemana intercalada en el texto castellano, a fin de librar al lector la elección del término que le parezca más adecuado para el caso, término que en ocasiones he agregado a continuación, sin paréntesis.

heimlich, afectuosas", etc. (Stumpf, 608 a). Así también: "El cordero es tan *heimlich* que come de mi mano" (Hölty). "La cigüeña siempre será un ave bella y *heimlich*" (Linck. Schl., 146). Ver: *Häuslich*, 1, etcétera.

c) Intimo, familiar; que evoca bienestar, etc.; calma confortable y protección segura, como la casa confortable y cerrada (véase: *Geheuer*): "¿Aún te puedes sentir *heimlich* en tu país, cuando los extranjeros talan sus bosques?" (Alexis H., I, 1, 289). "Ella no se sentía muy *heimlich* junto a él" (Brentano Wehm. 92). "En un sendero sombreado y *heimlich*..., junto al arroyuelo murmurante", etc. (Forster, tomo I, 417). "Destruir la *Heimlichkeit* de la patria" (Gervinus, Lit. 5, 375). "No encontraría fácilmente un rinconcito tan *heimlich*" (G., 14, 14). "Nos sentiríamos tan cómodos, tan tranquilos y confortables, tan *heimlich*" (15, 9). "En tranquila *Heimlichkeit*, en los estrechos límites del hogar" (Haller). "Una diligente ama de casa, que, con poco, sabe hacer una deliciosa *Heimlichkeit*" (Hartmann Unst., 1, 188). "Tanto más *heimlich* le parecía ahora el hombre, hasta hace poco extraño" (Kerner, 540). "Los propietarios protestantes no se sentían... *heimlich*, entre sus súbditos católicos" (Kohl. Irl. 1, 172). "Cuando está *heimlich* y silencioso, oyéndose sólo la calma nocturna que rodea tu celda" (Tiedge 2, 39). "Silencioso y amable y *heimlich*, como para reposar se anhelaría un lugar" (W. 11, 144). "No se sentía nada *heimlich* en ese trance" (27, 170, etc.). Además: "El lugar estaba tan calmo, tan solitario, tan *heimlich* y sombreado (Scherr. Pilg. 1, 170): "Las olas avanzaban y se retiraban, soñadoras y *heimlich*, mecedoras" (Körner, Sch. 3, 320, etc.). Véase: *Unheimlich*. En particular entre los autores suevos y suizos adopta con frecuencia tres sílabas: "Cuán *heimelich* se sentía Ivo a la noche, cuando estaba acostado en su casa" (Auerbach, D. 1, 249). "En esa casa me sentí tan *heimelig*" (4, 307). "La habitación tibia, la tarde *heimelige*" (Gotthelf, Sch. 127, 148). "He aquí algo que es muy *heimelig*, cuando el hombre siente en el fondo de su corazón cuán poca cosa es, cuán grande es el Señor" (147). "Poco a poco uno se encontró más cómodo y *heimelig*" (U. 1, 297). "La dulce *Heimeligkeit*" (380, 2, 86). "Creo que en parte alguna me encontraré más *heimelich* que aquí" (327; Pestalozzi, 4, 240). "Quien acude de lejos... no podrá vivir muy *heimelig* (amistosamente, como vecino) con las gentes" (325). "La cabaña donde otrora se sintiera, tan *heimelig*, tan alegre, entre los suyos" (Reithard, 20). "El cuerno del sereno suena tan *heimelig* desde la torre; su voz, tan hospitalaria, nos invita" (49). "Se duerme aquí tan tibiamente, tan maravillosamente *heim'lig* (23, etc.). *Esta acepción habría merecido generalizarse, para evitar que tan adecuada palabra cayera en desuso, por su fácil confusión con (2). Por ejemplo: Los Zeck son todos tan* HEIMLICH *(2) —¿*HEIMLICH*? ¿Qué quiere decir usted con* HEIMLICH*? —Pues bien: que me siento con ellos como ante un pozo rellenado, o un estanque seco. Uno no puede pasar junto a estos sin tener la impresión de que el agua aparecerá de nuevo, algún día. —Nosotros, aquí, le llamamos* UNHEIMLICH*; vosotros le decís* HEIMLICH. *¿En qué encuentra usted que esta familia tenga algo secreto e incierto?*", etc. (Gutzkow, R., 2, 61).

d) (Véase: *c*). Especialmente en Silesia: alegre, jocoso; se dice también del tiempo; véase: *Adelung und Weinhold*.

2. —Secreto, oculto, de modo que otros no puedan advertirlo, querer disimular algo; véase: *Geheim* (secreto) (2), voz de la cual no siempre es distinguido con precisión, especialmente en el nuevo alto alemán y en la lengua más antigua, como, por ejemplo, en la Biblia: Job, 11:6; 15: 8; Prov. 2:22; 1 Corint. 2: 7; etcétera. También: *Heimlichkeit*, en lugar de *Geheimnis*, secreto (Mat. 13:35, etc.). Voces que no siempre son distinguidas con precisión, por ejemplo: Hacer algo *heimlich* (tras la espalda de otro); alejarse *heimlich* (furtivamente); reuniones *heimlich* (clandestina); contemplar la desventura ajena con *heimliche* (alegría); suspirar, llorar *heimlich* (en secreto); conducirse *heimlich* (misteriosamente), como si se tuviese algo que ocultar; amor, pecado *heimlich* (secreto); lugares *heimliche* (que el recato obliga a ocultar), (1 Sam. 5:6); el lugar *heimlich* (refiriéndose al retrete) (2 Reyes 10: 27; W. 5, 256, etc.); también en: *Der heimliche Stuhl* (El asiento secreto), (Zinkgräf 1, 249); precipitar a alguien al pozo, a las *Heimlichkeiten* (3, 75; Rollenhagen Fr. 83); etc. "Presentóle *heimlich* (en secreto) las

yeguas a Leomedon" (B. 161, b, etc.). "Tan oculto, *heimlich*, pérfido y artero contra los señores crueles... como franco, abierto, simpático y servicial frente al amigo que sufre". (Burmeister gB 2, 157). "Es preciso que sepas también lo que yo tengo de más *heimlich* y sagrado" (Chamisso 4, 56). "El arte *heimlich* (oculto), de la magia" (3, 224). "Donde la discusión pública cesa, allí comienza la *heimliche* intriga" (Forster, Br. 2, 135). "Libertad es la palabra de orden de los *heimliche* conspiradores, el grito de guerra de los revolucionarios declarados" (G. 4, 222). "Una santa, *heimliche* influencia" (15). "Tengo raíces que están muy *heimlich* (escondidas); en la tierra más profunda estoy arraigado" (2, 109). "Mi *heimliche* malicia" (véase: *Heimtücke*) (30, 344). "Si él no lo acepta abierta y conscientemente, podría tomarlo *heimlich* (solapadamente) y sin escrúpulos" (39, 22). "Hizo fabricar *heimlich* y secretamente unos anteojos acromáticos" (375). "En adelante, quisiera que nada *heimlich* (secreto) hubiera entre nosotros" (Sch. 369 b). "Descubrir, publicar, traicionar las *Heimlichkeiten* (secretos) de alguno; tramar detrás de mis espaldas las *Heimlichkeiten* (Alevis, H. 2, 3, 168). "En mis tiempos, se solía practicar la *Heimlichkeit* (discreción) (Hagedorn, 3, 92). La *Heimlichkeit* (intriga) y maledicencia que se cometen a ocultas" (Immermann, M. 3, 289). "Sólo la acción del conocimiento puede romper la acción de la *Heimlichkeit* del oro oculto" (Novalis 1, 69). "Dime dónde la guardas, en qué lugar de silenciosa *Heimlichkeit* (Schr. 495, b). "Abejas que formáis la llave de las *Heimlichkeiten*" (cera para sellar cartas secretas) (Tieck, Cymb. 3, 2). "Ser experto en raras *Heimlichkeiten*" (artes mágicas) (Schlegel, Sh., 6, 102, etc.). Véase: *Geheimnis* L. 10: pág. 291 y siguientes.

Al respecto, véase 1 *c*, así como, en particular, el antónimo *Unheimlich*: inquietante, que provoca un terror atroz: "Que casi le pareció *unheimlich*, siniestro, espectral" (Chamisso, 3, 238). "Las *unheimliche*, siniestras y lúgubres horas de la noche" (4, 148). "Desde hacía tiempo me sentía *unheimlich*, espeluznado" (242). "Empiezo a sentirme *unheimlich*, extrañamente incómodo" (Gutzkow, 2, 82). "Se siente un terror *unheimlich*" (Verm. 1, 51). "*Unheimlich* e inmóvil, como una estatua de piedra" (Reis,

1, 10). "La niebla *unheimliche*, llamada Haarrauch" (Immermann, M., 3, 299). "Estos pálidos jóvenes son *unheimlich* y meditan Dios sabe qué maldad" (Laube, tomo I, 119). *"Se denomina* UNHEIMLICH *todo lo que, debiendo permanecer secreto, oculto... no obstante, se ha manifestado"* (Schelling, 2, 2, 649). "Velar lo divino, rodearlo de cierta *Unheimlichkeit*" (misterio) (658, etc.). No es empleado como antónimo de *(2)*, como Campe lo presenta, sin fundamento alguno.»

De esta larga cita se desprende para nosotros el hecho interesante de que la voz *heimlich* posee, entre los numerosos matices de su acepción, uno en el cual coincide con su antónimo, *unheimlich* (recuérdese el ejemplo de *Gutzkow*: "Nosotros, aquí, le llamamos *unheimlich*; vosotros le decís *heimlich*"). En lo restante, nos advierte que esta palabra, *heimlich*, no posee un sentido único, sino que pertenece a dos grupos de representaciones que, sin ser precisamente antagónicas, están, sin embargo, bastante alejadas entre sí: se trata de lo que es familiar, confortable, por un lado; y de lo oculto, disimulado, por el otro. *Unheimlich* tan sólo sería empleado como antónimo del primero de estos sentidos, y no como contrario del segundo. El diccionario de Sanders nada nos dice sobre una posible relación genética entre ambas acepciones. En cambio, nos llama la atención una nota de *Schelling*, que enuncia algo completamente nuevo e inesperado sobre el contenido del concepto *unheimlich*: *Unheimlich sería todo lo que debía haber quedado oculto, secreto, pero que se ha manifestado.*

Parte de nuestras dudas, así despertadas, son resueltas por los datos que nos ofrece el *Deutsches Wörterbuch*, de Jacob y Wilhelm Grimm (Leipzig, 1877; IV/2, página 874 y siguientes):

«*Heimlich*; adj. y adv. *vernaculus*, *occultus*; alto alemán medio: *heimelîch*, *heimlich*. Página. 874: en un sentido algo distinto: "me siento *heimlich*, bien, cómodo, sin temor..."

b) Heimlich designa también un lugar libre de fantasmas...Página. 875: *B)* familiar, amable, íntimo.

4. de HEIMATLICH (*propio de la comarca natal*), HAUSLICH (*hogareño*), emana la noción de lo oculto a ojos extraños, escondido, secreto, empleándose estos términos en diversas relaciones...

Página 876: "a la izquierda, junto al lago, hay una pradera *heimlich* (escondida) en el bosque" (Schiller, Tell I, 4).

...en empleo un tanto libre y raro en la lengua moderna... *heimlich* se agrega a un verbo que expresa ocultación: "me esconderá *heimlich* en su tienda" (Ps. 27, 5) "partes *heimlich* (secretas) del cuerpo humano", *pudenda*... "las gentes que no morían, fueron dañadas en sus partes *heimliche*" (secretas, órganos genitales) (1 Samuel 5:12).

c) Los funcionarios que deben suministrar, en cosas del gobierno, consejos importantes y *geheim* (secretos), se llaman *heimliche Räthe* (consejeros secretos), habiendo sido sustituido este adjetivo, por el más corriente: *geheim* (véase éste): "...El faraón nombró (a José) *heimlicher Rath*" (consejero secreto) (Gén. 41:45).

Pág. 878, 6. *Heimlich*, en relación con el conocimiento, significa místico o alegórico: significación *heimliche* (oculta): *mysticus, divinus, occultus, figuratus.*

Pág. 878: en el ejemplo siguiente, la acepción de *heimlich* es otra: sustraído al conocimiento, inconsciente...

Pero *heimlich* también significa impenetrable, cerrado a la investigación: "¿No lo ves? No tienen confianza en mí; temen el rostro *heimlich* (impenetrable) del duque de Friedland". (*El campamento de Wallenstein*, acto II).

9. El sentido de escondido, peligroso, oculto, que se expresa en la referencia precedente, se destaca aún más, de modo que HEIMLICH *acaba por aceptar la significación que habitualmente tiene* UNHEIMLICH *(derivado de* HEIMLICH, *3 b, sp. 874)*: "Me siento a veces como un hombre que pasea por la noche y cree en fantasmas: todo rincón le parece *heimlich* (siniestro) y lúgubre". (Klinger, *Teatro*, III, 298).»

De modo que *heimlich* es una voz cuya acepción evoluciona hacia la ambivalencia, hasta que termina por coincidir con la de su antítesis, *unheimlich*. *Unheimlich* es, de una manera cualquiera, una especie de *heimlich*. Agreguemos este resultado, aún insuficientemente aclarado, a la definición que dio Schelling de lo *Unheimlich*, y veamos cómo el examen sucesivo de distintos casos de lo siniestro nos permitirá comprender las indicaciones anotadas.

II

Si ahora pasamos revista a las personas y cosas, a las impresiones, sucesos y situaciones capaces de despertar en nosotros el sentimiento de lo siniestro con intensidad y nitidez singulares, será preciso que elijamos con acierto el primero de los ejemplos. E. Jentsch destacó como caso por excelencia de lo siniestro la "duda de que un ser aparentemente animado sea, en efecto, viviente; y, a la inversa: que un objeto sin vida esté en alguna forma animado", aduciendo con tal fin la impresión que despiertan las figuras de cera, las muñecas "sabias" y los autómatas. Compara esta impresión con la que producen las crisis epilépticas y las manifestaciones de la locura, pues estos fenómenos evocarían en el espectador el recuerdo de procesos automáticos, mecánicos, que podrían ocultarse bajo el cuadro habitual de nuestra vida. Sin estar plenamente convencidos de que esta opinión de Jentsch sea acertada, la tomaremos como punto de partida para nuestras propias observaciones, porque en lo que sigue nos recuerda a un poeta que ha logrado provocar, como ningún otro, los efectos siniestros.

"Uno de los procedimientos más seguros para evocar fácilmente lo siniestro", escribe Jentsch, "consiste en dejar que el lector dude de si determinada figura o persona que se le presenta es un ser viviente o un autómata. Esto debe hacerse de manera tal que la incertidumbre no se convierta en el punto central de la atención, porque es preciso que el lector no llegue a examinar y a verificar inmediatamente el asunto, cosa que, según dijimos, disiparía fácilmente su estado emotivo especial. E. T. A. Hoffmann se sirvió con éxito, en diversas ocasiones, de esta maniobra psicológica en sus *Cuentos fantásticos*".

Esta observación, ciertamente justa, se refiere ante todo al cuento *Der Sandmann* (*El arenero*), que forma parte de los *Nachtstücke* (*Cuentos nocturnos*)[77] y del cual procede la figura de la muñeca Olimpia, utilizada por Offenbach en el primer acto de su ópera *Los cuentos de Hoffmann*. Debo decir, sin embargo —y espero contar con el asentimiento de casi todos los que hayan leído este cuento—, que el tema de la muñeca Olimpia, aparentemente animada, de ningún modo puede ser considerado como único responsable del singular efecto siniestro que produce el cuento; más aún: que ni siquiera es el elemento al cual se podría atribuir en primer término este efecto. El ligero viso satírico que el poeta da al episodio de Olimpia, empleándolo para ridiculizar la presunción amorosa del joven, tampoco facilita aquella impresión. El centro del cuento lo ocupa más bien otro tema, precisamente el que le ha dado título y que siempre vuelve a ser destacado en los momentos culminantes: se trata del *tema del arenero*, el que arranca los ojos a las criaturas.

El estudiante Nataniel, con cuyos recuerdos de infancia comienza el cuento fantástico, a pesar de su felicidad actual no logra desterrar las reminiscencias alusivas a la muerte horrible y misteriosa de su amado padre. En ciertas noches, su madre solía acostar temprano a los niños, diciéndoles que "vendría

[77] Tercer tomo de las *Obras Completas* de Hoffmann, editadas por Grisebach.

el hombre de la arena"[78], y, efectivamente, el niño oía cada vez los pesados pasos de un visitante que retenía a su padre durante la noche entera. Al preguntarle a la madre respecto a quién era este "arenero", ella negó que fuera algo más que una manera de decir, pero una niñera pudo darle una información más explícita: "Es un hombre malo que visita a los niños cuando no quieren dormir, les arroja puñados de arena a los ojos, haciéndolos saltar, ensangrentados, de sus órbitas; luego se los guarda en una bolsa y se los lleva a la luna, para que los coman sus hijos, que están sentados en un nido y tienen picos curvos, como las lechuzas, con los cuales picotean los ojos de los niños que no se han portado bien".

Aunque el pequeño Nataniel tenía suficiente edad e inteligencia para no creer tan terribles cosas del arenero, el terror que este le inspiraba quedó, sin embargo, fijado en él. Decidió descubrir qué aspecto tenía el arenero, y una noche en que de nuevo se lo esperaba, se escondió en el cuarto de trabajo de su padre. Reconoce entonces en el visitante al abogado Coppelius, personaje repulsivo que solía provocar temor a los niños cuando, en ocasiones, era invitado para almorzar; así, el espantoso arenero se identificó para él con Coppelius. Ya en el resto de esta escena, el poeta nos deja en suspenso sobre si nos encontramos ante el primer *delirio de un niño* poseído por la angustia, o ante una narración de hechos que, en el mundo ficticio de este cuento, habrían de ser considerados como reales. El padre y su huésped están junto al hogar, ocupados con unas brasas encendidas. El pequeño espía oye exclamar a Coppelius: "¡Vengan los ojos, vengan los ojos!", se traiciona con un grito de pánico, y es prendido por Coppelius que quiere arrojarle, del fuego, unos granos

[78] N. del Traductor. —*'Der Sandmann kommt!'* ('¡Que viene el hombre de la arena!') es una de las amenazas que más comúnmente se emplean en los países de habla alemana para inducir a los niños a dormirse.

ardientes a los ojos, para echarlos luego a las llamas. El padre le suplica que respete los ojos de su hijo, y el suceso termina con un desmayo seguido por larga enfermedad. Quien se decida por adoptar la interpretación racionalista del "arenero", no dejará de reconocer en esta fantasía infantil la influencia pertinaz de aquella narración de la niñera. En lugar de granos de arena, son ahora brasas encendidas las que le arroja a los ojos, en ambos casos para hacerlos saltar de sus órbitas. Un año después, en ocasión de una nueva visita del "arenero", el padre muere en su cuarto de trabajo a consecuencia de una explosión y el abogado Coppelius desaparece de la región sin dejar rastros.

Esta terrorífica aparición de sus años infantiles, el estudiante Nataniel la cree reconocer en Giuseppe Coppola, un óptico ambulante italiano que en la ciudad universitaria donde se halla viene a ofrecerle unos barómetros, y que ante su negativa exclama en su jerga: "¡Eh! ¡Niente barometri, niente barometri! —ma tengo tambene bello oco... bello oco". El horror del estudiante se desvanece al advertir que los ojos ofrecidos no son sino inofensivas gafas; compra a Coppola un anteojo y con su ayuda escudriña la casa vecina del profesor Spalanzani, logrando ver a la hija de este, la bella pero misteriosamente silenciosa e inmóvil Olimpia. Al punto se enamora de ella, tan perdidamente que olvida a su sagaz y sensata novia. Pero Olimpia no es más que una muñeca automática cuyo mecanismo es obra de Spalanzani y a la cual Coppola —el arenero— ha provisto de ojos. El estudiante acude en el instante en que ambos creadores se disputan su obra; el óptico se lleva la muñeca de madera, privada de ojos, y el mecánico, Spalanzani, recoge del suelo los ensangrentados ojos de Olimpia, arrojándolos a Nataniel y exclamando que es a él a quien Coppola se los ha robado. Nataniel cae en una nueva crisis de locura y, en su delirio, el recuerdo de la muerte del padre se junta con esta nueva impresión: "¡Uh, uh, uh! ¡Rueda de fuego, rueda de fuego!

¡Gira, rueda de fuego! ¡Lindo, lindo! ¡Muñequita de madera, uh...! ¡Hermosa muñequita de madera, baila..., baila...!" Con estas exclamaciones se precipita sobre el supuesto padre de Olimpia y trata de estrangularlo.

Restablecido de su larga y grave enfermedad, Nataniel parece estar por fin curado. Anhela casarse con su novia que ha vuelto a encontrar. Cierto día recorren juntos la ciudad, en cuya plaza principal la alta torre del ayuntamiento proyecta su sombra gigantesca. La joven propone a su novio subir a la torre, mientras el hermano de ella, que los acompaña, los aguardará en la plaza. Desde la altura, la atención de Clara es atraída por un personaje singular que avanza por la calle. Nataniel lo examina a través del anteojo de Coppola, que acaba de hallar en su bolsillo, y al punto es poseído nuevamente por la demencia, tratando de precipitar a la joven al abismo, gritando: "¡Baila, baila, muñequita de madera!" El hermano, atraído por los gritos de la joven, la salva y la hace descender a toda prisa. Arriba, el poseído corre de un lado para otro, exclamando: "¡Gira, rueda de fuego, gira!", palabras cuyo origen conocemos perfectamente. Entre la gente aglomerada en la plaza, se destaca el abogado Coppelius, que acaba de aparecer nuevamente. Hemos de suponer que su visión es lo que ha desencadenado la locura en Nataniel. Quieren subir para apoderarse del demente, pero Coppelius[79] dice, riendo: "Esperad, pues ya descenderá solo". Nataniel se detiene de pronto, advierte a Coppelius, y se precipita por sobre la balaustrada con un grito agudo: "¡Sí! ¡Bello oco, bello oco!" Helo allí, tendido sobre el pavimento, su cabeza destrozada..., pero el hombre de la arena ha desaparecido en la multitud.

---

[79] Respecto a la etimología de este nombre propio: *Coppella*=crisol (recuérdese los experimentos químicos, en cuyo curso muere el padre); *coppo*: órbita de los ojos. (Según una observación de la señora Rank).

Esta breve reseña no deja lugar a ninguna duda: el sentimiento de lo siniestro es inherente a la figura del arenero, es decir, a la idea de ser privado de los ojos, y nada tiene que hacer aquí una incertidumbre intelectual en el sentido en que Jentsch la concibe. La duda en cuanto al hecho de si una cosa es inanimada o no, aceptable en lo que a la muñeca Olimpia se refiere, ni siquiera puede ser planteada frente a este ejemplo, mucho más significativo, de lo siniestro. Es verdad que el poeta nos lleva al principio a una especie de incertidumbre, al no dejarnos adivinar —seguramente con intención— si se propone conducirnos al mundo real o a un mundo fantástico, producto de su arbitrio. Desde luego, tiene el derecho de hacer una cosa o la otra, y si elegirá por escenario de su narración, pongamos por caso, un mundo en que se muevan espectros, demonios y fantasmas —como Shakespeare lo hace en *Hamlet*, en *Macbeth* y, en otro sentido, en *La tempestad* y *El sueño de una noche de verano*— entonces habremos de someternos al poeta, aceptando como realidad este mundo de su imaginación, todo el tiempo que nos abandonemos a su historia. Pero en el transcurso del cuento de Hoffmann se disipa esta duda y nos apercibimos de que el poeta quiere hacernos mirar a nosotros mismos a través del diabólico anteojo del óptico, o que quizá también él mismo en persona haya mirado por uno de esos instrumentos. El final del cuento nos demuestra a todas luces que el óptico Coppola es, en efecto, el abogado Coppelius y, en consecuencia, también el hombre de la arena.

Ya no se trata aquí de una "incertidumbre intelectual": sabemos ahora que no se pretendió presentarnos los delirios de un demente, tras los cuales nosotros, con nuestra superioridad racional, habríamos de reconocer el verdadero estado de cosas; pero esta revelación no reduce, en lo más mínimo, la impresión de lo siniestro. De modo que la incertidumbre intelectual en nada nos facilita la comprensión de este misterioso efecto.

En cambio, la experiencia psicoanalítica nos recuerda que herirse los ojos o perder la vista es un motivo de terrible angustia infantil. Este temor persiste en muchos adultos, a quienes ninguna mutilación espanta tanto como la de los ojos. ¿Acaso no se tiene la costumbre de decir que se cuida algo como un ojo de la cara?[80]. El estudio de los sueños, de las fantasías y de los mitos nos enseña, además, que el temor por la pérdida de los ojos, el miedo a quedar ciego, es un sustituto frecuente de la angustia de castración. También el castigo que se impone Edipo, el mítico criminal, al enceguecerse, no es más que una castración atenuada, pena esta que, de acuerdo con la ley del talión, sería la única adecuada a su crimen. Colocándose en un punto de vista racionalista, podría tratarse de negar que el temor por los ojos esté relacionado con la angustia de castración: se encontrará, entonces, perfectamente comprensible que un órgano tan precioso como el ojo sea protegido con una ansiedad correspondiente, y hasta se podrá afirmar que tampoco tras la angustia de castración se esconde algún secreto profundo, alguna significación distinta de la mutilación en sí. Pero con ello no se toma en cuenta la sustitución mutua entre el ojo y el miembro viril, manifestada en sueños, fantasías y mitos, ni se logrará negar la impresión de que precisamente la amenaza de perder el órgano sexual despierta un sentimiento particularmente intenso y enigmático, sentimiento que luego repercute también en las representaciones de la pérdida de otros órganos. Todas nuestras dudas desaparecen cuando, al analizar los neuróticos, nos enteramos de las particularidades de este complejo de castración y del inmenso papel que desempeña en la vida psíquica.

---

[80] N. del Traductor. —Correspondería, en castellano, a: "querer a alguien como la niña de los ojos", o a alguna otra de las locuciones con "ojos", quizá más numerosas en nuestra lengua que en la alemana.

Tampoco aconsejaría a ningún adversario del psicoanálisis, que adujera justamente el cuento del arenero, de Hoffmann, para afirmar que el temor por los ojos sería independiente del complejo de castración. Pues, si así fuera, ¿por qué aparece aquí la angustia por los ojos íntimamente relacionada con la muerte del padre? ¿Por qué el arenero retorna cada vez como aguafiestas del amor? Primero separa al desgraciado estudiante de su novia y del hermano de esta, su mejor amigo; luego destruye su segundo objeto de amor, la bella muñeca Olimpia; finalmente, le impulsa al suicidio, justamente antes de su feliz unión con Clara, a la que acaba de encontrar de nuevo. Estos elementos del cuento, como otros muchos, parecen arbitrarios y carentes de sentido si se rechaza la vinculación entre el temor por los ojos y la castración, pero, en cambio, se tornan plenos de significación en cuanto, en lugar del arenero, se coloca al temido padre, a quien se atribuye el propósito de la castración[81].

[81] En efecto, la elaboración imaginativa del poeta no ha llegado a confundir y a desordenar los elementos del tema en medida tal que no se puede restablecer su disposición primitiva. En los recuerdos de infancia, el padre y Coppelius representan los dos elementos antagónicos de la *imago paterna*, descompuesta por la ambivalencia; uno de ellos amenaza con la ceguera (castración), el otro, el padre bueno, implora la salvación de los ojos del niño. La parte del complejo más intensamente reprimida —el deseo de muerte contra el padre malo— se encuentra representada en la muerte del padre bueno, achacada a Coppelius. A esta pareja paterna corresponden, en el curso de la vida ulterior del estudiante, el profesor Spalanzani y el óptico Coppola: el profesor, en calidad de tal, ya es una figura paterna; Coppola adquiere esta significación al reconocerse su identidad como el abogado Coppelius. Así como ambos laboraron una vez juntos en el misterioso brasero, así también construyen ahora, juntos, la muñeca Olimpia; el profesor también es designado como padre de Olimpia. Este doble parentesco demuestra que ambos son mitades de la *imago paterna*; es decir, tanto el mecánico como el óptico son el padre de Olimpia y de Nataniel. En la angustiosa escena de la infancia, Coppelius, luego de renunciar al enceguecimiento del niño, le había destornillado, a manera de experimento, sus brazos y sus piernas, tratándolo, pues, como un mecánico a su muñeco. Este rasgo enigmático

De modo que ahora nos atreveremos a reducir el carácter siniestro del arenero al complejo de castración infantil. Sin embargo, la idea de que semejante factor infantil haya podido engendrar este sentimiento nos incita a buscar una derivación análoga que sea aplicable a otros ejemplos de lo siniestro. En el arenero aparece aún el tema de la muñeca animada, que Jentsch señalaba. Según este autor, la circunstancia de que se despierte una incertidumbre intelectual respecto al carácter animado o inanimado de algo, o bien la de que un objeto privado de vida adopte una apariencia muy cercana a la misma, son sumamente favorables para la producción de sentimientos de lo siniestro. Pero con las muñecas nos hemos acercado bastante a la infancia.

---

que está en completo desacuerdo con la representación del "arenero" plantea un nuevo equivalente de la castración; además señala la identidad íntima de Coppelius con su antagonista futuro, el mecánico Spalanzani, y nos conduce inevitablemente a la interpretación de Olimpia. Esta muñeca automática no puede ser sino la materialización de la actitud femenina de Nataniel frente a su padre, en la temprana infancia. Sus padres —Spalanzani y Coppola— no son más que nuevas versiones, reencarnaciones de la pareja paterna de Nataniel; la exclamación de Spalanzani (incomprensible de otro modo), según la cual el óptico habría robado los ojos a Nataniel (véase más arriba) para colocárselos a la muñeca, adquiere así importancia como prueba de la identidad entre Olimpia y Nataniel. Olimpia es, por decirlo así, un complejo de Nataniel separado de este, que se le enfrenta como persona; el dominio de este complejo sobre su sujeto queda expresado en el amor por Olimpia, absurdamente obsesivo. Tenemos el derecho de llamar "narcisista" a este amor, y comprenderemos perfectamente que su víctima ha de alejarse del objeto amoroso real. Por otra parte, la exactitud psicológica de la inhibición afectiva frente a la mujer, que aqueja a este joven fijado al padre por el complejo de castración, queda demostrada por numerosos análisis de neuróticos, cuyas historias, aunque menos fantásticas, no son menos tristes que la del estudiante Nataniel.

E. T. A. Hoffmann fue el hijo de un matrimonio desgraciado. Cuando contaba con tres años, el padre se separó de su pequeña familia y jamás volvió a juntársele. De acuerdo a los datos que E. Grisebach recoge en su introducción biográfica a las obras de Hoffmann, la relación con el padre siempre fue uno de los puntos más sensibles en la vida afectiva del poeta.

Recordaremos que, en general, el niño, en sus primeros años de juego, no traza un límite muy preciso entre las cosas vivientes y los objetos inanimados, y que gusta tratar a su muñeca como si fuera de carne y hueso. Hasta llegamos a oír ocasionalmente, por boca de una paciente, que todavía a la edad de ocho años estaba convencida de que si mirase a sus muñecas de una manera particularmente penetrante, estas adquirirían vida. Así, el factor infantil también aquí puede ser demostrado con facilidad, pero, cosa extraña: en el caso del arenero se trataba de la reanimación de una vieja angustia infantil; frente a la muñeca viviente, en cambio, ya no hablamos de angustia, el niño no sintió miedo ante la idea de ver viva a su muñeca, y quizá hasta lo haya deseado. De modo que, en este caso, la fuente del sentimiento de lo siniestro no se encontraría en una angustia infantil, sino en un deseo, o quizá tan sólo en una creencia infantil. He aquí algo que parece contradictorio, pero es posible que sólo se trate de una multiplicidad de manifestaciones que más adelante pueda facilitar nuestra comprensión.

E. T. A. Hoffmann es el maestro sin par de lo siniestro en la literatura. Su novela *Los elixires del Diablo* presenta todo un conjunto de temas a los cuales se podría atribuir el efecto siniestro de la historia. El argumento de la novela es demasiado rico y entreverado como para que se pueda intentar referirlo en una reseña. Al final del libro, cuando las convenciones sobre las cuales se fundaba la acción y que hasta entonces habían sido disimuladas al lector, le son finalmente comunicadas, he aquí que éste no queda ilustrado, sino por el contrario, completamente confundido. El poeta ha acumulado demasiados efectos semejantes; la impresión que produce el conjunto no sufre por ello, pero sí nuestra comprensión. Es preciso que nos conformemos con seleccionar, entre estos temas que evocan un efecto siniestro, los más destacados, a fin de investigar si también para ellos es posible hallar un origen en fuentes infantiles. Nos hallamos así, ante todo, con el tema del "doble", en todas sus variaciones y desarrollos, es decir: con la aparición de personas que a causa de su figura igual deben ser consideradas como idénticas; con la exaltación de estas relaciones mediante la transmisión de los procesos psíquicos de una persona a su "doble" —lo que nosotros llamaríamos telepatía—, de modo que uno participa en lo que el otro sabe, piensa y experimenta; con la identificación de una persona con otra, de suerte que pierde el dominio sobre su propio *yo* y coloca el *yo* ajeno en lugar del propio, es decir: desdoblamiento del *yo*, partición del *yo*, sustitución del *yo*; finalmente, con el constante retorno de lo semejante, con la repetición de los mismos rasgos faciales, caracteres, destinos, actos criminales, aun de los mismos nombres en varias generaciones sucesivas.

El tema del "doble" ha sido elaborado minuciosamente, bajo este mismo título, en un trabajo de O. Rank[82]. Este autor estudia las relaciones entre el "doble" y la imagen en el espejo, o la sombra; con los genios tutelares, con las doctrinas anímicas y con el temor ante la muerte. Pero también echa viva luz sobre la notable evolución de este tema. El "doble" fue primitivamente una aseguración contra la destrucción del *yo*, un "enérgico mentís a la omnipotencia de la muerte" (O. Rank), y probablemente haya sido el alma "inmortal" el primer "doble" de nuestro cuerpo. La creación de semejante desdoblamiento, destinado a conjurar la aniquilación, tiene su fenómeno correspondiente en un modo de expresarse del lenguaje onírico, donde la castración suele ser representada por una duplicación o multiplicación del símbolo genital; en la cultura de los viejos egipcios esta tendencia se convierte en motivo para que los artistas modelen la imagen del muerto con

---

[82] O. Rank, *Der Doppelgänger* (*El "doble"*), Imago, tomo III, 1914.

una sustancia duradera. Pero estas representaciones surgieron en el terreno de la egofilia ilimitada, del narcisismo primitivo que domina el alma del niño tanto como la del hombre primitivo, y sólo al superarse esta fase se modifica el signo algebraico del "doble": de un confirmador de la supervivencia se convierte en un siniestro prolegómeno de la muerte. Pero la idea del "doble" no desaparece necesariamente con este narcisismo primario, pues es posible que adquiera nuevos contenidos en las fases del desarrollo ulterior del *yo*. En este se desarrolla, paulatinamente, una instancia particular que se opone a lo que resta del *yo*, que sirve a la observación y a la crítica de sí mismo, que cumple la función de censura psíquica, y que llegamos a conocer como "conciencia moral". En el caso patológico del delirio de introspección, esta instancia es aislada, separada del *yo*, haciéndose perceptible para el médico. El hecho de que semejante instancia exista y pueda tratar al resto del *yo* como un objeto, o sea, de que el hombre, en consecuencia, sea capaz de una autoobservación, permite que la vieja representación del "doble" adquiera un nuevo contenido y que se le atribuya una serie de elementos: en primer lugar, todo aquello que la crítica de sí mismo considera perteneciente al superado narcisismo de los tiempos primitivos[83].

Pero no sólo este contenido, ofensivo para la crítica del *yo*, puede ser incorporado al "doble", sino también todas las eventualidades de nuestro destino que no han hallado realiza-

[83] A mi modo de ver, cuando los poetas se lamentan de que en la entraña humana moren dos almas, y cuando los psicólogos populares hablan de la participación del *yo* del hombre, piensan en esta división —materia de la psicología del *yo*— entre la instancia crítica y el *yo* residual, y no aluden al antagonismo —descubierto por el psicoanálisis— entre el *yo* y lo inconsciente reprimido. Sin embargo, la diferencia entre ambos fenómenos es borrada por el hecho de que entre los elementos condenados por la crítica del *yo* se encuentran, ante todo, los productos derivados de lo reprimido.

ción y que la imaginación no se resigna a abandonar, todas las aspiraciones del *yo* que no pudieron cumplirse a causa de circunstancias exteriores; además, todas las decisiones reprimidas de la voluntad, que han producido la ilusión del libre arbitrio[84].

Pero una vez expuesta de este modo la motivación manifiesta del "doble", henos aquí obligados a confesarnos que nada de lo que hemos dicho basta para explicarnos el extraordinario grado del carácter siniestro que es propio de esa figura. Por otra parte, nuestro conocimiento de los procesos psíquicos patológicos nos permite agregar que ninguno de sus elementos o de sus características alcanza a dar razón de la potente tendencia defensiva que proyecta al "doble" fuera del *yo*, cual una cosa extraña. El carácter siniestro sólo puede proceder del siguiente hecho: el "doble" es una formación que pertenece a épocas psíquicas primitivas, a tiempos pasados en que, sin duda alguna, tenía un sentido más amable. El "doble" se ha transformado en espantajo, así como los dioses, una vez caídas sus religiones, se tornan demonios. (Heine, *Die Gotter im Exil*; *Los dioses en el destierro*).

Aplicando la pauta que nos suministra el tema del "doble", es fácil apreciar los otros trastornos del *yo* que Hoffmann utiliza en sus cuentos. Consisten aquellos en un retorno a determinadas fases de la evolución que experimenta la vivencia del *yo*; en una regresión a la época en que el *yo* aún no se había delimitado netamente frente al mundo exterior y frente al prójimo. Yo creo que estos temas contribuyen a dar a los cuentos de Hoffmann su carácter siniestro, aunque no es fácil determinar la parte que les corresponde en la producción de esta atmósfera.

---

[84] En la obra de H. H. Ewers, *Der Student von Prag* (*El estudiante de Praga*), que sirve de punto de partida al estudio de Rank sobre el "doble", el héroe ha prometido a su novia que no matará a su adversarse en el duelo. Dirigiéndose al lugar en que debe efectuarse el lance, se encuentra con el "doble" que le comunica que acaba de dar cuenta de su rival.

El factor de la repetición de lo semejante no será aceptado quizá por todo el mundo como fuente del sentimiento en cuestión. Según mis observaciones, sin duda alguna provoca, bajo ciertas condiciones y en combinación con determinadas circunstancias, la sensación de lo siniestro que, por otra parte, nos recuerda la zozobra que acompaña a muchos estados oníricos. Cierto día, al recorrer en una cálida tarde de verano las calles desiertas y desconocidas de una pequeña ciudad italiana, vine a dar a un barrio sobre cuyo carácter no pude quedar mucho tiempo en duda, pues, asomadas a las ventanas de las pequeñas casas sólo se veían mujeres pintarrajeadas, de modo que me apresuré a abandonar la callejuela, tomando por el primer atajo. Pero después de haber errado sin guía durante algún rato, me encontré de pronto en la misma calle, donde ya comenzaba a llamar la atención; mi apresurado retirado sólo tuvo por consecuencia que, después de un nuevo rodeo, vine a dar allí por tercera vez. Mas entonces se apoderó de mí un sentimiento que sólo podría calificar de siniestro, y me alegré cuando, renunciando a mis exploraciones, volví a encontrar la plaza de la cual había partido.

Otras situaciones que tienen en común con la precedente, el retorno involuntario a un mismo lugar, aunque difieran radicalmente en otros elementos, producen, sin embargo, la misma impresión de zozobra y de lo siniestro. Por ejemplo, cuando uno, sorprendido por la niebla en una montaña boscosa, se pierde, y, pese a todos sus esfuerzos por encontrar un camino marcado o conocido, vuelve varias veces al mismo lugar, caracterizado por un aspecto determinado. O bien, cuando se erra por una habitación desconocida y obscura, buscando la puerta o el conmutador de la luz, y se tropieza, en cambio, por décima vez con un mismo mueble; situación ésta que Mark Twain, aunque mediante una grotesca exageración, pudo dotar de irresistible comicidad. También hallamos fácilmente este carácter en otra serie de hechos; sólo el factor de la repetición involuntaria es el que nos hace parecer siniestro lo que, en otras circunstancias, sería inocente, imponiéndonos así la idea de lo nefasto, de lo ineludible, donde en otro caso sólo habríamos hablado de "casualidad". Así, por ejemplo, seguramente es una vivencia indiferente si en el guardarropa nos dan al entregar nuestro sombrero un número determinado —digamos, el 62—, o si nos hallamos con que nuestra cabina del barco lleva este número. Pero esta impresión cambia si ambos hechos, indiferentes en sí, se aproximan, al punto que el número 62 se encuentra varias veces en un mismo día, o si aun llega a suceder que cuanto lleva un número —direcciones, cuartos de hotel, coches de ferrocarril, etc.— presenta siempre la misma cifra, por lo menos como elemento parcial. Se considera esto "siniestro", y quien no esté acorazado contra la superstición, será tentado a atribuir un sentido misterioso a este obstinado retorno del mismo número, viendo en él, por ejemplo, una alusión a la edad que no ha de sobrevivir. O si, en otro caso, comenzando justamente a estudiar las obras del gran fisiólogo H. Hering, se recibe, con pocos días de intervalo y procedentes de distintos países, cartas de dos personas que llevan este mismo nombre, mientras que hasta entonces jamás se había estado en relación con individuos así llamados. Un inteligente investigador trató hace poco de reducir a ciertas leyes los hechos de esta clase, quitándoles así inevitablemente todo carácter siniestro. No me atrevo a decidir si ha tenido éxito en su empresa[85].

Aquí sólo me limito a señalar que la impresión de lo siniestro emanada de la repetición de lo idéntico puede ser derivada de la vida psíquica infantil, enviando al lector, para más detalles, a una exposición minuciosa del asunto realizada

[85] P. Kammerer: *Das Gesetz der Serie* (*La ley de la serie*), Wien, 1919.

en un conexo diferente del que nos ocupa[86]. En efecto, en el inconsciente es posible reconocer el dominio de un automatismo de repetición (repetición compulsiva), inherente con toda probabilidad a la esencia misma de los instintos, provisto de fuerza suficiente como para sobreponerse al principio del placer, que otorga a ciertas manifestaciones de la vida psíquica un carácter demoníaco, que aún se manifiesta con gran nitidez en las tendencias del niño pequeño, y que domina parte del curso que sigue el psicoanálisis de un neurótico. Todas nuestras consideraciones precedentes nos han preparado para considerar siniestro cuanto esté relacionado con esta repetición compulsiva interior. Pero creo que será hora de abandonar el comentario de estas condiciones, un tanto difíciles de apreciar, para dedicarnos a la búsqueda de casos indudables de lo siniestro, cuyo análisis nos permitirá decidir definitivamente sobre el valor de nuestra hipótesis.

En *El anillo de Polícrates*[87], el huésped se aparta horrorizado al advertir que todos los deseos del amigo se cumplen al instante, que cada una de sus preocupaciones es disipada sin tardanza por el destino. Su amigo se le ha tornado "siniestro". La razón que para ello se da a sí mismo —que quien es demasiado feliz debe temer la envidia de los dioses— nos parece demasiado obscura, pues su sentido está velado mitológicamente. Acudamos, por ello, a otro ejemplo procedente

[86] N. del Traductor. —*Más allá del principio del placer*, capítulos II y III, en el tomo II de estas *Obras Completas*.

[87] N. del Traductor. —Se trata de Polícrates, tirano de Samos que, habiendo gozado durante cuarenta años de una felicidad no interrumpida, quiso conjurar los peligros de tal fortuna arrojando al mar su bien más precioso: un anillo. Pero el sacrificio no fue aceptado, encontrándose el anillo en el estómago de un pescado; las presentidas calamidades no tardaron en ocurrir. El autor se refiere sin duda a la poesía de Schiller, en la cual el rey de Egipto aparece como comensal de Polícrates.

de un territorio mucho más modesto. En la historia clínica de una neurosis obsesiva[88] conté que este enfermo había pasado cierto tiempo en una estación termal, con gran provecho para su persona, pero tuvo el tino de no atribuir su mejoría a las propiedades curativas de las aguas, sino a la ubicación de su cuarto, contiguo al de una amable enfermera. Al volver por segunda vez a ese establecimiento, reclamó el mismo cuarto, pero, al oír que ya había sido ocupado por un viejo señor, dio libre curso a su disgusto, exclamando: "¡Que lo fulmine la apoplejía!" Dos semanas más tarde el señor efectivamente sufrió un ataque de apoplejía, hecho que para mi enfermo fue siniestro. Esta impresión habría sido aún más intensa si, entre su exclamación y el accidente, hubiera mediado un tiempo más breve, o bien si a mi paciente le hubiesen ocurrido varios episodios similares. En efecto, no tuvo dificultad en suministrarme confirmaciones semejantes, y no sólo él, sino todos los neuróticos obsesivos que pude estudiar me narraron vivencias análogas. De ningún modo se sorprendían al encontrarse regularmente con la persona en que, quizá por vez primera en mucho tiempo, acababan de pensar; regularmente les sucedía que, por la mañana, recibían carta de un amigo, y la noche anterior habían dicho: "Hace tiempo que no sabemos nada de fulano". Sobre todo, raramente se producían accidentes o fallecimientos sin que poco antes la idea de esa desgracia hubiera pasado por su mente. Comunicaban esta circunstancia con la mayor modestia, pretendiendo tener "presentimientos" que "casi siempre" se realizaban.

Una de las formas más extendidas y más siniestras de la superstición es el temor al "mal de ojo", que ha sido sometido a un profundo estudio por el oftalmólogo de Hamburgo,

---

[88] *Un caso de neurosis obsesiva*. (Tomo XVI de la presente edición).

S. Seligmann[89]. La fuente de la cual emana este temor jamás parece haber sido confundida. Quien posee algo precioso y, sin embargo, frágil, teme la envidia ajena, proyectando a los demás la misma envidia que habría sentido, colocado en lugar del prójimo. Tales impulsos suelen traicionarse por medio de la mirada, aunque uno se niegue a expresarlos en palabras, y cuando alguien se destaca sobre los demás por alguna manifestación notable, especialmente de carácter desagradable, uno está dispuesto a suponer que su envidia debe haber alcanzado una fuerza especial y que esta fuerza bien podrá llevarla a convertirse en actos. Se sospecha, pues, una secreta intención de dañar, y se admite, basándose en ciertos indicios, que este propósito también dispone de suficiente poder nocivo.

Estos últimos ejemplos de lo siniestro se fundan en el principio que, de acuerdo a la sugerencia de un paciente, he denominado *omnipotencia de las ideas*. A esta altura de nuestro estudio ya no podemos confundir el terreno en el que nos encontramos. El análisis de estos diversos casos de lo siniestro nos ha llevado a una vieja concepción del mundo, al animismo, caracterizado por la ubicación de espíritus humanos en el mundo, por la sobreestimación narcisista de los propios procesos psíquicos, por la omnipotencia de las ideas y por la técnica de la magia que en ella se basa, por la atribución de fuerzas mágicas, minuciosamente graduadas, a personas extrañas y a objetos (Mana)[90], y finalmente, por todas las creaciones mediante las cuales el ilimitado narcisismo de ese período evolutivo se defendía contra la innegable

---

[89] *Der böse Blick und Verwandtes* (*El "mal de ojo" y manifestaciones análogas*), 2 tomos, Berlín, 1910 y 1911.

[90] Se denomina con este término melanesio (su homónimo latino es *numen*) a la concepción de lo divino como algo indefinible, ubicuo, no personificado, anterior a la adoración de los dioses concretos. (N. del Traductor. —Según A. Haggerty Krappe, *Mythologie Universelle*).

fuerza de la realidad. Parece que, en el curso de nuestro desarrollo individual, todos hemos pasado por una fase correspondiente a este animismo de los primitivos; que en ninguno de nosotros esa fase ha transcurrido sin dejar restos y trazas capaces de manifestarse en cualquier momento, y que cuanto hoy nos parece "siniestro", cumple la condición de evocar esos restos de una actividad psíquica animista, estimulándola a manifestarse[91].

Será oportuno enunciar aquí dos formulaciones en las cuales quisiera condensar lo esencial de nuestro pequeño estudio. Ante todo: si la teoría psicoanalítica tiene razón al afirmar que todo afecto de una emoción, cualquiera que sea su naturaleza, es transformado por la represión en angustia, entonces es preciso que entre las formas de lo angustioso exista alguna en la cual se pueda reconocer que esto, lo angustioso, es algo reprimido que se manifiesta de nuevo. Esta forma de la angustia sería precisamente lo siniestro, siendo entonces indiferente si en su origen ya tenía carácter angustioso, o si fue animado por otro tono afectivo. En segundo lugar, si esta es realmente la esencia de lo siniestro, entonces comprenderemos que el lenguaje corriente pase insensiblemente de lo *Heimlich* a su contrario, lo *Unheimlich*, pues esto último, lo siniestro, no sería realmente nada nuevo, sino más bien algo que siempre fue familiar a la vida psíquica y que sólo se tornó extraño mediante el proceso de su represión. Y este vínculo con la represión nos ilumina ahora la definición de Schelling, según la cual lo siniestro sería algo que, debiendo haber quedado oculto, se ha manifestado.

---

[91] Véase al respecto el capítulo III ("Animismo, magia y omnipotencia de las ideas") en la obra del autor *Tótem y tabú* (Tomo VIII de esta edición). Se encuentra allí el pasaje: "Parecería que concedemos carácter "siniestro" a aquellas impresiones que vienen a confirmar la omnipotencia de las ideas y el pensamiento animista en general, mientras que en nuestro juicio racional ya nos hemos alejado de estos".

Sólo nos resta aplicar el conocimiento que así hemos adquirido a la explicación de otros ejemplos de lo siniestro.

Muchas personas consideran siniestro en grado sumo cuanto está relacionado con la muerte, con cadáveres, con la aparición de los muertos, los espíritus y los espectros. Hemos visto que varias lenguas modernas ni siquiera pueden reproducir nuestra expresión; *ein unheimliches Haus* ("una casa siniestra"), sino mediante la circunlocución: "una casa encantada" (habitada por fantasmas). En realidad, debíamos haber comenzado nuestras investigaciones con este ejemplo de lo siniestro, quizá el más notable de todos, pero no lo hicimos porque aquí lo siniestro se confunde, efectivamente, con lo espeluznante y, en parte, coincide con ello. Pero hay otro dominio en el cual nuestras ideas y nuestros sentimientos se han modificado tan poco desde los tiempos primitivos, en el cual lo arcaico se ha conservado tan incólume bajo un ligero barniz, como en el de nuestras actitudes frente a la muerte. Dos factores explican esta detención del desarrollo: la fuerza de nuestras reacciones afectivas primarias, y la incertidumbre de nuestro conocimiento científico. La biología aún no ha logrado determinar si la muerte es el destino ineludible de todo ser viviente, o si sólo es un azar regular, pero quizá evitable en la vida misma. El axioma de que todos los hombres son mortales aparece, es verdad, en los textos de lógica, como ejemplo de un aserto general, pero no convence a nadie, y nuestro inconsciente sigue resistiéndose, hoy como antes, a asimilar la idea de nuestra propia mortalidad. Las religiones siguen negándole importancia, aun hoy, al hecho incontrovertible de la existencia más allá del fin de la vida; las autoridades del estado consideran imposible mantener el orden moral entre los mortales, sin echar mano al recurso de corregir la vida terrena con un mejor más allá; en las carteleras de nuestras ciudades se anuncian conferencias destinadas a enseñar cómo ponerse en relación con las almas de los difuntos, y es innegable que muchos de nuestros mejores espíritus y de nuestros pensadores más sutiles entre los hombres de ciencia han creído, especialmente hacia el fin de su propia vida, que no son escasas las posibilidades de semejante comunicación. Dado que casi todos seguimos pensando al respecto igual que los salvajes, no nos extrañe que el primitivo temor ante los muertos conserve su poder entre nosotros y esté presto a manifestarse frente a cualquier cosa que lo evoque. Aún es probable que mantenga su viejo sentido: el de que los muertos se tornan enemigos del sobreviviente y se proponen llevarlo consigo, para estar acompañados en su nueva existencia. Frente a esta inmutable actitud nuestra ante la muerte podríamos preguntarnos, más bien, dónde ha ido a parar la represión, condición necesaria para que lo primitivo pueda reaparecer como algo siniestro. Pero no nos preocupemos, existe, en efecto, en nuestro ejemplo, pues oficialmente las personas que se consideran cultas ya no creen que los difuntos puedan aparecer como espíritus; han supeditado su aparición a condiciones exóticas y raramente realizadas, y la actitud afectiva frente al muerto, primitivamente dotada de doble sentido, ambivalente, se ha atenuado en los niveles más altos de la vida psíquica, hasta convertirse en el sentimiento unívoco de la piedad[92].

Sólo será preciso que agreguemos unos pocos complementos, pues con el animismo, la magia, los encantamientos, la omnipotencia de las ideas, las actitudes frente a la muerte, las repeticiones involuntarias y el complejo de castración casi hemos agotado el conjunto de los factores que transforman lo angustioso en siniestro.

También se puede decir de un ser viviente que es siniestro cuando se le atribuyen intenciones malévolas. Pero esta

[92] Véase: "El tabú y la ambivalencia", en *Tótem y tabú* (tomo VIII de esta edición).

circunstancia no basta, pues es preciso agregar que estas, sus intenciones, se realizan para perjudicarnos con la ayuda de fuerzas particulares. El "gettatore" es un buen ejemplo. Se trata de un siniestro personaje de la superstición romana, que Albert-Schäffer, en su libro *Josef Montfort*, ha transformado, con intuición poética y con profunda inteligencia psicoanalítica, en una figura simpática. Pero estas fuerzas secretas nos llevan de nuevo al terreno del animismo. El presentimiento de tales fuerzas misteriosas es el que hace parecer a la pía Margarita tan siniestra la figura de Mefistófeles:

"Ella siente que yo debo ser un genio,
Quizá aún el mismo Diablo".

El carácter siniestro de la epilepsia y de la locura tiene idéntico origen. El profano ve en ellas la manifestación de fuerzas que no sospechaba en el prójimo, pero cuya existencia alcanza a presentir obscuramente en los rincones recónditos de su propia personalidad. Con gran consecuencia, y casi correctamente desde el punto de vista psicológico, la Edad Media atribuía todas estas manifestaciones mórbidas a la influencia de los demonios. Hasta no me asombraría si me enterara de que el psicoanálisis, que se ocupa con la revelación de estas fuerzas secretas, se convirtiese por ello en algo siniestro a los ojos de muchas gentes. En un caso en que llegué a curar, aunque lentamente, a una joven enferma desde hacía muchos años, se lo oí decir a la propia madre, mucho tiempo después que se hubiera restablecido su hija.

Los miembros separados, una cabeza cortada, una mano desprendida del brazo, como aparece en un cuento de Hauff, pies que danzan solos, como en el mencionado libro de Schäffer: son cosas que tienen algo sumamente siniestro, especialmente si, como en el último ejemplo mencionado, poseen actividad independiente. Ya sabemos que este carácter siniestro se debe a su relación con el complejo de castración. Muchos otorgarían la corona de lo siniestro a la idea de ser enterrados vivos en estado de catalepsia, pero el psicoanálisis nos ha enseñado que esta terrible fantasía sólo es la transformación de otra que en su origen nada tuvo de espantoso, sino que, por el contrario, se apoyaba en cierta voluptuosidad: la fantasía de vivir en el vientre materno.

Aunque en rigor ya se encuentra incluida en nuestras precedentes afirmaciones sobre el animismo y sobre los mecanismos superados del aparato psíquico, agregaremos aquí una observación general que nos parece digna de ser destacada: la de que los siniestro se da, frecuente y fácilmente, cuando se desvanecen los límites entre fantasía y realidad; cuando lo que habíamos tenido por fantástico aparece ante nosotros como realidad; cuando un símbolo adquiere la plaza y la importancia de lo que había simbolizado; y así sucesivamente. A ello se debe también gran parte del carácter siniestro que presentan las prácticas de la magia. Lo que en ellas hay de infantil, lo que también domina la vida psíquica de los neuróticos, es la exageración de la realidad psíquica frente a la material; tendencia esta que se encuentra agregada a la omnipotencia de las ideas. Durante el bloqueo impuesto por la Guerra Mundial, llegó a mis manos un número de la revista inglesa *Strand*, en la cual, entre otras elucubraciones bastante superfluas, hallé la historia de una joven pareja que se instala en una vivienda amueblada donde se encuentra una mesa de forma extraña, con cocodrilos tallados en madera. Hacia el anochecer, se difunde por la habitación un hedor insoportable y característico, se tropieza en la obscuridad con alguna cosa; se cree ver algo indefinible que escapa por la escalera; en suma, debemos suponer que, a causa de la presencia de esta mesa, la casa está asolada por fantasmagóricos cocodrilos, o que en la obscuridad los monstruos de madera adquieren vida, o que sucede alguna cosa similar. El cuento era bastante tonto, pero el efecto siniestro había sido logrado magistralmente.

Para poner broche final a esta serie de ejemplos, aun harto incompleta, mencionaremos una observación que nos ha suministrado la labor psicoanalítica y que, si no reposa sobre una coincidencia fortuita, nos ofrecerá la más hermosa confirmación de nuestro concepto sobre lo siniestro. Sucede con frecuencia que hombres neuróticos declaran que los genitales femeninos son para ellos algo sumamente siniestro. Pero esta sensación de lo siniestro es el acceso a una vieja morada de la criatura humana, al lugar en el cual todos estuvimos alojados alguna vez en un principio. Se suele decir jocosamente *Liebe ist Heimweh* ("amor es nostalgia"), y cuando alguien sueña con una localidad o con un paisaje, pensando en el sueño: "esto lo conozco, aquí ya estuve alguna vez", entonces la interpretación onírica está autorizada a reemplazar ese lugar por los genitales o por el vientre de la madre. De modo que también en este caso lo *unheimlich* es lo que antiguamente fue *heimisch*, lo familiar desde mucho tiempo. El prefijo negativo *'un'* ('in-'), antepuesto a esta palabra, es, en cambio, el signo de la represión.

III

Al leer las páginas precedentes, seguramente se habrán despertado dudas en el lector, que ahora tendrán oportunidad de condensarse y de expresarse.

Puede ser verdad que lo *unheimlich* sea lo *heimlich-heimisch*, es decir, que lo "íntimo-hogareño" sufriera el destino de la represión y haya vuelto a surgir de ella; de modo que cuanto es siniestro cumpliría esta condición. Pero el enigma de lo siniestro no queda resuelto con esta fórmula. Evidentemente, nuestra proposición no puede ser invertida: no todo lo que alude a deseos reprimidos y a modos de pensar propios de la prehistoria infantil y rechazados es por ello siniestro.

Tampoco vamos a ocultar que a casi todos los ejemplos destinados a demostrar nuestra proposición pueden enfrentársele casos análogos que la contradicen. Así, por ejemplo, la mano cortada en el cuento de Hauff, *Die Geschichte von der abgehauenen Hand* (*Historia de la mano cortada*) produce por cierto una impresión siniestra, que hemos reducido al complejo de castración. Pero en la narración del *Tesoro de Rhampesenit*, de Heródoto, el genial ladrón que la princesa quiere asir de la mano le tiende la mano cortada de su hermano, y creo que otros juzgarán, como yo, que este rasgo no produce impresión siniestra alguna. La rápida realización de los deseos en *El anillo de Polícrates* nos provoca una impresión tan siniestra como al propio rey de Egipto. Sin embargo, en nuestros cuentos populares abundan las instantáneas realizaciones de deseos, y en ningún modo tenemos la impresión de lo siniestro. En el cuento de *Los tres deseos*, la mujer se deja seducir por la fragancia de una salchicha asada, manifestando que también ella desearía comer una. Al punto, ésta aparece en su plato. Lleno de cólera contra la indiscreta mujer, el hombre desea que la salchicha le cuelgue de la nariz. Hela aquí, colgada de su nariz. Todo esto es muy impresionante, pero de ningún modo siniestro. En general, el cuento se coloca abiertamente en el terreno del animismo, de la omnipotencia de las ideas y de los deseos, y, no obstante, no podría citar ningún verdadero cuento de hadas donde suceda algo siniestro. Hemos visto que esta impresión es producida, en grado sumo, cuando los objetos, imágenes o muñecas inanimadas adquieren vida, pero en los cuentos de Andersen viven la vajilla, los muebles el soldado de plomo, y nada puede estar más lejos de ser siniestro. Tampoco la animación de la bella estatua de *Pygmalion* podrá considerarse siniestra.

Hemos aprendido que la catalepsia y la resucitación de los muertos son presentaciones siniestras, pero, una vez más, tales cosas son muy frecuentes en los sueños. ¿Quién osaría decir que es siniestro ver cómo, por ejemplo, Blanca Nieves abre los ojos en su ataúd? También la resurrección de los muertos en las historias milagrosas, por ejemplo, en las del Nuevo Testamento, evoca sentimientos que nada tienen que ver con lo siniestro. El retorno inesperado de lo idéntico, que nos ha producido efectos tan manifiestamente siniestros, da origen, en una serie de casos, a reacciones muy distintas. Ya hemos narrado un ejemplo de esto, en el cual la repetición sirve para provocar un efecto cómico, y podríamos acumular múltiples casos similares. Otras veces, la repetición está destinada a reforzar, a subrayar algo, etc.; además: ¿de dónde procede el carácter siniestro del silencio, de la soledad, de la obscuridad? ¿Acaso estos factores no indican la intervención del peligro en la génesis de lo siniestro, aunque son las mismas condiciones en las cuales vemos que los niños manifiestan con mayor frecuencia el temor? ¿Y podremos negligenciar, realmente, el factor de la incertidumbre intelectual, después de haber admitido su importancia para el carácter siniestro de la muerte?

Henos aquí, pues, dispuestos a admitir que para provocar el sentimiento de lo siniestro es preciso que intervengan otras condiciones, además de las mencionadas materias. En rigor podría aceptarse que con lo dicho queda agotado el interés psicoanalítico en el problema; que lo restante probablemente requiera ser estudiado desde el punto de vista estético; pero con ello abriríamos la puerta a la duda respecto al valor de nuestro concepto, según el cual lo *unheimlich* se origina en lo *heimisch*, es decir, lo siniestro nace en lo familiar, que ha sido reprimido.

Una observación quizá pueda señalarnos el camino para resolver estas incertidumbres. Casi todos los ejemplos que contradicen nuestra hipótesis pertenecen al dominio de la ficción, de la poesía. Esto nos indicaría que debemos diferenciar lo siniestro que se encuentra en la vida, de lo siniestro que únicamente es imaginado o conocido por la lectura.

Lo siniestro vivenciado depende de condiciones mucho más simples, pero se da en casos menos numerosos. Yo creo que esta forma de lo siniestro acepta, casi sin excepción, nuestras tentativas de solución y puede, en cada caso, ser reducido a cosas antiguamente familiares y ahora reprimidas. Sin embargo, también aquí es preciso establecer una distinción importante y psicológicamente significativa, que podrá ser ilustrada mejor en ejemplos apropiados.

Tomemos lo siniestro que emana de la omnipotencia de las ideas, de la rápida realización de deseos, de las ocultas fuerzas nefastas o del retorno de los muertos. Es imposible confundir la condición que, en estos casos, hace surgir el sentimiento de lo siniestro. Nosotros mismos —es decir: nuestros antepasados primitivos— hemos tomado antiguamente estas tres eventualidades como realidades. Estábamos convencidos del carácter real de esos procesos. Ya no creemos en ello hoy día, hemos superado esas maneras de pensar; pero no nos sentimos muy seguros de nuestras nuevas concepciones, las antiguas creencias aún sobreviven en nosotros, al acecho de una confirmación. Por consiguiente, en cuanto sucede algo en esta vida que pueda suministrar una confirmación a aquellas viejas convicciones abandonadas, experimentamos la sensación de lo siniestro, y es como si dijéramos: "de modo que es posible matar a otro por la simple fuerza del deseo; es posible que los muertos sigan viviendo, y que reaparezcan en los lugares donde vivieron, y así sucesivamente". Quien, por el contrario, haya abandonado absoluta y definitivamente tales convicciones animistas no será capaz de experimentar esa forma de lo siniestro. La más extraordinaria coincidencia entre un deseo y su realización, la más enigmática repetición de hechos análogos en un mismo lugar o en idéntica fecha, las más engañosas percepciones visuales y los ruidos más sospechosos no lo confundirán, no despertarán en él un temor que podamos considerar como miedo a lo siniestro. De modo que aquí se trata, exclusivamente, de una prueba de realidad, de una cuestión de realidad material[93].

Muy otro es lo siniestro que emana de los complejos infantiles reprimidos, del complejo de castración, de las fantasías intrauterinas, etc. Desde luego, no pueden ser muy frecuentes las vivencias reales capaces de despertar este género de lo siniestro, ya que el sentimiento en cuestión, cuando se da en vivencias reales, suele ser de la categoría anterior. Pero, no obstante la rara aparición de uno de ambos casos, es muy importante, desde el punto de vista teórico, que distingamos los dos géneros con precisión. En lo siniestro debido a complejos infantiles la cuestión de la realidad material ni siquiera

[93] Dado que el carácter siniestro del "doble" también pertenece a este grupo, será interesante considerar el efecto que nos produce la propia imagen cuando se nos presenta inesperada e inopinadamente. E. Mach describe dos observaciones de esta clase en *Analyse der Empfindungen* (*Análisis de las sensaciones*), 1900, pág. 3. En una ocasión no fue pequeño su sobresalto al reconocer en la cara que veía el propio rostro; otra vez juzgó de modo muy poco favorable a un presunto extraño que montaba en el ómnibus en que se encontraba: "¡Pero qué maestrucho venido a menos es este que sube aquí!" Yo puedo narrar una aventura análoga: Una vez estaba sentado, solo, en un compartimiento del coche dormitorio, cuando, al abrirse la puerta del lavabo contiguo por una sacudida del tren, vi entrar a un señor de cierta edad, envuelto en su bata y cubierto con su gorra de viaje. Supuse que se habría equivocado de puerta al abandonar el lavabo que daba a dos compartimientos, de modo que me levanté para informarle de su error, pero me quedé atónito al reconocer que el invasor no era sino mi propia imagen reflejada en el espejo que llevaba la puerta de comunicación. Aún recuerdo que el personaje me había sido profundamente antipático. De modo que en lugar de asustarnos ante la aparición del doble, ambos —tanto Mach como yo— ni siquiera lo habíamos reconocido. Pero ¿no será el desagrado que causó su presentación un resto de aquella reacción arcaica, de acuerdo a la cual se percibe al "doble" como algo siniestro?

entra en consideración, apareciendo en su lugar la realidad psíquica. Trátase, en este caso, de la represión efectiva de un contenido psíquico y del retorno de lo reprimido, pero no de una simple abolición de la *creencia en la realidad de este contenido*. Podríamos decir que mientras en un caso ha sido reprimido cierto contenido de representaciones, en el segundo, en cambio, lo que ha sufrido este destino es la creencia en su realidad (material). Pero esta última formulación quizá implique un empleo del término "represión", que trasciende sus límites legítimos. Sería más correcto si, en lo que a este problema se refiere, tuviésemos en cuenta una sensible diferencia psicológica, calificando el estado que han adoptado las convicciones animistas del hombre civilizado como una *superación* más o menos completa. El resultado al cual nos condujo nuestro estudio podría entonces ser enunciado de la siguiente manera: nuestras vivencias adquieren carácter siniestro cuando los complejos infantiles *reprimidos* son reanimados por una impresión exterior, o bien cuando convicciones primitivas *superadas* parecen hallar una nueva confirmación. Por fin, nuestra predilección por las soluciones fáciles y por las exposiciones claras no ha de impedirnos reconocer que ambas formas de lo siniestro aquí discernidas no siempre se presentan netamente separadas en la realidad. Si se tiene en cuenta que las convicciones primitivas están íntimamente vinculadas a los complejos infantiles y que, en el fondo, se arraigan en ellos, no causará gran asombro ver cómo se confunden sus límites.

Lo siniestro en la ficción —en la fantasía, en la poesía— merece, en efecto, un examen separado. Ante todo, sus manifestaciones son mucho más multiformes que las de lo siniestro en las vivencias, abarca por completo todas estas, y luego mucho más que no se da en las circunstancias vivenciales. El contraste entre lo reprimido y lo superado no puede transportarse a lo siniestro de la poesía, salvo que se le someta a una profunda modificación, pues la vigencia del reino de la fantasía presupone que su contenido sea dispensado de la prueba de la realidad. La conclusión que se nos impone, y que parece paradójica, reza así: *muchas cosas que serían siniestras en la vida real no lo son en la poesía; además, la ficción dispone de muchos medios para provocar efectos siniestros que no existen en la vida.*

Entre las numerosas libertades de que goza el poeta también se cuenta la de poder elegir a su arbitrio el teatro de su evocación, de modo que, o bien coincida con nuestra realidad familiar, o se aleje en cualquier modo de ella. En todo caso, nosotros lo seguiremos. El mundo de los cuentos de hadas, por ejemplo, abandona desde el principio el terreno de la realidad y toma abiertamente el partido de las convicciones animistas. Realizaciones de deseos, fuerzas ocultas, omnipotencia de la ideas, animación de lo inanimado, efectos todos muy corrientes en los cuentos, no provocan en ellos una impresión siniestra, pues, para que nazca este sentimiento es preciso, como vimos, que el juicio se encuentre en duda respecto a si lo increíble superado no podría, a la postre, ser posible en la realidad; cuestión esta que, desde el principio, es eliminada por las convenciones que rigen el mundo de los cuentos. De tal manera, el cuento, fuente de la mayor parte de los ejemplos que contradicen nuestra teoría de lo siniestro, ilustra prácticamente el primero de los casos mencionados: en el dominio de la ficción no son siniestras muchas cosas que lo serían en la vida real. A este se agregan, en el cuento, otros factores que más adelante mencionaremos con brevedad.

El poeta también puede haberse creado un mundo que, si bien menos fantástico que el de los cuentos, se aparte, sin embargo, del mundo real, al admitir seres sobrenaturales, demonios o ánimas de difuntos. Todo el carácter siniestro que podrían tener estas apariciones desaparece entonces en la medida en que se extienden las convenciones de esta realidad poética. Las ánimas del infierno dantesco o los espectros de *Hamlet*, *Macbeth* y *Julio César*, de Shakespeare, pueden ser todo lo truculentos y lúgubres que se quiera, pero, en el fondo, son tan poco siniestros como, por ejemplo, el sereno mundo de los dioses homéricos. Adaptamos nuestro juicio a las condiciones de esta ficticia realidad del poeta, y consideramos a las almas, a los espíritus y fantasmas como si tuvieran, en aquella, una existencia no menos justificada que la nuestra en la realidad material. He aquí un nuevo caso en el cual se evita el sentimiento de lo siniestro.

Muy distinto es, en cambio, si el poeta aparenta situarse en el terreno de la realidad común. Adopta entonces todas las condiciones que en la vida real rigen la aparición de lo siniestro, y cuanto en las vivencias tenga este carácter, también lo tendrá en la ficción. Pero en este caso, el poeta puede exaltar y multiplicar lo siniestro mucho más allá de lo que es posible en la vida real, haciendo suceder lo que jamás o raramente acaecería en la realidad. En cierta manera, nos vende entonces a nuestra superstición, que habíamos tenido por superada; nos engaña al protegernos la realidad vulgar, para escapar luego de esta. Reaccionamos ante sus ficciones como lo habríamos hecho frente a nuestras propias vivencias; una vez que nos apercibimos de la mistificación, ya es demasiado tarde, pues el poeta ha logrado su objetivo, pero por mi parte afirmo que no ha obtenido un efecto puro. Nos queda un sentimiento de insatisfacción, una especie de rencor por el engaño intentado, sensación esta que experimenté con particular claridad después de haber leído el cuento de Schnitzler *Die Weissagung* (*La profecía*), y otras producciones del género que coquetean con lo milagroso. El literato dispone todavía de un recurso que le permite sustraerse a nuestra rebelión y mejorar al mismo tiempo las perspectivas de lograr sus propósitos. Este medio consiste en dejarnos en suspenso, durante largo tiempo, respecto a cuáles son las convenciones que rigen en el mundo por él adoptado; o bien, en esquivar hasta el fin, con arte y astucia, una explicación decisiva al respecto. Pero, en todo caso, se cumple aquí la circunstancia anotada de que la ficción crea nuevas posibilidades de lo siniestro, que no pueden existir en la vida real.

Estrictamente hablando, esta manifestación multiforme sólo se observa en aquella categoría de lo siniestro que procede de contenidos superados. Lo siniestro emanado de complejos reprimidos tiene mayor tenacidad y, prescindiendo de una única condición, conserva en la poesía todo el carácter siniestro que tenía en la vivencia real. La otra forma, la nacida de lo superado, en cambio, presenta este carácter tanto en la realidad como en aquella ficción que se ubica en el terreno de la realidad material, pero puede perderlo en las realidades ficticias, creadas por la imaginación del poeta.

Es evidente que las libertades del poeta y, en consecuencia, los privilegios de la ficción, no han sido agotados en las observaciones que anteceden. Frente a las vivencias reales solemos adoptar una posición uniformemente pasiva y nos encontramos sometidos a la influencia de los hechos. En cambio, respondemos en una forma particular a la dirección del poeta: mediante el estado emocional en que nos coloca, merced a las expectativas que despierta en nosotros, logra apartar nuestra capacidad afectiva de un tono pasional para llevarla a otro, y muchas veces sabe obtener con un mismo asunto muy distintos efectos. Todo esto es conocido desde hace tiempo y seguramente fue considerado detenidamente por los estéticos de profesión. Nosotros hemos sido llevados, casi sin quererlo, a este terreno de la investigación, cediendo al deseo de poner en claro la contradicción que frente a nuestra teoría de lo siniestro presentan ciertos ejemplos antes mencionados. Por eso volveremos ahora a algunos de estos.

Nos preguntábamos hace poco por qué la mano cercenada en *El tesoro de Rhampsenit* no produce la impresión de lo siniestro que despierta *La historia de la mano cortada*, de Hauff. Ahora que conocemos la mayor tenacidad de lo siniestro emanado de los complejos reprimidos, esta pregunta nos parece más plena de significación. La respuesta puede ser formulada sin dificultades: en la primera de estas narraciones no vibramos tanto con las emociones de la princesa, como con la astucia soberana del magistral ladrón. A la princesa seguramente no le habrá quedado evitada la sensación de lo siniestro y aun consideramos verosímil que haya caído desvanecida; pero por nuestra parte no sentimos nada siniestro, porque no nos colocamos en su plaza, sino en la del ladrón. Otras circunstancias son las que nos privan de la impresión siniestra en la farsa de Nestroy, *Der Zerrissene* (*El andrajoso*), cuando el fugitivo, que se tiene por asesino, cada vez que levanta un escotillón ve surgir el supuesto espectro de su víctima, exclamando desesperado: "¡Pero si yo no maté más que a uno! ¿A qué viene, entonces, esta atroz multiplicación?" Nosotros estamos enterados de las circunstancias anteriores a esta escena, y no podemos compartir el error del "andrajoso", de modo que cuanto para él es siniestro, sólo posee para nosotros una irresistible comicidad. Hasta una aparición "verdadera", como la del cuento de Oscar Wilde *El fantasma de Canterville*, pierde todos sus derechos a inspirar por lo menos terror cuando el poeta se permite la broma de ridiculizarlo y de burlarse de él. Tal es la independencia que en el mundo de la ficción puede haber entre el efecto emocional y el asunto elegido. En cuanto a los cuentos de hadas, los sentimientos angustiosos, es decir, los de lo siniestro, no tienen por qué ser despertados. Cosa que comprendemos perfectamente y que nos lleva a pasar por alto todas las ocasiones en que tal efecto sería quizá posible.

Nada tenemos que decir de la soledad, del silencio y de la obscuridad más que estos son realmente los factores con los cuales se vincula la angustia infantil, jamás desaparece del todo en la mayoría de los seres. La investigación psicoanalítica se ha ocupado en otra ocasión de este problema[94].

[94] N. del Traductor. —Entre otros trabajos, el autor seguramente se refiere a *Análisis de la fobia de un niño de cinco años (Caso «Juanito»)*, en el tomo XV de la presente edición, y al libro de Stekel, *Nervöse Angstzustände* (*Estados de angustia nerviosa*), prologado por Freud y provisto de un capítulo titulado *La neurosis de angustia de los niños.*

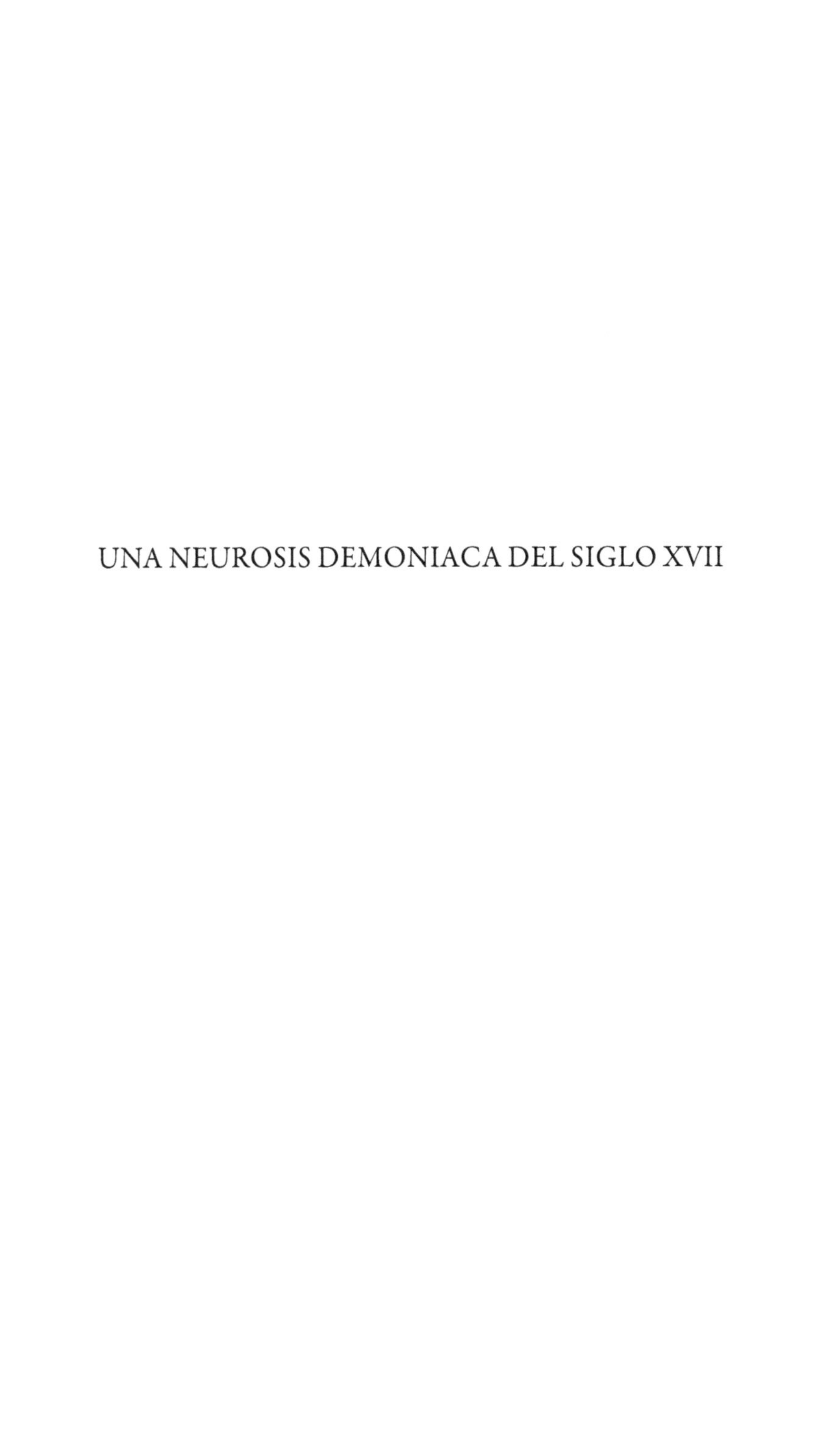

UNA NEUROSIS DEMONIACA DEL SIGLO XVII

Este trabajo apareció por vez primera en la revista *Imago* (tomo IX, 1923), en número especial dedicado a la psicología de las religiones. El año siguiente fue editado como folleto por el Internationaler Psychoanalytischer Verlag. Se halla también en las siguientes recopilaciones:

Gesammelte Schriften (Obras Completas, edición vienesa), tomo X, Internationaler Psychoanalytischer Verlag, Wien, 1924.

Gesamte Ausgabe (Obras Completas, edición londinense), tomo XIII, Imago Publishing Co., London, en publicación.

Fue traducido al inglés (E. Jones): *Collected Papers*, tomo IV, Institute of Psychoanalysis and The Hogarth Press, London, 1925.

Al francés (E. Marty y M. Bonaparte): *Essais de Psychoanalyse Apliquée*, Gallimard, París, 1933.

Al estudiar las neurosis de la infancia hemos observado que en ellas se descubre sin esfuerzo, a simple vista, muchas cosas que en épocas posteriores sólo podrían ser reveladas mediante una investigación minuciosa. Nos encontraremos con una situación análoga al abordar las enfermedades neuróticas de los siglos pasados, siempre que estemos dispuestos a reconocerlas bajo rótulos distintos de los que individualizan a nuestras neurosis presentes. No nos asombremos al comprobar que estas neurosis de tiempos pretéritos aparecen vestidas con un ropaje demonológico, mientras que las de nuestra época, tan poco psicológica, adoptan, disfrazadas como enfermedades orgánicas, un aspecto hipocondríaco. Como se sabe, varios autores, con Charcot a la cabeza, diagnosticaron las manifestaciones de la histeria en las imágenes de los estados de posesión demoníaca y de éxtasis que el arte nos ha legado; seguramente no habría sido difícil hallar en las historias de estos enfermos el contenido de su neurosis, si se les hubiese prestado en su época mayor atención.

La teoría demonológica de aquellos tiempos tenebrosos ha demostrado tener razón frente a todas las concepciones somáticas elaboradas en el período de la ciencia "exacta". Los estados de posesión corresponden a nuestras neurosis, para cuya explicación hemos vuelto a recurrir a las fuerzas psíquicas. Para nosotros los demonios son los deseos condenados, ofensivos; los productos de impulsos rechazados y reprimidos. Lo único que negamos es la proyección al mundo exterior a que la Edad Media sometió estos entes anímicos; nosotros los hacemos nacer en la vida interior de los enfermos que los presentan.

I
La historia del pintor Cristóbal Haitzmann

La feliz circunstancia de haber llegado a conocer una de estas neurosis demoníacas del siglo XVII se la debo al amable interés del Dr. R. Payer-Thurn, director de la antigua Imperial y Real Biblioteca de los Fideicomisarios, de Viena. Payer-Thurn había descubierto en la biblioteca un manuscrito procedente del santuario de Mariazell, en el cual se narraba detalladamente la milagrosa redención de un pacto con el Diablo, lograda por la gracia de la Virgen María. El interés del afortunado descubridor fue despertado por la vinculación que este tema presentaba con la leyenda de Fausto, la cual le indujo a elaborar un estudio y a exponerlo detenidamente. Pero al descubrir que la persona, cuya salvación se cuenta, había sufrido crisis convulsivas y visiones, se dirigió a mí en busca de una opinión médica sobre el caso. Hemos convenido en publicar independiente y separadamente nuestros trabajos. Le expreso aquí mi agradecimiento por su sugerencia para emprender esta labor, así como por la múltiple ayuda prestada al estudiar el manuscrito.

Esta historia de una neurosis demonológica nos ofrece, en efecto, un precioso material que, sin necesidad de recurrir a una interpretación profunda, se ofrece claramente a nuestra observación como muchos filones que suministran en metal virgen lo que en otras partes sólo puede ser logrado mediante una laboriosa fundición del mineral.

El manuscrito, que tengo ante mí en copia fiel, se divide en dos partes fundamentalmente distintas: un relato, redactado en latín por el escribiente o compilador monacal, y un fragmento del diario íntimo del enfermo, escrito en alemán. La primera parte contiene el prolegómeno y el relato de la curación milagrosa propiamente dicha; la segunda no pudo tener importancia para los clérigos, pero, en cambio, es tanto más valiosa para nosotros. Contribuye en gran medida a afianzar nuestro aún vacilante juicio sobre este caso, y debemos nuestro agradecimiento a los religiosos que conservaron este documento, pese a que en nada podría servir a sus designios, siendo más bien un tanto adverso a los mismos.

Pero antes de entrar en el estudio detallado del pequeño opúsculo manuscrito que lleva el título *Trophaeum Mariano-Cellense*, he de reseñar una parte de su contenido, que extraigo del prólogo.

El 5 de septiembre de 1677, el pintor bávaro Cristóbal Haitzmann fue conducido al cercano villorio de Mariazell, provisto de una carta de presentación de puño y letra del cura de Pottenbrunn (Baja Austria)[95]. Decía su patrocinador que había residido varios meses en Pottenbrunn, ejerciendo su arte y, hallándose el 29 de agosto en la iglesia, fue acometido por terribles convulsiones que, al repetirse en días sucesivos, indujeron al *praefectus Domini Pottenbrunnensis* a examinarlo para averiguar que le atormentaba, y si, por ventura, no habría incurrido en tráfico ilícito con el Maligno[96]. Ante esta inquisición confesó que, en efecto, nueve años antes, en un trance de desaliento respecto a su arte y de incertidumbre en cuanto a su propia subsistencia, había cedido a las solicitaciones del Diablo, que le tentara nueve veces, y había prometido por escrito pertenecerle en cuerpo y alma una vez expirado este plazo. La

[95] En parte alguna se indica la edad del pintor. La relación entre los diversos datos permite suponer que se trataba de un hombre de 30 a 40 años, quizá más próximo a la primera de estas edades. Como veremos, murió en el año 1700.

[96] Sólo queremos mencionar aquí, de pasada, la posibilidad de que esta inquisición haya sugerido al desgraciado la fantasía de su pacto con el Diablo.

fecha fatal estaría próxima, coincidiendo con el día 24 del mes corriente[97]. El infeliz habría manifestado su arrepentimiento y estaría convencido de que sólo la gracia de la Madre de Dios, de la Virgen de Mariazell, podría salvarle, obligando a Satanás a devolverle el pacto que había escrito con su propia sangre. Visto lo cual, el párroco se permitía recomendar a la benevolencia de los señores de Mariazell *miserum hunc hominem omni auxilio destitutum.*

Hasta aquí lo que escribe Leopoldo Braun, cura de Pottenbrunn, el 1 de septiembre de 1677.

Proseguiré ahora el análisis del manuscrito. Este se compone de tres partes:

1. —Una portada, en color, que representa las escenas del compromiso y de la redención en la capilla de Mariazell. En la hoja siguiente se encuentran ocho dibujos, también a color, que muestran las apariciones ulteriores del Diablo, con breves notas en lengua alemana. Estas láminas no son originales, sino copias —copias fieles, según se nos asegura solemnemente— de las pinturas ejecutadas por Cristóbal Haitzmann.

2. —El *Trophaeum Mariano-Cellense* propiamente dicho (en latín), obra de un compilador religioso que al final firma con las letras P. A. E., agregándoles cuatro versos que narran su biografía. La conclusión contiene un testimonio del abad Kilian de San Lamberto, fechado el 12 de septiembre de 1729, que, en letra distinta a la del compilador, da fe de la perfecta concordancia del manuscrito y de las imágenes con los originales conservados en el archivo. No se indica el año en que fue redactado el *Trophaeum*. Queda librado a nuestro arbitrio admitir que fue el mismo año en que el abad Kilian extendió

[97] *...quorum et finis 24 mensis hujus futurus appropinquat.*

su partida, es decir, en 1729; por consiguiente, como la fecha más antigua que menciona el texto es el año 1714, podremos ubicar la labor del compilador en una época cualquiera comprendida entre 1714 y 1729. El milagro que este manuscrito estaba destinado a preservar del olvido sucedió en 1677, es decir, entre 37 y 52 años antes.

3. —El diario íntimo del pintor, redactado en alemán, que abarca desde el momento de su salvación en la capilla hasta el 13 de enero del año siguiente (1678). Se encuentra intercalado en el texto del *Trophaeum* poco antes de su término.

Dos escritos forman el núcleo del *Trophaeum* propiamente dicho: la ya mencionada carta de introducción de Leopoldo Braun, cura de Pottenbrunn, fechada el 1 de septiembre de 1677, y el relato del abad Francisco de Mariazell y San Lamberto, que da cuenta de la curación milagrosa, estando fechado el 12 de septiembre de 1677, es decir, sólo pocos días más tarde que la carta. El redactor o compilador P. A. E. agregó una introducción que, en cierta manera, vincula ambos documentos; además, añadió algunos párrafos poco importantes que relacionan las diversas partes. Finalmente, redactada de su mano, aparece una nota sobre la suerte ulterior del pintor, según informaciones recogidas en 1714[98].

De modo que los antecedentes del pintor son narrados tres veces en el *Trophaeum*:

1. —En la carta de presentación del cura de Pattenbrunn.
2. —En el solemne relato del abad Francisco.
3. —En la introducción del redactor.

Comparando estas tres fuentes, aparecen ciertas incongruencias que será importante perseguir.

[98] Esta circunstancia indicaría que el año 1714 también fue la fecha en que se redactó el *Trophaeum*.

Puedo continuar ahora con la historia del pintor. Después de haberse dedicado en Mariazell a prolongada oración y penitencia, el 8 de septiembre, día de la Natividad de María, hacia la hora de medianoche, logró que el Diablo, aparecido en la santa capilla bajo la forma de un dragón alado, le restituyera el pacto escrito con su sangre. Hallaremos más tarde, para gran sorpresa nuestra, que en la historia del pintor Cristóbal Haitzmann aparecen dos pactos con el Diablo: uno, el primero, escrito con tinta negra; otro, el segundo, redactado con sangre. En la escena de la conjuración que se describe, como también lo muestra la imagen de la portada, se trata del pacto escrito con sangre, es decir, del segundo.

Podríamos plantear, llegados a este punto, una duda respecto a la fe que merecen los religiosos informantes, lo cual nos induciría a no prodigar nuestros esfuerzos en un producto de la superstición monacal. Se cuenta que varios eclesiásticos, expresamente nombrados, asistieron al exorcizado durante todo el tiempo que duró la ceremonia, de modo que debían hallarse presentes cuando el Diablo apareció en la capilla. Si se pretendiera que también ellos vieron al dragón alado cuando tendía al pintor la cédula escrita en rojo (*Schedam sibi porrigentem conspexisset*), entonces tendríamos que recurrir a diversas hipótesis harto desagradables, entre las que las más leve sería la de una alucinación colectiva. Sin embargo, el texto de la partida redactada por el abad Francisco disipa esta sospecha. De ningún modo sostiene este que también los sacerdotes hubiesen visto al Diablo, afirmando, en cambio, franca y simplemente, que el pintor habría escapado de pronto a las manos de los religiosos que lo sostenían, precipitándose al rincón de la capilla donde vio la aparición, y volviendo luego con el billete en la mano[99].

[99] *...ipsumque Daemonem ad Aram Sac. Cellae per fenestrellam in cornu Epistolae Schedam sibi porrigentem conspexisset eo advolans e Religiosorum manibus, qui eum tenebant, ipsam Schedam ad manum obtinuit...*

El milagro era magno, e indudable el triunfo de la Santísima Virgen sobre Satanás; pero, desgraciadamente, la curación no duró mucho. Es menester señalar una vez más, para honor de los religiosos, que estos no pasaron en silencio esta circunstancia. El pintor dejó Mariazell al poco tiempo, en muy buen estado de salud, y se dirigió a Viena, donde se alojó con una hermana casada. Fue allí que, el 11 de octubre, aparecieron nuevamente las crisis, en parte muy graves, de las que el diario da cuenta hasta el 13 de enero. Tratábase de visiones, de estados de ausencia, en los cuales el enfermo veía y experimentaba las cosas más diversas; de crisis convulsivas acompañadas de las sensaciones más dolorosas y, en una ocasión, de una parálisis de las piernas, además de otros fenómenos similares. Pero en estas ocasiones ya no le atormentaba el Diablo, sino que se le aparecían personajes santos, Cristo, la misma Virgen María. Es extraño que bajo estas apariciones santas y por los castigos que le imponían no sufriera menos que antes, cuando se hallaba poseído por el demonio. En su diario también consigna estas nuevas vivencias como apariciones del Diablo, y al volver a Mariazell en mayo de 1678, se quejó de las *maligni spiritus manifestationes*.

Como motivo de su regreso invocó ante los religiosos el hecho de que aún tenía que reclamar al Diablo otro pacto más antiguo, escrito con tinta[100]. Una vez más, el auxilio de la Santísima Virgen y de los piadosos padres logró que se cumpliera su súplica. Pero esta vez el relato guarda silencio respecto a la ceremonia, mencionándola únicamente con las breves palabras: *qua iuxta votum reddita*. El pintor se dedicó de nuevo a la oración y obtuvo la devolución del contrato. Se sintió

[100] Este, concertado en septiembre de 1668, hacía mucho que había fenecido en mayor de 1678, es decir, nueve años y medio más tarde.

entonces completamente redimido y profesó en la Orden de los frailes de la Merced.

He aquí una nueva ocasión para reconocer que el evidente carácter tendencioso de su labor no pudo inducir al compilador a apartarse de la veracidad que se debe exigir de un historial clínico, pues no nos oculta las informaciones suministradas por el superior del convento de la Orden de la Merced en 1714, muerto ya el pintor. El padre reverendo provincial informa que el hermano Crisóstomo había estado en repetidas ocasiones poseso del Demonio, que pretendía seducirlo a un nuevo pacto, pero que esto únicamente ocurrió "cuando había bebido del vino en demasía"; mas siempre la gracia de Dios le había permitido rechazar las tentaciones. El hermano Crisóstomo habría muerto de la fiebre héctica, "dulcemente y consolado", en el año 1700, en el convento que la Orden poseía en Neustatt, junto a Moldava.

II
El motivo del pacto con el Diablo

Si consideramos la narración de este pacto con el Diablo como el historial clínico de una neurosis, nuestro interés se dirigirá ante todo hacia el problema de sus móviles que, desde luego, deben estar íntimamente vinculados con las causas de la enfermedad. ¿Por qué se entrega uno al Diablo? Es verdad que el doctor Fausto pregunta despectivamente: "¿Qué puedes darme tú, pobre diablo que eres?"; pero seguramente no tiene razón. El Diablo tiene bastante que ofrecer como precio para el alma inmortal, cosas todas que los hombres estiman muy alto: fortuna, seguridad en los peligros, poderío sobre otros hombres y sobre las fuerzas de la naturaleza, aún artes mágicas; pero, ante todo, placer; placer junto a bellas mujeres. Estos premios u obligaciones del Diablo también suelen ser expresamente mencionados en el pacto que con él se concierta[101]. ¿Cuál puede haber sido pues, para Cristóbal Haitzmann, el motivo de su pacto?

Por extraño que parezca, no se trata de ninguno de estos deseos tan naturales. Para alejar toda duda, basta con examinar las breves notas que el pintor agrega a sus representaciones de la aparición satánica. Así, por ejemplo, la nota sobre la tercera aparición reza así:

"Es la tercera vez que se me apareció, en el curso de un año y medio, bajo este horrible aspecto, con un libro en la mano, en el cual no se hablaba más que de encantamiento y magia negra..."

---

[101] Véase: *Fausto*, Primera Parte; escena en el cuarto de trabajo: "Quiero aquí ponerme a tu servicio, no descansar ni reposar ante tus órdenes: cuando allí nos volvamos a encontrar, tú harás otro tanto por mí".

Pero la nota que acompaña una aparición posterior nos dice que el Diablo reprochó violentamente al pintor porque había "quemado el libro que le prometiera", y amenazó con aniquilarlo si no lo procuraba.

En la cuarta aparición le muestra una voluminosa bolsa amarilla y una moneda, un gran ducado, prometiendo darle siempre cuantos deseare; "pero de ningún modo acepté todo eso", protesta el pintor.

En otra ocasión le exige que se divierta, que busque distracción, a lo cual el pintor observa: "lo que, en efecto, acaeció a su demanda; pero jamás continué en ello más de tres días, e inmediatamente volví a abstenerme".

Dado que de este modo rechaza la magia, el dinero y el placer cuando el Diablo se los ofrece y, mucho menos los estipula en el pacto, es imprescindible preguntarnos qué pretendía, en suma, el pintor, cuando se entregó al Diablo. Debe haber tenido una razón cualquiera para incurrir en esta relación satánica.

El *Trophaeum* también nos informa al respecto sin dejar lugar a dudas. Caído en profunda melancolía, el pintor no pudo o no quiso trabajar con ánimo y tenía preocupaciones respecto a sus subsistencias, es decir, se encontraba en un estado de depresión melancólica con inhibición de la capacidad de trabajo y un temor justificado en cuanto a su manutención. Por lo tanto, se trata aquí realmente de un historial clínico que hasta nos refiere los motivos de esta enfermedad denominada por el propio pintor, en sus notas agregadas a las imágenes diabólicas, como "melancolía". ("Y había de divertirme en tal manera, y ahuyentar la melancolía"). Aunque la primera de nuestras tres fuentes, la carta de presentación del cura, no menciona sino el estado depresivo (*dum artis suae progressum emolumentumque secturum pusillaminis perpenderet*); la segunda, el relato del abad Francisco, en cambio, puede informarnos también sobre el origen de este descorazonamiento o depresión, pues dice:

accepta aligna pusillanimitate ex norte parentis, y en términos idénticos, aunque trocados, se expresa el prólogo del compilador: *ex norte parentis accepta aligna pusillanimitate*. De modo que, había muerto su padre y, en consecuencia, él se había vuelto melancólico; luego, el Diablo había acudido preguntándole por qué se encontraba tan consternado y abatido, prometiendo "ayudarle en toda forma y auxiliarle"[102].

He aquí, pues, alguien que se vende al Diablo para librar su alma del abatimiento. Por cierto, un motivo excelente a juicio de cualquiera que logre colocarse en lugar de quien sufre el tormento de semejante estado, y que, además, sepa cuán poca ayuda puede prestar la ciencia médica frente a estos males. Sin embargo, nadie que haya seguido hasta aquí esta reseña podrá adivinar en qué términos estaba redactado el pacto con el Diablo, o, más precisamente, ambos pactos: el primero, escrito en tinta, y el segundo, redactado un año más tarde, con sangre; ambos, según se dice, conservados en el tesoro de Mariazell y reproducidos en el *Trophaeum*.

Estos pactos nos ofrecen dos grandes sorpresas. Ante todo, no estipulan ninguna obligación del Diablo en precio de la empeñada bienaventuranza eterna, sino sólo las exigencias de este, que el pintor debe satisfacer. Nos parece completamente ilógico y absurdo que este hombre ponga en juego su alma, no en precio de algo que el Diablo habría de darle, sino de una obligación que debe cumplir ante Satanás. Pero aún más extraña es esta obligación a que se compromete el pintor.

El primer pacto, escrito en tinta negra, reza:

"Yo, Cristóbal Haitzmann, firmó aquí y me entrego a este Señor, como su hijo carnal, por nueve años. Año 1669".

[102] La imagen correspondiente y su leyenda se encuentran en la portada, representando al Diablo como un "honorable burgués".

El segundo, escrito con sangre:

"Año 1669. Cristóbal Haitzamnn. Me comprometo aquí, con mi letra, ante Satanás, a ser su hijo carnal y a pertenecerle en cuerpo y alma al cabo de nueve años".

Pero nuestro asombro desaparece en cuanto disponemos el texto del pacto de manera tal que cuanto aparece como exigencia del Diablo, represente más bien una promesa de su parte, es decir, una pretensión del pintor. Este pacto enigmático tomaría entonces un sentido directo que podría interpretarse así: el Diablo se compromete ante el pintor a reemplazar durante nueve años a su difunto padre. Pasado este tiempo, el pintor caerá en cuerpo y alma en su poder, de acuerdo a la fórmula acostumbrada en este género de tratos. Las ideas del pintor que motivaron su pacto parecen haber seguido el siguiente curso: a causa de la muerte del padre, perdió todo ánimo y capacidad de trabajo; por consiguiente, si encontrase un sustituto de este padre, espera recuperar lo perdido.

Quien ante la muerte de su padre cayó en la melancolía, seguramente debe haberlo amado; pero entonces, resulta muy extraño que a este hombre se le ocurra elegir al Diablo como sustituto del amado padre.

III
El Diablo como sustituto del padre

Temo que una crítica serena no nos concederá el mérito de haber revelado el sentido del pacto con el Diablo mediante la inversión a que lo hemos sometido. Podría enfrentársenos dos objeciones: ante todo, la de que no sería imprescindible considerar el pacto como un contrato que debe estipular las obligaciones de ambas partes. Más bien, contendría tan sólo el compromiso del pintor, mientras que el del Diablo habría quedado excluido de su texto, como si, por así decirlo, estuviera sobreentendido. Ahora bien: el pintor se compromete a dos cosas: ante todo, a considerarse durante nueve años hijo carnal del Diablo y, además, a pertenecerle enteramente después de su muerte. Con ello quedaría eliminado uno de sus fundamentos de nuestra deducción.

La segunda objeción alegará que no sería justificado dar excesivo peso a la expresión "ser el hijo carnal del Diablo"; que esta podría no ser más que una locución corriente, susceptible de ser interpretada tal como lo hicieron los clérigos. En efecto, estos no tradujeron a su latín la filiación prometida en el pacto, limitándose a declarar que el pintor se habría entregado (*mancipavit*) a Satanás, dedicándose a una vida pecaminosa y renegando de Dios y de la Santísima Trinidad. ¿Por qué habríamos de esquivar esta concepción tan evidente y que nada tiene de forzado?[103]. Las cosas serían, entonces,

[103] En efecto, advertiremos más adelante, cuando consideremos en qué momento y para quién fueron redactados estos pactos, que su texto había de ser simple y comprensible para todo el mundo. Por ahora, nos basta con que conserven una ambigüedad que puede servir de punto de partida a nuestra interpretación.

muy simples: un melancólico sumido en el tormento y en la confusión, propios de este estado depresivo, se entrega al Diablo, a quien atribuye las mayores virtudes curativas. En cuanto a la circunstancia de que este estado apareció a consecuencia de la muerte del padre no habría de ocupar nuestra atención, pues con la misma facilidad podría haberse tratado de cualquier otro motivo. He aquí una conclusión que parece sólida y razonable. Una vez más, se puede reprochar al psicoanálisis que complica las condiciones más simples con sus argucias y con su tendencia a ver misterios y problemas donde no existen, resultado que obtiene mediante la desmedida acentuación de pequeños elementos accesorios que podrían hallarse en todas partes, a los que convierte en fundamentos de las deducciones más amplias y más extrañas. En vano haríamos valer que, al rechazar así la interpretación analítica, se suprime muchas analogías notables, se destruye muchos vínculos delicados que podríamos revelar en este caso. Nuestros contradictores dirán, simplemente, que estas analogías y vinculaciones no existen y, que nosotros, con superflua ingeniosidad, las hemos aplicado a nuestro ejemplo.

Pues bien: no iniciaré mi respuesta a estas objeciones invitando a la sinceridad o a la franqueza, pues estas virtudes deben poder ser ejercitadas sin propósito deliberado. En cambio, manifestaré escuetamente mi convicción de que si alguien no cree ya, de antemano, en la justificación de las ideas psicoanalíticas, no será el caso del pintor Cristóbal Haitzmann, del siglo XVII, el que haya de convencerle. Por otra parte, de ningún modo me propongo servirme de este caso como de una prueba favorable a la validez del psicoanálisis; más bien doy por sentada la vigencia de este y me sirvo de él para elucidar la enfermedad demonológica del pintor. El derecho para adoptar esta actitud lo derivo del éxito que hemos tenido en nuestras investigaciones sobre la naturaleza de las neurosis en general. Podemos afirmar, con toda modestia, que hoy hasta los más obtusos de nuestros contemporáneos y de nuestros colegas comienzan a reconocer que, sin la ayuda del psicoanálisis, no sería posible llegar a un entendimiento de los estados neuróticos.

"Sólo estas flechas conquistarán a Troya, sólo ellas", confiesa Ulises en *Filoctetes*, de Sófocles.

Si es acertado considerar el pacto de nuestro pintor con el Diablo como una fantasía neurótica, entonces no es menester que nos disculpemos por haberlo abordado psicoanalíticamente. También los indicios minúsculos tienen su valor y sentido, particularmente cuando se encuentran entre las condiciones en que aparece una neurosis. Desde luego, se puede pecar por exceso o por modestia al apreciarlos, y queda librada a la discreción de cada uno la medida en que se está dispuesto a concederles valor. Pero si alguien no cree en el psicoanálisis ni tampoco en el Diablo, no podemos menos que dejar a su criterio el decidir qué podrá hacer con el caso del pintor, sea que logre explicarlo por sus propios medios, sea que en él nada encuentre que explicar.

Volvamos, pues, a nuestra hipótesis de que el Diablo, al cual se vende nuestro pintor, es para él un sustituto directo del padre. Con ella coincide la forma bajo la cual el Diablo se le presenta por primera vez: como honorable burgués de cierta edad, de barba oscura, capa roja, sombrero negro, la diestra apoyada en un bastón y llevando un perro negro a su lado[104]. Más tarde, su aparición se torna cada vez más horrible, casi podría decirse más mitológica; está provista de cuernos, garras de águila y alas de murciélago. Finalmente, aparece en la capilla bajo la forma de un dragón alado. Más adelante habremos de volver sobre cierto detalle de su conformación corporal.

---

[104] En *Fausto*, de Goethe, un perro negro semejante se convierte en el Diablo.

Parece en verdad extraño que se elija al Diablo como sustituto de un padre amado, pero sólo tendrá esta impresión quien se entere por primera vez de semejante selección. Por nuestra parte, conocemos una serie de hechos que vienen a atenuar nuestra sorpresa. Ante todo, sabemos que Dios es un sustituto del padre, o más bien: un padre exaltado; y, aún más exactamente, una copia del padre, tal como se le vio y se le vivenció en la infancia (el individuo, en su propia infancia; el género humano, en su prehistoria, en calidad de padre de la horda primitiva). Más tarde, el individuo llegó a considerar a su padre de otro modo; le vio en cierta manera aminorado, pero su primera imagen infantil se conservó y se fundió con los vestigios mnémicos del padre primitivo, formando la representación individual del Dios. Gracias a la historia íntima del individuo, tal como la revela el psicoanálisis, también sabemos que la relación con este padre fue, quizá desde el principio, ambivalente, o, en todo caso, llegó a serlo muy pronto, de modo que comprendía dos corrientes emocionales contrarias: no sólo un sentimiento de tierna sumisión, sino también uno de hostilidad y desafío. De acuerdo a nuestra concepción, la misma ambivalencia domina la relación entre la especie humana y su divinidad. Gracias a este interminable conflicto entre la nostalgia del padre, por un lado, y la angustia y el desafío filiales, por el otro, hemos podido explicarnos importantes características y destinos decisivos de las religiones[105].

En cuanto al demonio maligno, sabemos que se le considera como antagonista de Dios, aunque está muy próximo a su naturaleza divina. En todo caso, su historia no ha sido escrutada tan profundamente como la de Dios; no todas las

---

[105] Véase: *Tótem y tabú* (tomo VIII) y, para mayores detalles Theodor Reik, *Probleme der Religionspsychologie* (*Problemas de la psicología de las religiones*), tomo I, 1919.

religiones han adoptado al espíritu malvado, al enemigo de Dios; su prototipo en la vida individual queda, al principio, en la sombra. Pero lo cierto es que los dioses pueden convertirse en demonios malignos en cuanto nuevos dioses los desplazan. Cuando un pueblo es derrotado por otro, suele suceder que los dioses caídos de los vencidos se transformen en demonios del vencedor. El malvado demonio de la fe cristiana, el Diablo de la Edad Media, era, según la mitología cristiana, un ángel pecaminoso, pero con la misma esencia que Dios. No es preciso apelar a mucha agudeza analítica para comprender que, en su origen, Dios y el Diablo eran idénticos, una personalidad única que más tarde se dividió en dos figuras dotadas de cualidades opuestas[106]. En los tiempos ancestrales de las religiones, el mismo Dios aún tenía todos los rasgos pavorosos que más tarde fueron reunidos en su contrincante.

He aquí un proceso psíquico que conocemos perfectamente: el del desdoblamiento de una representación con contenido antagónico y ambivalente en dos ideas contrarias, violentamente antitéticas. Pero estas contradicciones en la naturaleza primitiva de Dios son un reflejo de la ambivalencia que domina la relación del individuo con su padre personal. Si el Dios bondadoso y justiciero es un sustituto paterno, no hemos de asombrarnos porque también la actitud opuesta —la de odio, de temor y de recriminación— se haya manifestado en la creación de Satanás. El padre sería, en consecuencia, el primitivo modelo individual, tanto de Dios, como del Diablo. Pero entonces las religiones estarían dominadas por la inagotable repercusión del hecho de que el padre ancestral era un ser de una maldad sin límites, menos parecido a Dios que al Diablo.

[106] Véase: Theodor Reik, *Der eigene und der fremde Gott* (*El dios propio y el ajeno*), Imago-Bücher, III, 1923; capítulo: "Dios y el Diablo".

Por cierto, no es tan fácil descubrir en la vida psíquica del individuo la huella de la concepción satánica del padre. Cuando el varón dibuja monigotes y caricaturas, tal vez se logre demostrar que con ellos se burla del padre, y cuando tanto varones como niñas temen de noche a ladrones y bandidos, no es difícil reconocer en estos a derivados del padre[107]. También los animales que aparecen en las zoofobias de los niños son, la mayoría de las veces, sustitutos del padre, como lo fue en tiempos primitivos el animal totémico. Pero es raro comprobar de manera tan clara, como en nuestro pintor neurótico del siglo XVII, que el Diablo es una copia del padre y puede presentarse como un sustituto. Es por ello que, al comenzar este trabajo, expresé la esperanza de que esta historia clínica demonológica podría ofrecernos, como metal virgen, lo que sólo una penosa labor psicoanalítica logra extraer del mineral bruto que forman las asociaciones y los síntomas de las neurosis de una época posterior, que ha dejado de ser supersticiosa, pero, en cambio, se ha tornado hipocondríaca[108].

Nuestra convicción se afianzará probablemente cuando profundicemos el análisis de la enfermedad que presenta nuestro pintor. Nada hay de extraordinario en el hecho de que, a

---

[107] El padre lobo también aparece como ladrón en el conocido cuento de los siete cabritos.

[108] El hecho de que en nuestros análisis logremos tan raramente hallar al Diablo como sustituto del padre, quizá sea un índice de que esta figura de la mitología medieval ha dejado de jugar un papel en nuestros contemporáneos que se someten al psicoanálisis. Para el cristiano religioso de siglos pasados, la creencia en el Diablo no era menos imperiosa que la fe de Dios. En realidad, necesitaba del Diablo para poder mantener su comunión con Dios. Debido a diversas causas, la disminución de la fe religiosa afectó antes y en mayor grado a la persona del Diablo.

Si uno se resuelve a aplicar la idea del Diablo como sustituto del padre a la historia de la cultura, también los procesos de brujas de la Edad Media adquieren una nueva luz.

consecuencia de la muerte del padre, un hombre caiga en un estado de depresión y en una inhibición del trabajo. Deducimos de ello que sentía por este padre un amor particularmente intenso, y recordamos cuán frecuentemente una melancolía grave aparece como forma neurótica del duelo.

Seguramente tenemos razón con esto, pero incurrimos en error si deducimos que esta relación haya sido puramente amorosa. Por el contrario, un duelo por la pérdida del padre se transformará tanto más fácilmente en melancolía, cuanto más hayan sido dominadas por la ambivalencia las relaciones con aquel. Pero al destacar esta ambivalencia nos disponemos a comprender el menosprecio del padre que aparece en la neurosis demoníaca del pintor. Si nos fuese posible averiguar de Cristóbal Haitzmann todo lo que inquirimos en un paciente que se somete al análisis, podríamos revelar fácilmente esta ambivalencia, hacer recordar al enfermo cuándo y en qué ocasiones tuvo motivo para temer y odiar a su padre, pero, sobre todo, podríamos descubrir los factores accidentales que se han sumado a los motivos típicos del odio contra el padre, motivos que se desprenden inevitablemente de la relación natural entre padres e hijos. Quizá hallásemos entonces una explicación especial de la inhibición del trabajo. Es posible que el padre se haya opuesto al deseo del hijo de dedicarse a la pintura; la incapacidad de este para ejercer su arte después de la muerte de su padre sería entonces, por un lado, una manifestación de la conocida "obediencia ulterior"; por el otro, al quitar al hijo la capacidad para proveer a su subsistencia, habría aumentado su nostalgia de un padre considerado como protección contra las preocupaciones de la vida. En tanto que obediencia ulterior, esta inhibición sería también un producto del remordimiento y un autocastigo logrado.

Ya que no podemos emprender semejante análisis de Cristóbal Haitzmann, muerto en 1700, habremos de limitarnos a poner en evidencia aquellas particularidades de su historia clínica que podrían indicarnos los motivos típicos de una actitud negativa frente al padre. Tan sólo son pocas; no muy notables, pero harto interesantes.

Ante todo, la función del número nueve. El pacto con Satanás es concertado por nueve años. El relato —por cierto, fidedigno— del cura de Pottenbrunn se expresa al respecto con toda claridad: *pro novem annis Syngraphen scriptan tradidit*. Esta carta de introducción, fechada el 1 de septiembre de 1677, también nos informa que el plazo había de vencer a los pocos días: *quorum et finis 24 mensis hujus faturus appropinquat*. El pacto habría sido firmado entonces el 24 de septiembre de 1668[109]. Pero en esta reseña el número nueve aparece aún en otra aplicación. *Nonies* —nueve veces— pretende el pintor haber resistido a las tentaciones del Malo, antes de sucumbir. Este detalle ya no es mencionado en los relatos posteriores. *Post annos novem*, dice también en el testimonio del abad, y *ad novem annos*, repite el compilador en su extracto, pruebas estas de que el número nueve no fue considerado indiferente.

El número nueve nos es muy conocido a través de las fantasías neuróticas. Es el número de los meses de la gestación, y cada vez que aparece, orienta nuestra atención hacia una fantasía de embarazo. En nuestro pintor, es verdad, no se trata de nueve meses, sino de nueve años; además, se podrá decir que este número es significativo como tal, cualquiera que sea la vinculación en que se presente. Pero, ¿quién sabe si no debe buena parte de su fascinación al papel que juega en el embarazo? La conversión de los nueve meses en nueve años no debe confundirnos, pues el estudio de los sueños nos ha

[109] El hecho contradictorio de que ambos pactos lleven la fecha "1669", nos habrá de ocupar más adelante.

enseñado cuán arbitrariamente maneja los números la "actividad psíquica inconsciente". Si, por ejemplo, encontramos en el sueño el número cinco, siempre se lo puede relacionar con un "cinco" importante en la vida diurna; pero, mientras que en la realidad se trata de cinco años de diferencia en edad o de una reunión de cinco personas, en el sueño aparecen cinco billetes de banco o cinco frutas. Es decir, se conserva el número, pero su denominador es trocado arbitrariamente, de acuerdo a las necesidades de la condensación y del desplazamiento oníricos. De este modo, nueve años fácilmente pueden representar en el sueño nueve meses de la realidad. Además, la elaboración onírica también juega en otra forma con los números de la vigilia al negligenciar los ceros con soberana indiferencia, tratándolos como si no fuesen números. Así, cincuenta dólares pueden representar en el sueño cincuenta, quinientos o cinco mil dólares de la realidad.

Otro detalle de las relaciones entre el pintor y el Diablo nos conduce, igualmente, a la sexualidad. Como ya lo mencionamos, ve por vez primera al Diablo bajo la apariencia de un honorable burgués; pero ya en la oportunidad siguiente está desnudo, deformado y exhibe dos pares de pechos femeninos. Las apariciones posteriores presentan ya un par de senos, ya varios, pero estos nunca faltan. Sólo en una ocasión el Diablo está provisto, además de los pechos, de un pene que termina en serpiente. Esta acentuación del carácter sexual femenino mediante senos voluminosos y colgantes (jamás están esbozados los genitales femeninos) parece contradecir notablemente nuestra hipótesis de que el Diablo habría sido, para nuestro pintor, un sustituto del padre. Además, semejante forma de representar al Diablo es en sí misma harto extraña. Cuando "diablo" aparece como concepto genérico y, en consecuencia, el demonio se presenta en pluralidad, nada tiene de extraño la imaginación de diablos femeninos; pero no me parece que jamás se presente al Diablo, grande y poderoso personaje, señor de los Infiernos y adversario de Dios, sino como macho, más que macho: dotado de cuernos, cola y una gran falo-serpiente.

Pero estos dos pequeños indicios nos permiten adivinar cuál de aquellos factores típicos condiciona el elemento negativo en la relación del pintor con su padre. Aquello contra lo cual se resiste es su actitud femenina frente al padre, actitud que logra expresión máxima en la fantasía de dar a luz un hijo de aquel (nueve años). Conocemos perfectamente esta repulsión a través de nuestros análisis, en cuya transferencia asume las formas más curiosas y donde nos plantea arduas dificultades. El duelo por el padre perdido y la exacerbada nostalgia de este también hacen revivir en nuestro pintor la fantasía del embarazo, hacía tiempo reprimida, fantasía contra la cual debe defenderse mediante la neurosis y la denigración del padre.

Pero, ¿por qué lleva este padre, rebajado al papel del Diablo, los atributos somáticos de la mujer? Este rasgo parece al principio difícil de interpretar, pero al punto se nos presentan dos explicaciones que si bien rivalizan entre sí, no se excluyen mutuamente. La actitud femenina frente al padre sufrió la represión en cuanto el niño comprendió que la competencia con la mujer por el amor del padre involucraría la renuncia a su propio órgano viril, es decir, la castración. El rechazo de la actitud femenina es así la consecuencia de la lucha contra la castración, y regularmente adquiere máxima expresión en la fantasía contraria: la de castrar al padre, de convertirlo en mujer. Los senos del Diablo corresponderían, entonces, a una proyección de la propia feminidad sobre el sustituto del padre. La otra explicación que admite este atributo corporal del Diablo ya no es de sentido hostil, sino tierno: según ella, esta figuración sería un indicio de que el cariño infantil ha sido desplazado de la madre al padre, señalando así una poderosa fijación materna anterior que, a su vez, es responsable de una parte de la hostilidad contra el padre. Los senos voluminosos son el atributo sexual positivo de la madre en una época en que el niño aún no conoce el carácter negativo de la mujer: la falta de pene[110].

Si la aversión a soportar la castración impide a nuestro pintor eliminar su nostalgia del padre, se comprenderá fácilmente que se dirija a la imagen de la madre en busca de amparo y salvación. Por eso afirma que sólo la Santa Madre de Dios, de Mariazell, podría salvarle del pacto concertado con el Diablo, y así logra su redención el día de la Natividad de María (8 de septiembre). Desde luego, jamás podremos saber si el 24 de septiembre, día en que fue pactado el trato, no tuvo también para él una significación particular.

Entre todos los hechos que la investigación psicoanalítica reveló en la vida psíquica del niño, quizá ninguno sea considerado tan repugnante e inverosímil por el adulto normal como la actitud femenina frente al padre y las fantasías de embarazo que de ella resultan. Sólo podemos referirnos a este tema sin necesidad de preocuparnos y sin tener que tratar de excusarnos desde que conocemos el caso de Daniel Paul Schreber. El presidente del Senado de Sajonia dio a conocer la historia de su enfermedad psicótica y de su casi completa curación[111]. Esta inestimable publicación nos informa que el señor presidente del Senado adquirió, hacia el quincuagésimo año de su vida, la absoluta convicción de que Dios —que, por otra parte, exhibía claramente los rasgos de su padre, el meritorio médico Dr. Schreber— había resuelto castrarlo, poseerlo en calidad de mujer y engendrar con él nuevos seres de la estirpe de los

[110] Véase: *Un recuerdo infantil de Leonardo da Vinci* (tomo VIII).

[111] D. P Schreber, *Denkwürdigkeiten eines Nervenkraken* (*Memorias de un enfermo mental*), Leipzig, 1903. Consúltese mi análisis del caso Schreber: *Observaciones psicoanalíticas sobre un caso de paranoia (dementia paranoides) autobiográficamente descrito (Caso «Schreber»)*, en el tomo XVI de esta edición.

Schreber. (El mismo no había tenido hijos en su matrimonio). A causa de la lucha contra este propósito de Dios, que le parecía sumamente injusto y "contrario al orden del mundo", enfermó, presentando todos los síntomas de una paranoia que, sin embargo, se atenuó en el curso de los años, hasta no dejar más que un mínimo residuo. El ingenioso redactor de su propio historial clínico seguramente no sospechó que en él había revelado un factor patogénico típico.

Esta resistencia contra la castración o contra la actitud femenina, Alfred Adler la separó de su conexo orgánico, relacionándola, mediante vínculos insignificantes o falsos, con la voluntad de poderío, y presentándola como una tendencia independiente, bajo el nombre de "protesta masculina". Dado que toda neurosis se origina en un conflicto entre dos tendencias, podrá verse la causa de "todas" las neurosis en la protesta masculina, con idéntica justificación que en las actitudes femeninas contra las cuales se protesta. Lo único cierto es que esta protesta masculina participa regularmente en la formación del carácter —en algunos tipos, en grado sumo— y que se nos presenta como fuerte resistencia durante el análisis de los neuróticos. El psicoanálisis estima en su justo valor la protesta masculina, en relación con el complejo de castración, pero de ningún modo acepta su omnipotencia o su omnipresencia en las neurosis. Entre los casos que reclamaron mi intervención terapéutica, el que presentaba la más manifiesta protesta masculina, acusada en la totalidad de sus reacciones y rasgos del carácter, había acudido a mí a causa de una neurosis obsesiva en cuyas obsesiones se expresaba claramente el conflicto no resuelto entre las actitudes masculina y femenina (angustia de castración y placer de castración). Además, el paciente había producido fantasías masoquistas que obedecían todas al deseo de aceptar la castración, y aún había llegado, bajo el imperio de estas fantasías, a buscar la satisfacción real en actos perversos. Todo su estado se basaba —como, en general, la teoría de Adler— sobre la represión y la negación de fijaciones amorosas de la primera infancia.

El presidente Schreber logró curarse cuando se decidió a abandonar la resistencia contra la castración y a aceptar el papel femenino que Dios le había destinado. Se sintió entonces sereno y calmo, pudo reclamar y logró que se le declara abandonar el asilo, y llevó una vida normal, salvo en el único punto que durante algunas horas por día se consagraba a su feminidad, de cuyo paulatino progreso, hasta el objetivo señalado por Dios, quedó persuadido.

IV
Los dos pactos

Un detalle singular de la historia de nuestro pintor se encuentra en su declaración de haber sellado con el Diablo dos pactos diferentes.

El primero, escrito con tinta negra, rezaba así:

Yo, Cristóbal Haitzmann, firmo aquí y me obligó a ser hijo carnal de este Señor, por nueve años.

El segundo, escrito con sangre, decía:

Cristóbal Haitzmann. Me obligó aquí, con mi letra, ante Satanás, a ser su hijo carnal y a pertenecerle, al cabo de nueve años, en cuerpo y alma.

Los originales de ambos pactos se encontraban en el archivo de Mariazell cuando fue redactado el *Trophaeum*. Ambos llevan la misma fecha: 1669.

He mencionado ya en repetidas ocasiones estos dos pactos, y me dedicaré ahora a estudiarlos más detenidamente, aunque el peligro de exagerar las minucias parezca aquí particularmente grande. Es extraño que un individuo se entregue dos veces al Diablo, de manera tal que el primer pacto sea reemplazado por el segundo, sin perder por ello su propia validez. Quienes ya estén familiarizados con los temas satánicos, quizá no se asombren tanto como nosotros. En cuanto a mí, sólo pude ver en ello una particularidad especial de nuestro caso, y mi sospecha se despertó cuando hallé que, justamente en lo que a este punto se refiere, los informes no concuerdan exactamente. El estudio de estas contradicciones nos llevará de manera inesperada a una comprensión más profunda de nuestro caso de neurosis.

La carta de introducción del cura de Pottenbrunn indica un estado de cosas de los más simples y claros. En ella sólo se hace referencia a un pacto que el pintor habría escrito con su sangre, nueve años antes, y que debía expirar a los pocos días, el 24 de septiembre, de modo que habría sido concertado el 24 de septiembre de 1668; desgraciadamente, esta fecha, que podemos deducir con seguridad, no es citada expresamente.

El certificado del abad Francisco, fechado, como sabemos, pocos días más tarde (el 12 de septiembre de 1677), ya describe una situación más compleja. Podemos admitir que el pintor suministró, entre tanto, una información más detallada. En este certificado se nos dice que el pintor había firmado dos pactos: el primero, en 1668 (fecha que también debería ser exacta de acuerdo a la carta de introducción), escrito con tinta negra; el segundo, escrito, en cambio, *sequenti anno* 1669, con sangre. El pacto que le fue devuelto el día de la Natividad de la Virgen era el escrito con sangre, es decir, el segundo, firmado en 1669. Esta circunstancia no se desprende del certificado del abad, quien, en lo sigue, dice simplemente: *schedam rederet* y *schedam sibi porrigentem conspexisset*, como si sólo fuera cuestión de un único escrito. Pero lo contrario se desprende del curso posterior de la historia, así como de la portada iluminada del *Trophaeum*, donde, sobre el billete que tiende el dragón diabólico, se ve claramente la escritura roja. El curso posterior de los sucesos es, como ya hemos dicho, el siguiente: el pintor regresó a Mariazell en mayo de 1678, luego de haber sufrido en Viena nuevos ataques del Diablo, y solicita que, mediante un nuevo acto de gracia de la Santa Virgen, le sea devuelto el primer documento, escrito con tinta. La manera en que esto ocurre ya no es descrita con tal amplitud como la primera vez. Se dice simplemente: *qua iuxta votum reddita*, y en otro lugar, el compilador cuenta que precisamente este pacto, "arrugado y partido en cuatro", fue arrojado por el Diablo al pintor el 9 de mayo de 1678, hacia la novena hora de la noche.

Sin embargo, ambos pactos llevan la misma fecha: año 1669.

Esta contradicción o bien no significa nada, o nos lleva a la siguiente pista:

Si partimos de la exposición del abad, aceptándola por ser la más completa, se presentan toda suerte de dificultades. Cuando Cristóbal Haitzmann confesó al cura de Pottenbrunn que era presa del Diablo, que el plazo expiraría pronto, sólo pudo haber pensado (en este año 1677) en el pacto sellado en 1668, es decir, en el primero, escrito en negro (por otra parte, es el único que menciona la carta de presentación, pero indicando que había sido escrito con sangre). Pocos días más tarde, en Mariazell, el pintor sólo se preocupa de que le sea devuelto el segundo, escrito con sangre, que aún no ha vencido (1669-1677), y dejar pasar el plazo del primero. La devolución de este no es solicitada sino en 1678, es decir, a los diez años de haber sido concertado. Además, ¿por qué ambos pactos están fechados en el mismo año, 1669, aunque uno de ellos es expresamente atribuido al *anno subsequenti*?

El compilador debe haberse percatado de estas contradicciones, pues trata de solucionarlas. En el prólogo se hace partícipe de la exposición del abad, pero la modifica en un punto. El pintor —dice— habría concertado con el Diablo en 1669 un pacto escrito con tinta, *deinde vero*, y sólo más tarde uno con sangre. Por consiguiente, pasa por alto la expresa mención de ambos relatos, según la cual uno de los pactos correspondería al año 1668, y desdeña también el dato consignado en el testimonio del abad de que mediaba un año entre ambos pactos, a fin de estar de acuerdo con la fecha que llevan los billetes devueltos por el Diablo.

En la partida del abad, después de las palabras *sequenti vero anno 1669*, se encuentra entre paréntesis el siguiente pasaje: *sumitur hic alter annus pro nondum completo uti saepe in loquendo fieri solet, nam eundum annum indicant Syngraphae quarum atramento scripta ante praesentem attestationem nondum habita fuit.* Este pasaje es sin duda una intercalación del compilador, pues el abad, que no ha visto sino uno de los pactos, mal podría dar fe de que ambos llevan la misma fecha. Seguramente los paréntesis están destinados a indicar que se trata de un anexo extraño al certificado. Su contenido representa una nueva tentativa del compilador para conciliar las contradicciones en cuestión. Según él, sería exacto que el primer pacto fue ajustado en 1668, pero como el año ya estaba muy avanzado (septiembre), el pintor lo habría fechado, anticipadamente, en 1669; de esta manera ambos pactos pueden presentar una misma fecha. Su alegato de que esto sería una costumbre general en las relaciones orales seguramente da a toda esta tentativa de explicación el sello de un expediente barato.

Ahora bien, no sé si mi exposición ha impresionado en alguna forma al lector y si le ha inducido a prestar interés a estas minucias. Me parecía imposible establecer de manera indudable la verdadera situación, pero al estudiar estas circunstancias embrolladas he llegado a una hipótesis que tiene la ventaja de indicar, en la manera más natural, cómo han debido suceder las cosas, aunque los testimonios escritos no concuerden del todo con ella.

Acepto que, cuando el pintor llegó por vez primera a Mariazell, habló solamente de un pacto, escrito, de acuerdo a las reglas, con sangre, que pronto debía vencer y que, por consiguiente, había sido firmado en septiembre de 1668, concordando todo esto con la carta de introducción del cura. En Mariazell también presentó este pacto de sangre como aquel que el Demonio le habría devuelto, obligado por la Santa Virgen. Nosotros sabemos lo que sucedió después: el pintor dejó al poco tiempo el santuario y fue a Viena, donde, en efecto, se sintió aliviado hasta mediados de octubre. Pero entonces comenzaron de nuevo las torturas y apariciones, que consideraba obras de Satanás. Sintió la necesidad de ser redimido una vez más, pero se vio ahora frente a dificultades para explicar por qué el exorcismo llevado a cabo en la santa capilla no le había proporcionado bienestar duradero. Pensó que, como enfermo mal curado y reincidente, seguramente no sería bienvenido en Mariazell. En esta situación embarazosa inventó un primer pacto anterior, pero que esta vez debía haber sido escrito con tinta, a fin de que pareciera plausible su relegación a un segundo plano por otro pacto posterior escrito con sangre. Vuelto a Mariazell, también logró que le fuera devuelto el pretendido primer pacto. Esta vez se vio realmente libre del Diablo, pero al mismo tiempo hizo otra cosa que nos conducirá al fondo de esta neurosis.

Los dibujos seguramente sólo fueron realizados en su segunda estancia en Mariazell. La portada, que acusa cierta unidad, contiene la representación de ambas escenas de entrega al Diablo. El pintor probablemente se vio en figurillas al tratar de poner de acuerdo sus nuevas declaraciones con las precedentes. Era para él una desventaja no poder imaginar más que un pacto anterior, y no uno ulterior, pues de tal manera no logró evitar que resultara este hecho desventurado: había cancelado demasiado temprano uno de los pactos, el escrito con sangre (en el octavo año); y el otro, el escrito en negro, en cambio, demasiado tarde (en el décimo año). Un indicio traiciona su doble redacción: al fechar los pactos se equivocó, y también ubicó el primero en el año 1669. Este error tiene el valor de una franqueza involuntaria, nos permite adivinar que el pretendido primer pacto fue concertado en una ocasión posterior. El compilador, que seguramente no se hizo cargo del asunto antes de 1714, y quizá sólo en 1729, hubo de esforzarse para eliminar lo mejor que pudo estas contradicciones, que no carecen de importancia. Dado que ambos pactos que tenía ante sí llevaban la fecha de 1669, se vio obligado a recurrir al expediente que presenta su tentativa de explicación intercalada en el testimonio del abad.

Se reconoce fácilmente dónde se encuentra el punto débil de esta seductora construcción. La mención de dos pactos, uno en negro y otro en rojo, ya se encuentra en el testimonio del abad Francisco. Por consiguiente, queda librada a mi elección suponer que el compilador también haya cambiado algo en este certificado, en conexión estrecha con su interpolación, o bien he de confesar que no soy capaz de solucionar esta confusión[112].

Tiempo hace que esta disquisición debe parecerle harto superflua al lector, y los detalles examinados muy significantes.

---

[112] A mi modo de ver, el compilador se encontraba en un dilema formado por dos datos incontrovertibles. Por una parte, leía, tanto en la carta de recomendación del cura, como en el testimonio del abad, la mención de que el pacto (por lo menos, el primero) había sido concertado en el año 1668; por la otra, ambos pactos conservados en el archivo mostraban la fecha 1669. Dado que veía ante sí dos billetes, aceptó como cierto que habían sido firmados dos pactos. Si en el testimonio del abad sólo se hablaba, como creo, de un pacto, el compilador debía incluir una alusión a otro, eliminando luego la contradicción de las fechas al aceptar que se había estampado, por adelantado, el año siguiente. La modificación del texto que llevó a cabo se continúa directamente con la mencionada inclusión, que sólo puede proceder de su mano. Se vio obligado a enlazar ambos aditamentos mediante las palabras *sequenti vero anno 1669*, pues el pintor, en su leyenda (muy dañada) de la imagen de la portada, había escrito expresamente:

Nach einem Jahr würdt Er
...schrökhliche betrohungen in ab-
.......gestalt Nr. 2 bezwungen sich,
..........n Bluut zu verschreiben.

("Al cabo de un año Él habría... terribles amenazas en... figura núm. 2 se obligó... con sangre a firmar").

El *lapsus calami* del pintor, cometido al confeccionar la *Syngraphae* que me ha llevado a mi tentativa de explicación, no me parece menos interesante que los pactos mismos.

Pero el asunto logra un nuevo interés si se le persigue en un sentido determinado.

Hace un momento dije, refiriéndome al pintor, que, ingratamente sorprendido por la marcha de su enfermedad, habría imaginado un pacto anterior (el escrito con tinta) con el fin de poder justificar su actitud frente a los religiosos de Mariazell. Ahora bien: yo escribo para lectores que, si bien creen en el psicoanálisis, no creen en el Diablo, y que podrían argumentarme que sería absurdo hacer semejante reproche a este pobre diablo de pintor —*hunc miserum*, le califica la carta de introducción—. El pacto escrito con sangre no era menos imaginario que el pretendido pacto anterior, redactado con tinta. En realidad, no se le apareció Diablo alguno; todo el pacto con el Diablo sólo existía en su imaginación. Reconozco esto y creo que no se puede negar al infeliz el derecho de completar su fantasía primitiva con una nueva, cuando las circunstancias modificadas parecían exigirlo así.

Pero también aquí es preciso proseguir nuestro razonamiento. Los dos pactos de ningún modo son fantasías, como las visiones del Diablo; eran documentos que, según la afirmación del copista, como también según el testimonio posterior del abad Kilian, se encontraban conservados en el archivo de Mariazell, a la vista y al alcance de todo el mundo. De modo que nos encontramos aquí ante un dilema. O bien debemos aceptar que el propio pintor confeccionó, al necesitarlas, las dos cédulas que pretendía haber recibido por la gracia divina, o bien nos es preciso considerar indignos de crédito a los señores eclesiásticos de Mariazell de San Lamberto, pese a todas sus solemnes aseveraciones, a las confirmaciones por los testigos, provistas de sellos, etc. Confieso que sólo con dificultad sospecharía de los eclesiásticos. Aunque me inclino a admitir que el compilador, en el interés de la concordancia, pudo haber falseado algo en el certificado del primer abad. No creo que esta "elaboración secundaria" sobrepase las hazañas análogas de los historiadores modernos y laicos, siendo realizada, en todo caso, de buena fe. Por otra parte, en otras circunstancias los religiosos han ganado fundado derecho a merecer nuestra confianza. Ya manifesté que nada les habría impedido suprimir el relato de la curación incompleta y de la continuación de las tentaciones. Igualmente, la descripción de la escena del exorcismo en la capilla, frente a la que cabría abrigar temores, es presentada en forma sobria y verosímil. De modo que no nos queda más recurso que acusar al pintor. Seguramente llevaba consigo el pacto en escritura roja al dirigirse a la capilla para hacer acto de penitencia, y lo extrajo cuando, luego de su encuentro con el Diablo, volvió junto a sus asesores espirituales. De ningún modo es preciso que fuese el mismo billete conservado más tarde en el archivo, sino que, según nuestra construcción, este primer papel bien podía haber llevado la fecha de 1668 (nueve años antes del exorcismo).

V
La neurosis ulterior

¡Pero todo esto sería un fraude, y no una neurosis! ¡El pintor, un simulador y falsificador, y no un enfermo poseído! Sin embargo, sabemos que las fronteras entre la neurosis y la simulación no son muy estables. Tampoco encuentro dificultad en aceptar que el pintor haya escrito y llevado este billete, como los que le siguieron, en un estado particular, comparable al de sus visiones. No podía obrar de otro modo, si quería llevar a cabo su fantasía del pacto con el Diablo y de su redención.

En cambio, el diario escrito en Viena, que entregó a los religiosos en ocasión de su segunda estadía en Mariazell, lleva el sello de la verdad. Este documento nos permite echar una profunda mirada a la motivación —mejor diríamos, al aprovechamiento— de la neurosis.

Las anotaciones se extienden desde la época del logrado exorcismo hasta el 15 de enero del año siguiente, es decir, 1678. Hasta el 11 de octubre el pintor se sintió muy bien en Viena, donde se domiciliaba en el hogar de una hermana suya, casada. Pero entonces, comenzaron de nuevo sus estados de posesión, con visiones, convulsiones, desvanecimientos y sensaciones dolorosas, que le impulsaron luego a regresar a Mariazell, en mayo de 1678.

Esta nueva narración de sus sufrimientos se divide en tres partes: al principio, la tentación se manifiesta bajo la forma de un caballero bien vestido que trata de persuadirle a que arroje el billete que certifica su admisión a la hermandad del Santo Rosario. Dado que él resiste, la misma aparición se repite al día siguiente, pero esta vez en una sala esplendorosamente adornada, en la cual bailan nobles caballeros con bellas damas. El mismo caballero que ya le tentara una vez, le hace nuevas proposiciones relacionadas con la pintura[113], prometiéndole, en cambio, una bonita suma de dinero. Después de haber logrado mediante sus oraciones que desapareciera esta visión, vuelve esta a aparecer a los pocos días, bajo una forma aún más impresionante. Esta vez el caballero le envía a una de las más bellas mujeres que están sentadas a la mesa del festín, para que ella le conduzca a la brillante compañía, y el pintor a duras penas logra defenderse de la tentadora. Pero más atemorizante aún fue la visión que siguió al poco tiempo, en la cual aparecía una sala más magnífica que la anterior, donde "se levantaba un trono de oro". A su alrededor se encontraban unos caballeros que aguardaban la llegada de su rey. La misma persona que ya tantas veces se había ocupado de él, se le acercó y le invitó a subir al trono, porque "querían hacerlo su rey y venerarlo por toda la eternidad". Con esta amplificación de la fantasía termina la primera y muy transparente fase de la historia de su tentación.

Hubo de sobrevenir entonces una reacción, en donde el ascetismo se torna predominante. El 20 de octubre se le apareció una aureola brillante, de la cual salía una voz que se dio a conocer como Cristo y que le invitó a renunciar al mundo malvado, sirviendo a Dios durante seis años en un desierto. El pintor, a todas luces, sufrió más ante estas apariciones santas que ante las anteriores, diabólicas. De esta crisis sólo despertó al cabo de dos horas y media. En la siguiente, el santo personaje rodeado de la aureola es mucho menos bondadoso y le amenaza por no haber aceptado la proposición divina, conduciéndole al Infierno para atemorizarlo y mostrándole la suerte de los condenados. Pero esta amenaza seguramente careció de efecto,

[113] Este pasaje me resulta ininteligible.

pues se repitieron las apariciones del personaje resplandeciente, que debía ser Cristo, ocasionándole cada vez desvanecimientos y éxtasis que duraban varias horas. En el más grandioso de estos estados de éxtasis, el radiante personaje le conduce primero a una ciudad, en cuyas calles los hombres se dedican a obras diabólicas, y luego, por contraste, a una bella pradera donde unos ermitaños llevan una vida santa y reciben testimonios palpables de la gracia y de la providencia divinas. Luego, en lugar de Cristo se le apareció la propia Madre de Dios, que le invita, invocando la ayuda que le había concedido, a que obedezca el mandamiento de su amado hijo. "Como no lograra resolverse", Cristo vuelve al día siguiente y trata de conminarlo mediante amenazas y promesas. Entonces, por fin, cede y decide renunciar al mundo y hacer lo que de él se espera. Esta decisión pone fin a la segunda parte. El pintor comprueba que, a partir de este momento, ya no tiene visiones ni tentaciones.

Sin embargo, esta decisión no fue al parecer muy firme, o su realización fue diferida demasiado tiempo, pues, al encontrarse el 26 de diciembre orando en la catedral de San Esteban, ve a una joven apuesta que camina junto a un señor bien vestido y no puede resistir a la idea de que podría encontrarse en el lugar de este señor. He aquí una tentación que exigía un castigo, y ya aquella misma noche cayó sobre él como un rayo: se vio rodeado de llamas y se desvaneció. Trataron de reanimarlo, pero el infeliz se revolcaba por su cuarto hasta que le brotó sangre de la nariz y de la boca. Sentíase rodeado de calor y de malos olores, y oía una voz que le decía que este estado le había sido enviado como castigo por sus pensamientos fútiles y vanos. Más tarde, fue golpeado con cuerdas por malos espíritus y se le prometió que sería atormentado todos los días de manera semejante, hasta que se decidiera a profesar en una orden de ermitaños. Estos sucesos duraron hasta el 13 de enero, fecha en la cual concluye el diario.

Vemos como en nuestro pobre pintor las fantasías tentadoras son sustituidas, primero por fantasías ascéticas, y luego por otras punitivas. Ya conocemos el final de su calvario. En mayo se dirige a Mariazell, donde confiesa su historia del pacto anterior, escrito con tinta negra, y al cual atribuye los nuevos tormentos que le impone el Diablo, obtiene su redención, y está curado.

Fue durante esta segunda estadía que pintó las imágenes copiadas con el *Trophaeum*, pero hace entonces una cosa que concuerda con las exigencias de la fase ascética de su diario. Aunque no va al desierto para hacerse ermitaño, entra en la Orden de los frailes de la Merced: *religiosus factus est*.

La lectura del diario nos permite comprender un nuevo aspecto de este conjunto. Recordemos que el pintor se había vendido al Diablo porque, luego de la muerte de su padre, se encontraba deprimido e incapaz de trabajar, estando preocupado respecto a sus medios de subsistencia. Ahora bien: estos factores —la depresión, la inhibición del trabajo y el duelo por el padre— deben estar relacionados entre sí en una forma cualquiera, simple o complicada. Quizá las apariciones del Diablo estaban tan profusamente provistas de senos, porque Satanás debía convertirse en su padre nutricio; pero sus esperanzas no se realizan: todo sigue resultándole mal, no logra trabajar ordenadamente, o la fortuna le es adversa y no encuentra trabajo. La carta de presentación del cura dice de él: *hunc miserum omni auxilio destitutum*, de modo que el pintor no sólo se encontraba en un mal trance moral, sino que también sufría una necesidad material. Diseminadas en la narración de sus visiones posteriores se encuentran observaciones que muestran, igual que el contenido de las escenas que ve, que tampoco había cambiado nada de todo esto después de logrado el primer exorcismo. Nos encontramos frente a un hombre que no llega a nada y al cual, por ello, tampoco se le concede confianza alguna. En la primera visión, el caballero le pregunta qué piensa emprender, dado que nadie se ocupa de él ("dado que estoy abandonado de todo el mundo, ¿qué haré?"). La primera serie de visiones en Viena corresponde perfectamente a las fantasías de deseos de un pobre, sediento de placeres, miserable: salas magníficas, buena comida, vajilla de plata y bellas mujeres. Aquí nos encontramos con lo que echábamos de menos en la relación con el Diablo. Antes, se encontraba dominado por una melancolía que le hacía incapaz de todo placer, que le llevaba a renunciar a las más tentadoras ofertas. Parece que, después del exorcismo, la melancolía hubiese sido superada y que todos los deseos temporales hubieran cobrado nueva vida.

En una de las visiones ascéticas se queja ante el personaje que lo conduce (Cristo), afirmando que nadie quiere creerle y que por ello no podría ejecutar lo que de él se exige. La respuesta que recibe es, desgraciadamente, impenetrable: "No quieren creerme, pero lo que sucedió, lo sé muy bien, pero me es imposible decirlo". Es particularmente significativo lo que su guía divino le hace contemplar junto a los ermitaños: llega a una gruta en la cual se encuentra sentado, desde hace sesenta años, un hombre, y al preguntarle, se entera de que este anciano es alimentado todos los días por los ángeles de Dios; luego, ve él mismo cómo un ángel trae de comer al anciano: "tres escudillas de comida, un pan, una albóndiga y algo de beber". Una vez que el ermitaño se ha saciado, el ángel recoge los restos y se los lleva. Comprendemos cuáles son las tentaciones que estas visiones piadosas pueden ofrecerle: han de inducir al enfermo a que elija una forma de existencia que le evite las preocupaciones de la subsistencia. También son dignas de tenerse en cuenta las palabras de Cristo en la última visión: después de amenazarle con que si no se somete, sucederá algo que le obligará a él y a la gente a tener fe, le conmina directamente: "Yo no habría de preocuparme de la gente, aunque sea perseguido; ni debo aceptar de ellos ayuda alguna, pues Dios no me abandonará".

Cristóbal Haitzmann era artista y criatura mundana en medida suficiente como para que no le resultara fácil renunciar a este mundo perverso. Pero, finalmente, lo hizo, en consideración con su situación desesperada. Ingresó a una orden religiosa, a fin de terminar así tanto su lucha interior, como su miseria material. Esta terminación se refleja en su neurosis por el hecho de que la devolución de un pretendido primer pacto con el Diablo le cura de sus crisis y de sus visiones. En el fondo, ambas partes de su enfermedad demonológica tienen el mismo sentido. Jamás buscaba otra cosa, sino asegurar su existencia; la primera vez con ayuda del Diablo, a costa de su salvación; pero cuando el Diablo le defrauda y se ve obligado a abandonarle, recurre a la ayuda de la Iglesia a costa de su libertad y de la mayoría de los placeres que ofrece esta vida. Quizá Cristóbal Haitzmann era simplemente un pobre diablo que no tenía fortuna y estaba demasiado mal dotado, o era demasiado torpe para sostenerse a sí mismo, perteneciendo a ese tipo de hombres que conocemos como "eternos niños de pecho", incapaces de sustraerse a la feliz situación junto al seno de la madre, y que durante toda su vida conservan la pretensión de ser nutridos por alguien. Y es así como en este historial clínico el pintor, separado del padre, vuelve pasando por el Diablo, sustituto del padre, a los Santos Padres.

Considerada de forma superficial, esta neurosis se presenta como un juego de manos que oculta toda una parte de la grave pero trivial lucha por la vida. Por cierto, esta situación no siempre es así, pero se encuentra con relativa frecuencia. Los analistas experimentan a menudo cuán poco ventajoso es tener que tratar a un comerciante que, "aunque siempre estaba sano, presenta desde hace un tiempo las manifestaciones de la neurosis". La catástrofe financiera por la cual el comerciante se siente amenazado produce, como efecto accesorio, esta neurosis que ofrece, además, para el enfermo, la ventaja de poder disimular con los síntomas sus preocupaciones reales por la existencia. Por otra parte, esta solución es sumamente inadecuada, pues la neurosis absorbe energías que podrían ser aplicadas con más provecho para hacer frente de alguna manera racional a la situación peligrosa.

En casos infinitamente más numerosos, la neurosis está más aislada, es muy independiente de los intereses de la conservación y de la subsistencia. En el conflicto que produce la neurosis intervienen tan sólo intereses libidinosos en íntima conexión con los de la subsistencia. El dinamismo de la neurosis es, sin embargo, el mismo en los tres casos. Una acumulación de libido, que no logra satisfacerse en la realidad, consigue evacuarse por intermedio de lo inconsciente reprimido, gracias a la regresión a fijaciones antiguas. En la medida en que el *yo* del enfermo logra un beneficio de estos procesos, permite subsistir a la neurosis, aunque el perjuicio económico que esta involucra no puede dar lugar a dudas.

Similarmente, la triste situación material de nuestro pintor no habría provocado en él una neurosis demoníaca, si su miseria no hubiese engendrado una reforzada nostalgia por el padre. Pero, una vez que se hubo librado de esta melancolía y del Diablo, se presentó en él un nuevo conflicto entre las tendencias vitales libidinosas y el reconocimiento y el ascetismo. Es interesante comprobar que el pintor se percató perfectamente de los vínculos entre ambas fases de la historia de sus sufrimientos, pues atribuye una y otra a pactos que habría firmado con el Diablo. Por otra parte, no separa claramente las influencias de Satanás de las divinas; emplea para ambas una sola designación: apariciones del Diablo.

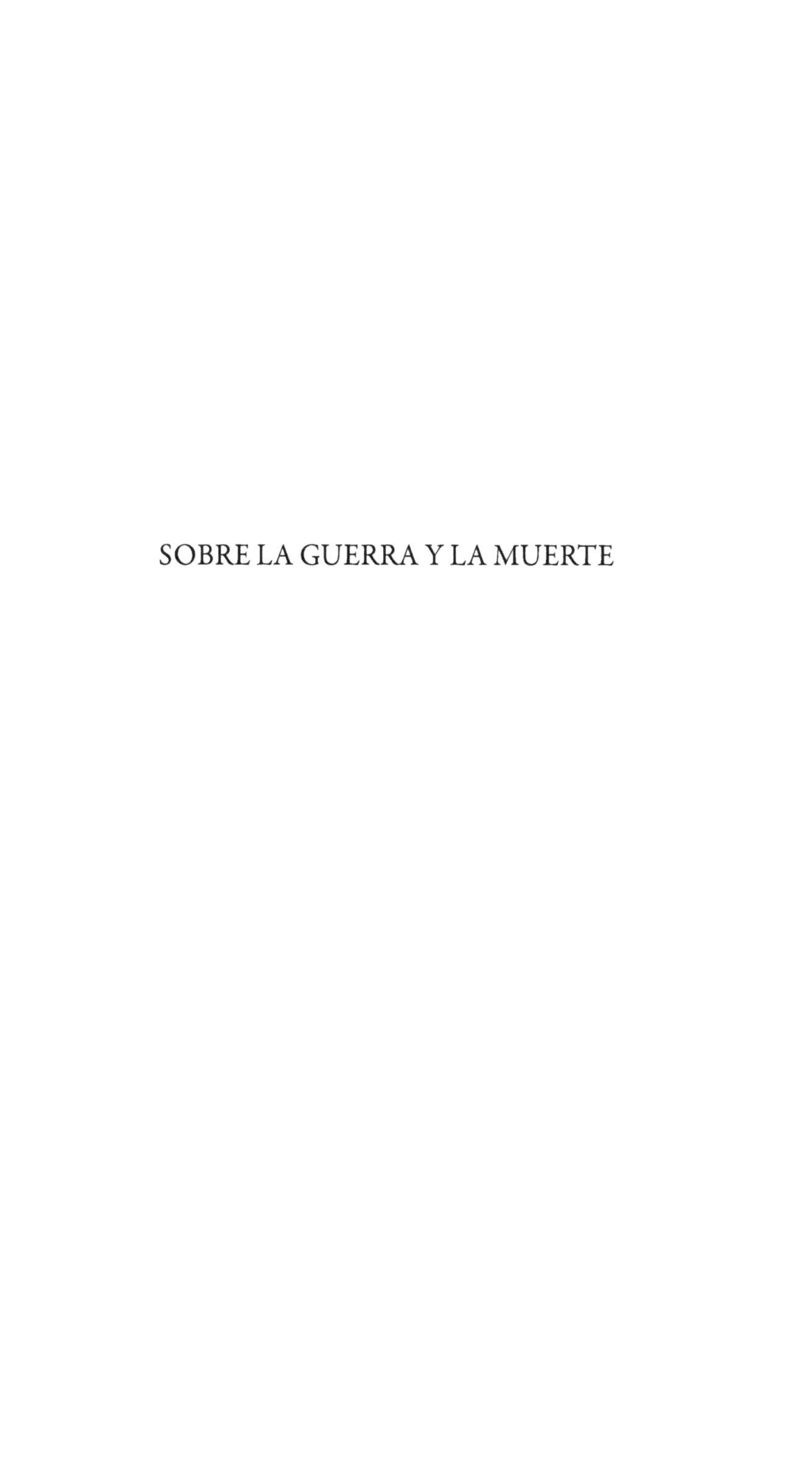

SOBRE LA GUERRA Y LA MUERTE

Esta acotación a la actualidad fue publicada originalmente en la revista *Imago* (tomo V, 1915). Forma parte de la *Sammlung kleiner Schriften zut Neurosenlehre* (*Breves escritos sobre la teoría de las neurosis*), cuarta serie, Deuticke, Leipzig-Wien, 2.ª edición, 1922. Fue editada en 1924 en forma de folleto por el Internationaler Psychoanalytischer Verlag, y se encuentra en las siguientes recopilaciones:

Gesammelte Schriften (Obras Completas, edición vienesa), tomo X, Internationaler Psychoanalytischer Verlag, Wien, 1924.

Gesamte Ausgabe (Obras Completas, edición londinense), tomo X, Imago Publishing Co., London, 1940.

Fue traducida a los siguientes idiomas:

Traducción holandesa (Jan van Emdem): *Oorlog en Dood*, 1917.

Traducción inglesa (Brill y Kuttner): *Collected Papers*, tomo IV, Institute of Psychoanalysis and The Hogarth Press, London, 1918-1925.

I
La decepción de la guerra

Presos por el torbellino de este tiempo bélico, informados con parcialidad, sin lograr mantener la necesaria distancia frente a los grandes cambios que ya se han realizado o que están en vías de producirse, sin poder vislumbrar el futuro en ciernes, nos hallamos confundidos en cuanto a la importancia de las impresiones que acuden a nosotros y al valor de los juicios que formamos. Parécenos que jamás suceso alguno aniquiló tantos bienes preciosos de la humanidad, ofuscó tantas de las más lúcidas inteligencias, denigró tan completamente cuanto hay de excelso. Hasta la ciencia ha perdido su reposada imparcialidad; sus servidores, exasperados en lo más íntimo, tratan de hacerle suministrar armas para contribuir a la lucha contra el enemigo. El antropólogo se ve obligado a declarar inferior y degenerado al enemigo; el psiquiatra, a proclamar el diagnóstico de sus anomalías mentales y psíquicas. Pero quizá nosotros sintamos con excesiva intensidad lo malo de este tiempo, y no detengamos derecho a compararlo con las calamidades de otras épocas que no hemos conocido.

Todo individuo que no toma parte en la lucha y que, por consiguiente, no se ha transformado en un minúsculo engranaje de la gigantesca máquina guerrera, ve confundida su orientación e inhibida su capacidad de rendimiento. Creo que este ser común recibirá agradecido la más mínima indicación que le permita orientarse, por lo menos, en su propia intimidad. Entre los factores que han motivado la miseria psíquica de quienes quedaron en el hogar, y cuya superación ofrece tantas dificultades a estos seres, quisiera señalar y tratar en este lugar dos: por un lado, la decepción que nos ha producido esta guerra; por el otro, la modificada actitud ente la muerte que nos ha impuesto, como todas las guerras.

Cuando hablo de decepción, todos sabrán al punto a qué me refiero. No es preciso ser particularmente inclinado a la conmiseración, se puede reconocer la necesidad biológica y psicológica del sufrimiento para la economía de la vida humana y, no obstante, condenar los medios y los fines de la guerra, anhelando su final. Pero se decía que las guerras jamás podrían desaparecer mientras los pueblos viviesen en condiciones de existencia tan dispares, mientras el respeto por la vida individual variara tanto entre ellos, y mientras los odios y rencores que los separan representaran energías instintivas tan potentes. Así, nos habíamos dispuesto a aceptar que la humanidad será asolada, aún durante mucho tiempo, por guerras entre pueblos primitivos y civilizados, entre las razas humanas que se distinguen por el color de su piel, y hasta por conflictos con y entre los pueblos poco desarrollados o pervertidos de Europa. Pero, no obstante, abrigábamos esperanzas contrarias a tal situación. Esperábamos que las grandes naciones de raza blanca, dominadoras del mundo, en las cuales ha recaído la conducción de la especie humana, que sabíamos ocupadas con el cuidado de intereses universales, cuyas creaciones representan los progresos técnicos en el dominio de la naturaleza y los mayores valores artísticos y científicos de la cultura, de estos pueblos, pues, esperábamos que sabrían solucionar mediante otros recursos sus rencillas y conflictos de intereses. En cada una de estas naciones se había establecido altas normas morales para el individuo, de acuerdo a las cuales este debía conformar la conducción de su vida, si pretendía tomar parte en la comunidad cultural. Estos preceptos, muchas veces severos en exceso, le exigían no poco: un amplio dominio sobre sí mismo, una profunda renuncia a la satisfacción de sus instintos. Ante todo, le estaba prohibido aprovechar las extraordinarias ventajas que implica el empleo de la mentira y del engaño, en la competencia con sus semejantes. El estado civilizado consideraba estas normas morales como fundamento de su existencia, e intervenía enérgicamente cuando alguien se atrevía a violarlas, llegando a declarar con frecuencia que hasta sería inconveniente someterlas a un examen por el raciocinio crítico. De modo que podíamos aceptar que el propio estado se disponía a respetarlas y a no emprender contra estas normas nada que implicase una contradicción al fundamento de su propia existencia. Es verdad que podíamos hallar, incluidos en estas naciones cultas, ciertos grupos étnicos aislados, poco queridos por la generalidad de la población y, por ello, sólo admitidos con gran resistencia y en medida incompleta a la actividad cultural común, para la que habían demostrado ser aptos. Pero podíamos suponer que los grandes pueblos habrían alcanzado suficiente comprensión de sus rasgos comunes y tolerancia frente a sus discrepancias, como para que no confundieran "extranjero" y "enemigo" en un mismo concepto, como sucedía aún en la antigüedad clásica.

Confiados en esta unidad de los pueblos cultos, innumerables hombres trocaron su morada en la patria por la residencia en el extranjero, dedicando su vida a afianzar relaciones entre los pueblos amigos. Además, quien no estaba sujeto a un mismo lugar por las exigencias de la vida, podía constituirse, con todas las ventajas y atractivos de los países cultos, una nueva patria, más grande, en la cual se movía libremente y sin despertar sospechas. Podía gozar así del mar azul y del gris, la belleza de las cumbres nevadas y la de las praderas verdes, el encanto de las selvas nórdicas y el colorido de la vegetación meridional, la atmósfera de los paisajes que guardan grandes recuerdos históricos y el silencio de la naturaleza inmaculada.

Esta nueva patria también era para él un museo colmado con todos los tesoros que los artistas de la humanidad culta han creado y nos han legado desde hace muchos siglos. Al recorrer las salas de este museo podía comprobar con juicio imparcial a cuán distintas formas de perfección había llevado, en sus compatriotas en el sentido universal, la mezcla de las sangres, la Historia y el carácter de la madre Tierra. Aquí se encontraba, desarrollada al máximo, la fría e inquebrantable energía; allí, el gracioso arte de embellecer la vida; más allá, el sentido del orden y de la ley, o bien otras cualesquiera de las propiedades que convierten al hombre en el señor de la Tierra.

Tampoco olvidemos que todo ciudadano del mundo culto podía crearse un "Parnaso" o una "Escuela de Atenas" particulares. Entre los grandes pensadores, poetas y artistas de todas las naciones podía elegir aquellos a quienes creía deber lo mejor, que le había sido deparado en cuanto a goce y entendimiento de la vida, ubicándolos, en su estima, junto a los inmortales genios de la antigüedad y junto a los genios familiares de su propia lengua. Ninguno de estos titanes —ya se tratara del incomparable investigador de las pasiones humanas, del soñador ebrio de belleza, del amenazador profeta o del mordaz satírico— le parecía extranjero por el simple hecho que hablara una lengua que no era la suya, y jamás tuvo que achacarse por ello una infidelidad frente a la propia nación y a la amada lengua materna.

El goce de esta comunidad cultural fue perturbado, de tanto en tanto, por la advertencia de que las guerras entre los pueblos serían inevitables, debido a sus conflictos ancestrales. No queríamos creer en ello, pero ¿cómo nos imaginábamos semejante guerra, si llegara a producirse? Simplemente como una buena ocasión para demostrar los progresos que los sentimientos gregarios de los hombres habrían realizado desde aquella época en que los griegos prohibieron destruir una ciudad perteneciente a la Confederación, voltear sus olivos y privarla del agua. Como una lucha caballeresca que había de limitarse a demostrar la superioridad de una de las partes contendientes; evitando, en lo posible, todos los sufrimientos que no contribuyeran en lo más mínimo a esta decisión, con pleno respeto del herido obligado a abandonar la lucha, así como del médico y samaritano que lo auxilian. Desde luego, con las mayores consideraciones para con aquella parte de la población que no interviene en la guerra, para las mujeres alejadas de estos menesteres y para los niños que, una vez crecidos, habrían de convertirse en amigos y colaboradores por ambas partes. Finalmente, con el respeto por todas las empresas e instituciones internacionales que habían encarnado la comunidad cultural de las épocas pacíficas.

Semejante guerra aún habría tenido bastante de terrible, pero, por lo menos, no habría interrumpido el desarrollo de las relaciones éticas entre las individualidades colectivas de la humanidad, entre los pueblos y los estados.

Esa guerra, en la cual nosotros no queríamos creer, estalló por fin y nos produjo... ¡una decepción! No sólo es más sangrienta y destructiva que cualquiera de las guerras pasadas, debido a las armas de ataque y de defensa perfeccionadas al extremo, sino que, además, es por lo menos tan cruel, encarnizada e implacable como cualquier guerra pasada. Pasa por sobre todas las restricciones a que nos comprometido en épocas pacíficas y que habíamos comprendido en el Derecho Internacional. No respeta las prerrogativas de los heridos ni las del médico; no acepta distinciones entre los miembros pacíficos y los combatientes de la población; niega los derechos de la propiedad privada; destruye con ciego furor cuanto encuentra en su camino, como si después de ella la humanidad ya no tuviese futuro alguno ni conociera la paz. Destruye todos los lazos de comunidad entre los pueblos combatientes y amenaza terminar en un encono que imposibilitará, por mucho tiempo, un restablecimiento de aquellos vínculos.

También reveló el fenómeno, casi incomprensible, de que los pueblos cultos se conocen y se comprenden tan poco, y de que uno de ellos puede enfrentarse al otro con odio y repugnancia. Hasta se ha llegado a que una de las grandes naciones culturales cayera tan bajo en el aprecio general, que se hizo la tentativa de eliminarla de la comunidad cultural, considerándola "bárbara", por más que su derecho a integrar aquella ya se demostró hace tiempo, a través de las más magníficas contribuciones a la cultura. Abrigamos la esperanza de que una historiografía imparcial demostrará que justamente esta nación, en cuya lengua escribimos y por cuya victoria luchan nuestros seres queridos, es la que menos ha violado las leyes de la educación humana, pero, ¿quién podría erigirse, en semejante época, en juez de su propia causa?

Los pueblos hallan representación aproximada en los Estados que constituyen; estos Estados, a su vez, en los gobiernos que los rigen. El individuo tiene ocasión de comprobar con gran sobresalto en esta guerra lo que ya se pudo sospechar de vez en cuando durante la paz: que el Estado niega al individuo el recurso de la injusticia, no porque quiera abolirla, sino porque pretende monopolizarla como la sal y el tabaco. El Estado que conduce una guerra se permite cualquier injusticia, cualquier violencia que deshonraría al individuo. No sólo apela frente al enemigo a la astucia lícita, sino también a la mentira consciente y al engaño premeditado, recurriendo a estos medios en una medida que parece superar lo acostumbrado en guerras pasadas. El Estado exige de sus ciudadanos el máximo de obediencia y sacrificio, pero, al mismo tiempo, los coerce con una ocultación y con una censura de la expresión y transmisión de ideas que dejan librado el ánimo de los mismos a cualquier giro desfavorable y a todo rumor antojadizo. El Estado se considera libre de todas las seguridades y contratos que le habían comprometido frente a otros Estados; profesa sin restricciones su ambición y sus tendencias de poderío, que el individuo se ve obligado a afirmar por patriotismo.

No se objete que el Estado no puede renunciar al empleo de la injusticia, pues, si lo hiciera, quedaría en desventaja. También para el individuo la subordinación a normas morales y la renuncia a la acción brutal son, por lo general, muy inconvenientes, y el Estado sólo pocas veces puede indemnizarle por el sacrificio que le impone. Tampoco hemos de extrañarnos que el relajamiento de todo vínculo ético entre las individualidades colectivas de la humanidad haya repercutido sobre la moralidad del individuo, pues nuestra conciencia no es el juez insobornable que los éticos pretenden, sino que, en su origen, no es más que *angustia social*. Donde termina la reprobación por la sociedad, allí concluye también la dominación de los impulsos malévolos por el hombre, que, una vez libre de aquella condena, es capaz de cometer actos de crueldad, de malicia, de traición y de brutalidad tales, que no los habríamos creído compatibles con su nivel cultural.

Así, el ciudadano del mundo culto que acabo de presentar se encontrará atónito en un mundo que se le ha tornado extraño. Su gran patria universal, desmembrada; los bienes comunes, devastados; los conciudadanos, divididos y denigrados.

Cabe oponer algunas observaciones críticas a esta decepción que ha sufrido. Estrictamente hablando, no está justificada, pues no representa más que el aniquilamiento de una ilusión. Las ilusiones son tan gratas porque nos evitan sentimientos displacenteros, permitiéndonos gozar, en cambio, de satisfacciones. Por eso no tenemos derecho a quejarnos si alguna vez tropiezan con un sector de la realidad que las hace añicos.

Dos características de esta guerra son las que han motivado nuestra decepción: por un lado, el bajo nivel moral que los Estados exhiben hacia fuera, mientras que hacia dentro adoptan actitudes de guardianes de las normas morales; por el otro, la brutal conducta de individuos a los cuales, como partícipes de la más elevada cultura humana, no se había creído capaces de ella.

Comencemos con el segundo punto y tratemos de expresar en una fórmula concisa la concepción que pretendemos criticar. ¿Cómo nos representamos, en el fondo, el proceso mediante el cual el individuo alcanza un nivel ético superior? La primera respuesta nos dirá, seguramente, que debe haber sido bueno y noble desde un principio, desde el nacimiento. No hemos de prestar mayor consideración a esta réplica. Luego, se podrá adoptar la hipótesis de que nos encontraríamos frente a un proceso evolutivo, aceptando entonces que en el curso de esta evolución las tendencias malignas del hombre han sido extirpadas y, bajo la influencia de la educación y del medio cultural, su lugar fue ocupado por tendencias benignas. Pero entonces, no podemos sino asombrarnos de que en el ser así educado lo malo pueda volver a manifestarse con tal intensidad.

Pero esta respuesta contiene precisamente el aserto que pretendemos contradecir. En realidad, no existe tal *extirpación de lo malo*. La investigación psicológica —en sentido más estricto, la psicoanalítica— nos enseña, en cambio, que la esencia más profunda del hombre está formada por impulsos instintivos, elementales, similares en todos los seres y tendientes a la satisfacción de determinadas necesidades primordiales. Estos impulsos instintivos no son en sí ni buenos ni malos. Los valoramos de tal manera, junto con sus manifestaciones, de acuerdo a su relación con las necesidades y exigencias que plantea la comunidad humana. Pero aceptamos que todas las tendencias condenadas como malas por la sociedad —tomemos por caso, las egoístas y las crueles— se encuentran entre estos impulsos primitivos.

Estas tendencias primitivas sufren una prolongada evolución antes de que se les permita realizarse en el adulto. Son inhibidas, desviadas hacia otros fines y terrenos, sufren fusiones entre sí, se trocan sus objetos, se dirigen en parte contra la propia persona.

Las formaciones reactivas contra ciertos instintos simulan una modificación fundamental de estos, como si el egoísmo se hubiera tornado altruismo, la crueldad, compasión. Estas formaciones reactivas son favorecidas por el hecho de que muchos impulsos instintivos aparecen casi desde el principio bajo la forma de pares antitéticos, circunstancia esta que se denomina *ambivalencia afectiva*, fenómeno sumamente curioso y ajeno al conocimiento popular. El hecho más fácil de observar y de comprender es el de que un fuerte amor y un odio intenso aparecen con frecuencia simultáneamente en una misma persona. El psicoanálisis añade que ambos impulsos afectivos antagónicos no pocas veces toman por objeto a una misma persona.

Sólo una vez superados todos estos *destinos instintivos* aparece aquello que denominamos el "carácter" de un hombre, para el cual, según sabemos, las calificaciones de "bueno" y "malo" son harto insuficientes. Raramente el hombre es del todo bueno o completamente malo: en general, es "bueno" en este sentido, "malo" en otro; "bueno" bajo determinadas circunstancias exteriores, "malo" en otras. Es interesante comprobar que la preexistencia infantil de potentes tendencias malignas muchas veces es precisamente la condición para que el adulto acuse una muy marcada orientación hacia lo "bueno". Los mayores egoístas infantiles pueden convertirse en los ciudadanos más abnegados y dispuestos al sacrificio. La mayoría de los seres profundamente compasivos, de los amigos de la humanidad y de los protectores de animales han surgido de pequeños sadistas y de crueles torturadores de animales.

La conversión de los instintos "malos" es obra de dos factores que actúan en un mismo sentido, uno interno y otro externo. El factor interno consiste en la transformación de los instintos "malos" —llamémosles "egoístas"— bajo la influencia del erotismo, es decir, de la humana necesidad de amor, aceptada en su más amplio sentido. Esta incorporación de los componentes *eróticos* convierte los instintos egoístas en *sociales*. Se aprende que el hecho de ser amado es una ventaja, en aras de la cual vale la pena renunciar a otros beneficios. El factor externo reside en el imperio de la educación, que representa las pretensiones del medio cultural, y que luego se continúa con la influencia directa de este ambiente. La cultura fue adquirida mediante renuncias a satisfacciones instintivas y exige de todo nuevo miembro que se le incorpora una renuncia idéntica a sus instintos. En el curso de la vida individual se produce una incesante conversión de obligaciones externas en internas. Las influencias culturales inducen a transformar cada vez más tendencias egoístas en altruistas y sociales, mediante la incorporación de elementos eróticos. En suma, se puede aceptar que toda coerción interna, ejercida durante la evolución del hombre, fue al principio, es decir, en el origen de la *historia humana*, únicamente una coerción externa. Los seres humanos que actualmente llegan al mundo ya traen incorporada en su organización hereditaria una disposición parcial a convertir instintos egoístas en sociales, mecanismo que entra en juego ante leves estímulos exteriores. Otra parte de esta conversión instintiva debe ser realizada espontáneamente en el curso de la vida, de modo tal que el individuo humano no sólo se encuentra bajo la influencia de su actual ambiente cultural, sino también bajo la del desarrollo cultural de sus antepasados.

Denominemos *aptitud cultural* a la capacidad que posee el hombre para transformar sus instintos egoístas bajo la influencia del erotismo; por lo cual, podremos decir entonces que aquella consta de dos partes: una heredada y otra adquirida durante la vida, y, además, que es muy variable la relación entre ambas partes, tanto entre ellas como con aquella porción de la vida instintiva que no ha sufrido transformación.

En general, tendemos a sobrevalorar la parte heredada y, por otro lado, corremos el peligro de estimar en demasía la totalidad de la aptitud cultural en su relación con la vida instintiva que ha conservado su carácter primitivo; es decir: tendemos a juzgar a los hombres "mejores" de lo que son en realidad, pues sucede que aún queda otro factor que obscurece nuestro juicio y falsea nuestra apreciación en un sentido favorable.

Desde luego, las tendencias instintivas del prójimo escapan a nuestra percepción; las deducimos de sus actos y de su conducta, que tratamos de atribuir a *motivos* ubicados en su vida instintiva. Necesariamente esta deducción, en una serie de casos, es equivocada. Idénticos actos culturales "buenos" pueden proceder, en un caso, de motivos "nobles", y en otros, de los que no son tales. Los éticos teóricos denominan "buenos" aquellos actos que expresen impulsos instintivos benignos; a los otros, les niegan aceptación. Pero la sociedad, adaptada a propósitos prácticos, no se preocupa, en general, por esta diferenciación; le basta con que un hombre ajuste su conducta y sus actos a los preceptos culturales y, en lo que restante, no se inquieta por sus móviles.

Nos hemos enterado de que la coerción exterior, ejercida sobre el hombre por la educación y el ambiente, lleva a una nueva transformación de su vida instintiva en el estudio de lo bueno, a un pasaje del egoísmo al altruismo. Pero esto no es una consecuencia necesaria o regular de la coerción exterior. La educación y el ambiente no sólo pueden ofrecernos el premio del amor, sino que también se valen de otros incentivos: de la recompensa y del castigo. Por consiguiente, pueden hacer que el individuo supeditado a su influencia se resuelva a adoptar una actividad buena en el sentido cultural, sin que por ello se haya operado en él una dignificación de sus instintos, una conversión de tendencias egoístas en sociales. En términos generales, el resultado será el mismo, y sólo en ciertas circunstancias se advertirá que, mientras los actos del uno siempre son buenos porque sus impulsos instintivos le obligan a ello, el otro sólo se conduce así en cuanto y en tanto que esta conducta reporte beneficios a sus propósitos egoístas. Pero nosotros, en nuestra relación superficial con el individuo, no disponemos de medios que nos permitan reconocer ambos casos, y seguramente seremos seducidos por nuestro optimismo a estimar demasiado alto el número de las personas culturalmente modificadas.

La sociedad civilizada, que exige una conducta buena sin preocuparse de su motivación instintiva, ha inducido, pues, a la obediencia cultural a gran número de individuos que no siguen con ello los imperativos de su naturaleza. Animada por este éxito, la sociedad se ha dejado llevar a aumentar sus exigencias morales en la medida de lo posible, obligando así a sus miembros a un alejamiento aún mayor de su disposición instintiva. Los somete de tal manera a un continuo dominio sobre los instintos, cuya tensión se manifiesta en extraños fenómenos reactivos y compensadores. En el terreno de la sexualidad, donde tal contención es practicable en menor medida, aparecen así las manifestaciones reactivas expresadas como enfermedades neuróticas. En lo restante, la presión de la cultura no lleva a consecuencias patológicas, pero se manifiesta en aberraciones del carácter y en la constante disposición de los instintos inhibidos a irrumpir hacia la satisfacción cuando la ocasión sea favorable. Quien de tal manera es obligado a reaccionar constantemente de acuerdo a imposiciones que no corresponden a sus tendencias instintivas vive, en sentido psicológico, en un tren que excede los límites de sus recursos, y objetivamente puede considerársele como un hipócrita, siendo indiferente si esta circunstancia le es consciente o no. Es innegable que nuestra cultura actual favorece en grado extraordinario la aparición de esta clase de hipocresía. Podríamos arriesgarnos a afirmar que su existencia misma se basa sobre semejante engaño y que habría de sufrir profundas reformas si los hombres se resolvieran a vivir de acuerdo a la verdad psicológica. De modo que existe un número incomparablemente mayor de hipócritas culturales que de seres realmente culturales, y hasta podría discutirse el punto de vista según el cual cierta medida de esta hipocresía sería imprescindible para el mantenimiento de la cultura, porque la aptitud cultural organizada que poseen los hombres actuales quizá no bastaría para el rendimiento que la sociedad les exige. Por otra parte, el mantenimiento de la cultura, aun sobre una base tan precaria, ofrece la oportunidad de que cada generación venidera sufra una nueva transformación de instintos, estableciendo así el fundamento de una cultura mejor.

Las precedentes consideraciones nos ofrecen el consuelo de que era injustificada nuestra amarga decepción por la conducta inculta que nuestros conciudadanos del mundo manifiestan en esta guerra. Se fundaba en una ilusión que nos tenía dominados. En realidad, los hombres no han caído tan bajo como temíamos, porque no habían subido tan alto como creíamos. El hecho de que los pueblos y los Estados abandonaran las mutuas limitaciones morales se convirtió para ellos en una comprensible incitación a sustraerse por un instante a la opresión de la cultura, concediendo a sus instintos inhibidos una satisfacción momentánea. Al hacerlo, su moralidad relativa, dentro de su comunidad nacional, seguramente no sufrió menoscabo alguno.

Pero nosotros aún podemos profundizar la comprensión de las transformaciones que la guerra ha producido en nuestros antiguos compatriotas, y nos cuidaremos entonces de no hacerles injusticia, pues veremos que la evolución psíquica presenta una particularidad que no se da en ningún otro proceso evolutivo. Cuando una villa se convierte en ciudad, un niño en hombre, tanto la villa como el niño desaparecen en la ciudad y en el hombre. Sólo el recuerdo nos permite evocar los viejos rasgos en el nuevo cuadro; en realidad, los viejos materiales y las formas han sido eliminados y sustituidos por nuevos. Otra cosa sucede en la evolución psíquica. La incomparable situación que aquí reina sólo puede describirse afirmando que cada fase precedente queda conservada junto a la nueva, que de la anterior se ha originado. La sucesión es al mismo tiempo una coexistencia, pues son siempre los mismos materiales en los cuales se ha operado toda la serie de transformaciones. La fase psíquica superada puede no manifestarse durante años enteros, pero, no obstante, queda conservada al punto que cierto día puede convertirse de nuevo en forma de expresión de la energía psíquica, más aún: en su única forma de expresión, como si todas las evoluciones ulteriores hubiesen sido anuladas, vueltas atrás. Esta extraordinaria plasticidad de los procesos evolutivos psíquicos no puede manifestarse en un sentido cualquiera, podría designársele como una tendencia particular hacia el retroceso —regresión—, pues puede suceder fácilmente que una fase evolutiva superior y más elevada no logre volver a ser recuperada una vez que se la ha abandonado. En cambio, las fases primitivas siempre pueden volver a ser restablecidas; lo psíquico primitivo es, en pleno sentido del término, imperecedero.

Las denominadas enfermedades mentales deben despertar en el profano la impresión de que la vida psíquica o anímica habría sufrido un aniquilamiento. En realidad, este aniquilamiento sólo afecta adquisiciones y desarrollos recientes. La esencia de la enfermedad mental consiste en el regreso a estados anteriores de la vida afectiva y de la función. El estado del sueño —del reposo— constituye un excelente ejemplo de la plasticidad de la vida psíquica. Desde que podemos interpretar aun los más extraños y confusos sueños, sabemos que cada vez que nos dormimos arrojamos de nosotros, como si fuera un vestido, nuestra moralidad laboriosamente adquirida, para enfundárnosla de nuevo a la mañana siguiente. Naturalmente, esta desnudez no es peligrosa, pues el estado del reposo nos paraliza, nos condena a la inactividad. Sólo el sueño puede dar cuenta de la regresión de nuestra vida afectiva a una de las fases más tempranas del desarrollo. Así, por ejemplo, es notable que todos nuestros sueños sean dominados por motivos puramente egoístas. Uno de mis amigos ingleses sustentó esta afirmación ante una asamblea científica en Estados Unidos, pero una dama que se encontraba presente le advirtió que eso quizá sería exacto en Austria, pudiendo afirmar ella, de sí misma y de sus amigos, que aun en el sueño estarían animados por sentimientos altruistas. Mi amigo, aunque perteneciente a la raza anglosajona, se vio obligado a contradecir enérgicamente a la señora, basándose en sus propias experiencias con el análisis de los sueños: en el sueño, la noble americana sería tan egoísta como el austríaco.

Por consiguiente, también la transformación instintiva, sobre la cual se basa nuestra aptitud cultural, puede ser anulada permanente o momentáneamente por las influencias de la vida. Sin duda alguna, los influjos de la guerra forman parte de las instancias capaces de producir semejante regresión, de modo que no tenemos derecho a negar aptitud cultural a todos los que en la actualidad se conducen incultamente; por el contrario, podemos esperar que el ennoblecimiento de sus instintos se restablecerá en épocas más tranquilas.

Pero quizá otro síntoma que exhiben nuestros conciudadanos del mundo no nos haya asombrado y asustado menos que la dolorosa caída de su altura ética. Me refiero a la falta de comprensión que se ha apoderado de los mejores cerebros, a su resistencia, su impenetrabilidad frente a los argumentos más convincentes, a su ingenua credulidad frente a las afirmaciones más aventuradas. Desde luego estas cualidades forman un cuadro muy triste, y deseo declarar expresamente que de ningún modo caigo en la ciega parcialidad de ver las aberraciones intelectuales únicamente en uno de ambos bandos. Con todo, este fenómeno es aún más fácil de explicar y menos grave que el considerado hace un instante. Los conocedores del hombre y los filósofos nos han enseñado, hace mucho, que estamos errados al considerar nuestra inteligencia como una instancia independiente, pasando por alto su subordinación a la vida afectiva. Nuestro intelecto sólo podría actuar fidedignamente, si se aparta de la influencia de las fuertes tendencias afectivas; en el caso contrario, se conduciría simplemente como un instrumento en manos de una voluntad, y suministraría el resultado que esta le imponga. De modo que los argumentos lógicos serían impotentes frente a los intereses afectivos y, por ello, las discusiones con alegatos —los cuales, según las palabras de Falstaff "son tan numerosos como las zarzamoras"— serían tan estériles en el mundo de los intereses. La experiencia psicoanalítica ha venido a subrayar esta afirmación, si tal cosa aún es posible. A diario puede mostrar que los seres más perspicaces se conducen tan estúpidamente como si fueran débiles mentales, en cuanto la comprensión que se les exige tropieza con una resistencia afectiva, recuperando, sin embargo, toda su capacidad de raciocinio una vez que esta resistencia haya sido superada. La ceguera lógica que esta guerra produjo, como por arte de magia, precisamente en los mejores de nuestros conciudadanos es, por consiguiente, un fenómeno secundario, un producto de la excitación afectiva, y hemos de esperar que esté condenado a desaparecer con aquella. Si de tal manera volvemos a comprender a nuestros conciudadanos que se habían tornado extraños para nosotros, llegaremos a soportar mucho más fácilmente la decepción que nos han producido los individuos colectivos de la humanidad, pues a ellos sólo podemos plantearles exigencias mucho más modestas. Los pueblos quizá sólo repitan la evolución de los individuos, y aun actualmente se encontrarían en fases muy primitivas de la organización del proceso formador de unidades superiores. En consecuencia, el factor pedagógico de la coerción exterior en el sentido de la moralidad, que hemos hallado con tal potencia en el individuo, apenas es comprobable en los pueblos. Habíamos abrigado la esperanza de que la soberbia comunidad de intereses, producto del tráfico y de la producción, fuera el comienzo de esta coerción ética, pero parece que actualmente los pueblos obedecen mucho más a sus pasiones que a sus intereses. A lo sumo, utilizan sus intereses para *racionalizar* sus pasiones; aducen sus intereses para poder fundamentar la satisfacción de sus pasiones. Por qué los individuos colectivos se menosprecian, se odian, se aborrecen en el fondo, aún en épocas de paz. Eso es, por cierto, enigmático. Por mi parte, no sabría decirlo. Sucede en este caso como si desaparecieran todas las conquistas morales del individuo aislado en cuanto se junta una mayoría o aún millones de personas, quedando entonces sólo las actitudes psíquicas más primitivas, ancestrales y brutales. Quizá sólo la evolución futura logrará modificar en algo esta lamentable circunstancia. Pero el camino para alcanzar tal meta seguramente podría ser allanado, también, mediante una mayor honestidad y sinceridad de todo el mundo en las relaciones de los hombres entre sí, y de estos con los gobernantes.

II
Nuestra relación con la muerte

El segundo factor al cual atribuyo el hecho de que nos sintamos tan extraños en este mundo, otrora bello y familiar, es la conmoción que han sufrido nuestras habituales actitudes ante la muerte.

Esta relación con la muerte jamás fue franca y sincera. Si alguien nos escuchaba, estábamos, desde luego, dispuestos a reconocer que la muerte es el final ineludible de toda vida, que cada uno de nosotros tenía frente a la naturaleza una deuda: la muerte, y debía estar preparado para pagarla. En resumen, declarábamos que la muerte sería natural, innegable e ineludible. Pero en la realidad solíamos conducirnos como si estas condiciones fuesen muy distintas. Manifestábamos la tendencia inconfundible de apartar la muerte, de eliminarla de la vida. Tratábamos de condenarla al silencio y solíamos decir, en nuestros proverbios, que pensamos en algo como si fuera la muerte. Desde luego: como si fuera la propia muerte. La propia muerte es, por otra parte, inconcebible, y en cuanto intentamos imaginarla podemos advertir que, en el fondo, seguimos actuando frente a ella como meros espectadores. Así, la escuela psicoanalítica pudo atreverse a declarar que, en el fondo, nadie cree en su propia muerte, o, lo que es lo mismo, en el inconsciente cada uno de nosotros está convencido de su inmortalidad.

En lo que a la muerte ajena se refiere, el hombre culto evita concienzudamente referirse a esta posibilidad cuando el condenado a ella puede escucharle. Solo los niños se sobreponen a esta limitación: sin vacilar se amenazan mutuamente con las probabilidades de morir, y aún logran enrostrarle semejante cosa a una persona amada, por ejemplo, así: "Querida mamita, cuando por desgracia te hayas muerto, haré esto o aquello". El adulto civilizado tampoco llegará a pensar en la muerte del prójimo, sin considerarse impío o malvado, a menos que su profesión de médico, abogado o algo semejante, le obligué a tenerla en cuenta Menos aún se permitirá pensar en la muerte del prójimo, si con esta desgracia lograría un beneficio en libertad, propiedad o posición. Desde luego, esta piedad no logra evitar los fallecimientos, pero cuando estos acaecen, siempre nos sentimos profundamente conmovidos y como quebrantados en nuestras esperanzas. Destacamos regularmente la motivación casual de la muerte, el accidente, la enfermedad, la infección, la vejez; traicionando así nuestra tendencia a reducir la fatalidad de la muerte al rango de una simple casualidad. Un conjunto de muertes nos parece algo sumamente horrible. Frente al muerto, adoptamos una conducta peculiar, como una admiración por alguien que logró realizar algo sumamente difícil. Detenemos nuestra crítica del muerto, le perdonamos sus posibles injusticias y nos sometemos a la consigna de *mortuis nil nisi bonum*, considerando justificado que en la oración fúnebre y en el epitafio se le atribuya sólo lo mejor. La consideración con el muerto, que a este ya de nada le sirve, vale para nosotros más que la verdad y, seguramente, también más que la consideración con el ser viviente.

Esta actitud convencional frente a la muerte se complementa con un total aniquilamiento cuando la muerte se ha llevado a una persona que nos es querida, a uno de los padres, a un cónyuge, hermano, hijo o amigo amado. Enterramos con ellos nuestras esperanzas, pretensiones y goces; no dejamos que nos consuelen y nos resistimos a reemplazar al muerto por otra persona. Nos conducimos entonces como si fuésemos de aquellos Asra, que mueren con los seres a quienes aman[114].

Esta relación nuestra con la muerte ejerce una fuerte influencia sobre nuestra vida. La vida pierde valor o interés cuando la máxima apuesta que se puede hacer en el juego de la vida, es decir, la vida misma, no es aventurada. Se torna tan superficial y carente de contenido como, pongamos por caso, un galanteo americano, en el cual se sabe de antemano que nada ha de suceder, a diferencia de un amorío europeo, en el que ambas partes deben tener siempre presentes las más graves consecuencias. Nuestros vínculos afectivos y la insoportable intensidad de nuestro duelo nos llevan a esquivar las situaciones que podrían ser peligrosas para nosotros o para los nuestros. No nos atrevemos a tomar en consideración una serie de empresas que son peligrosas, pero también necesarias, como las tentativas de vuelo, las expediciones a países lejanos, los experimentos con sustancias explosivas. Nos inhibe la preocupación de quién podrá sustituir al hijo ante la madre, al marido ante la mujer, al padre ante los hijos, si sucediera una desgracia. La tendencia a eliminar la muerte del cálculo de la vida ha tenido por consecuencia muchas otras renuncias y rechazos. Sin embargo, el alma de la Hansa rezaba: *Navigare necesse est, vivire non necesse!* (Navegar es necesario, vivir no).

Es ineludible entonces que busquemos el mundo de la ficción, en la literatura, en el teatro, un sucedáneo por la pérdida de la vida. Allí aun encontramos seres que saben morir, que hasta logran matar a otros; sólo allí se cumple la condición bajo la cual

---

[114] N. del Traductor. —El autor se refiere sin duda a la poesía de Heine, *Der Asra*, cuya última estrofa dice así:

"Y le dijo el doncel: Me llamo
Mohamed; soy oriundo del Yemen,
Y mi tribu son los Asra,
que se mueren, cuando aman".

podríamos conciliarnos con la muerte: la de que, pese a todos los azares de la existencia, siempre nos quedará una vida. Es profundamente triste que en la vida suceda como en el ajedrez, donde una jugada equivocada nos puede obligar a abandonar la partida, con el agravante de que en aquel caso no podemos desquitarnos con una segunda partida. En el terreno de la ficción encontramos la multiplicidad de la vida que tanto necesitamos. Morimos identificados con uno de los héroes, pero le sobrevivimos, y estamos tan dispuestos como antes a morir una vez más con él.

Es evidente que la guerra aparta de un plumazo esta actitud convencional ante la muerte. Ya no es posible negarla, estamos forzados a creer en ella. Los hombres mueren realmente, y no uno por uno, sino muchos, frecuentemente decenas de millares en un mismo día. Además, la muerte ha dejado de ser un azar. Seguramente sigue pareciendo casual que una bala mate a uno y respete a otro, pero el sobreviviente puede ser herido fácilmente por una segunda bala, de modo que la multiplicación de las posibilidades aniquila la impresión de lo casual. Por cierto, la vida ha vuelto a ser interesante, ha recuperado todo su contenido.

Deberíamos trazar aquí una división entre dos grupos de seres: el de aquellos que ofrendan su vida en el campo de batalla, y el de los que quedan en el hogar y sólo deben esperar la pérdida de algún ser amado, por herida, enfermedad o infección. Seguramente sería muy interesante estudiar las modificaciones en la psicología de los guerreros, pero sé demasiado poco de ellos. Hemos de ajustarnos al segundo grupo, al cual pertenecemos nosotros mismos. Ya expresé mi creencia de que la conmoción y paralización de nuestro rendimiento, bajo las cuales sufrimos, estarían condicionadas, en parte, por la circunstancia de que no podemos conservar nuestra antigua relación con la muerte y de que aún no hemos encontrado una nueva. Quizá hallemos una ayuda al orientar nuestra investigación psicológica a otras dos relaciones con la muerte: a aquella que podemos atribuir al hombre primitivo, al hombre prehistórico, y a aquella otra que aún se conserva en cada uno de nosotros, pero que se esconde, invisible para la conciencia, en los estratos más profundos de nuestra vida psíquica.

Desde luego, sólo sabemos a través de deducciones y conclusiones qué actitud adoptó el hombre primitivo frente a la muerte, pero creo que estos recursos nos han suministrado una información bastante fidedigna.

El hombre primitivo se condujo en forma sumamente curiosa frente a la muerte. De ningún modo presentaba una actitud uniforme, sino más bien una contradictoria. Por un lado, tomaba en serio a la muerte, la reconocía como término de la vida y la aplicaba en este sentido. En cambio, por otro lado, la negaba, la reducía a la nada. Esta contradicción fue posible por el hecho de que tenía frente a la muerte del prójimo, del extranjero, del enemigo, una posición radicalmente distinta a la que adoptaba frente a la propia. La muerte del prójimo era aceptada, le parecía una aniquilación del ser odiado, y el hombre primitivo no tenía escrúpulos en provocarla. Seguramente era un ser sumamente apasionado, más cruel y malvado que otros animales. Le gustaba matar y lo hacía como algo natural. No hemos de atribuirle el instinto que, según se acepta, impide a otros animales matar y devorar a individuos de su propia especie. La prehistoria de la humanidad está, en efecto, llena de homicidios. Aún hoy, lo que nuestros hijos aprenden en la escuela como historia de la humanidad es en esencia una serie de homicidios colectivos. El obscuro sentimiento de culpabilidad bajo el cual se encuentra la humanidad desde épocas ancestrales, sentimiento que en muchas religiones se ha condensado en la aceptación de una *culpa primitiva*, de un pecado original, quizá no sea más que la expresión de una culpa de sangre que la humanidad prehistórica habría arrojado sobre sí. En mi libro *Tótem y tabú* (1913), pretendí adivinar la índole de esta vieja culpa, siguiendo las indicaciones de W. Robertson Smith, Atkinson y Charles Darwin, y creo que hasta la actual doctrina cristiana nos permite inferirla. Cuando el hijo de Dios debe sacrificar su vida para salvar a la humanidad del pecado original, entonces, de acuerdo a la ley del Talión, este pecado debe haber sido una muerte, un homicidio. Sólo semejante crimen podría haber exigido para su redención la ofrenda de una vida. Y si el pecado original fue un crimen ante Dios Padre, entonces el crimen más antiguo de la humanidad debe haber sido un parricidio, el asesinato del padre ancestral de la primitiva horda humana, cuya imagen fue esclarecida más tarde en el recuerdo, transformándola en la divinidad[115].

La propia muerte seguramente fue tan inconcebible e irreal para el hombre primitivo, como aún lo es hoy para cada uno de nosotros. Pero el primero se enfrentó con una situación en la cual entraban en conflicto ambas actitudes antagónicas ante la muerte, y ese caso adquirió gran significación, estaba colmado de trascendentes consecuencias. Se trata de la situación en que el hombre primitivo veía morir a uno de sus allegados, su mujer, a su hijo, a su amigo, seres todos a quienes seguramente amaba como nosotros a los nuestros, pues el amor no puede ser mucho más reciente que el placer de matar. En esas ocasiones hubo de experimentar en su dolor la vivencia de que también uno mismo podría morir, y todo su ser se alzó contra este reconocimiento: cada uno de estos seres amados era una parte de su propio y amado *yo*. Por otro lado, semejante muerte no le venía del todo mal, pues en cada una de las personas amadas había también una parte extraña. La ley de la ambivalencia afectiva, que todavía hoy domina nuestras relaciones sentimentales con las personas amadas, seguramente tenía vigencia aún más

[115] Véase: “El retorno infantil del totemismo”, en *Tótem y tabú*; tomo VIII de la presente edición.

ilimitada en los tiempos ancestrales. Por ello, estos muertos amados también eran, al mismo tiempo, extraños y enemigos que despertaban en él una parte de sentimientos hostiles[116].

Los filósofos han afirmado que el enigma intelectual planteado al hombre primitivo por la vivencia de la muerte habría despertado su reflexión, y constituiría el origen de toda labor especulativa. Por mi parte, creo que aquí los filósofos piensan demasiado filosóficamente, negligencian en demasía los poderosos motivos primitivos. Por ello, quisiera limitar y corregir la mencionada afirmación. Ante al cadáver del enemigo muerto, el hombre primitivo seguramente habrá triunfado, jubiloso, sin hallar motivo alguno para torturar su cerebro con reflexiones sobre el enigma de la vida y de la muerte. El afán de la humanidad no fue despertado por el enigma intelectual, ni tampoco por un fallecimiento cualquiera, sino por el conflicto afectivo ante la muerte de personas amadas y, al mismo tiempo, también extrañas y odiadas. De este conflicto afectivo nació, ante todo, la Psicología. El hombre ya no fue capaz de mantener la muerte lejos de sí, una vez que esta le hubo causado un sufrimiento por la pérdida de un ser querido; pero no por ello se resignó a aceptar su existencia, dado que le resultaba imposible imaginarse a sí mismo muerto. De tal modo estableció compromisos, y aunque aceptó la muerte, le negó importancia en cuanto a la interrupción de la vida, salvedad que no había tenido razón de ser frente a la muerte del enemigo. Ante el cadáver de la persona amada imaginó entonces los espíritus, y su sentimiento de culpabilidad por la satisfacción que de alguna manera estaba vinculada al duelo llevó a que estos espíritus creados se tornaran demonios malvados, ante los cuales es preciso sentir temor. Las modificaciones producidas

[116] Véase: "El tabú y la ambivalencia de los sentimientos", en *Tótem y tabú*; tomo VIII de estas *Obras Completas*.

por la muerte le condujeron a dividir al individuo en un cuerpo y en un alma que, al principio, fue múltiple. De tal manera, sus ideas corrieron paralelas con el proceso de destrucción que la muerte inicia. El recuerdo permanente de la persona fallecida se convirtió en la base para aceptar otras formas de existencia, le inspiró la idea de una sobrevivencia ulterior a la muerte aparente.

Estas existencias ulteriores sólo fueron al principio apéndices de la que la muerte acababa de concluir, siendo nebulosas, faltas de contenido y, durante mucho tiempo, menospreciadas; aún presentaban el carácter de construcciones endebles. Recordemos lo que el alma de Aquiles responde a Ulises:

> "Pero tú, oh Aquiles, eres el más dichoso de todos los hombres que nacieron y han de nacer, puesto que antes, cuando vivías, los argivos te honrábamos como a una deidad, y ahora, estando aquí, impresas poderosamente sobre los difuntos. Por lo cual, oh Aquiles, no han de entristecerte por que estés muerto".
>
> "Así le dije, y me contestó en seguida: "No intentes consolarme de la muerte, esclarecido Odiseo: preferiría ser labrador y servir a otro, a un hombre indigente que tuviera pocos recursos para mantenerse, a reinar sobre todos los muertos".
>
> (*Odisea*, XI, versos 484-491, traducción de Maurice Croiset).

O bien la fuerte y amargamente paródica versión de Heine:

> "El más pequeño filisteo,
> Que vive en Stuckert, junto al Neckar,
> Es mucho más feliz que yo,
> El héroe muerto, tenebroso rey
> de los demonios subterráneos"[117].

---

[117] Versión castellana del traductor.

Sólo más tarde las religiones lograron convertir esta segunda existencia en la más preciosa, valedera, reduciendo la vida concluida por la muerte al papel de un simple prolegómeno. Así, sólo fue por consecuencia lógica que la vida también fuera prolongada hacia el pasado, que se imaginaran existencias anteriores, la metempsícosis y las encarnaciones, todas ellas tentativas destinadas a privar a la muerte de su importancia como interruptora de la vida. Tan antiguos son los orígenes que tiene la negación de la muerte, calificada por nosotros de convención cultural.

Frente al cadáver de la persona amada, no sólo surgió la veneración del alma, la creencia en la inmortalidad y una poderosa raíz del sentimiento de culpabilidad humano, sino también las primeras reglas éticas. El primero y más importante mandamiento de la naciente conciencia decía: *No matarás*. Fue adquirido como reacción frente a la satisfacción del odio contra el amado muerto, escondida tras el duelo por este, y paulatinamente se extendió a los extraños, no amados, y finalmente, también a los enemigos.

Frente a este último, al enemigo, el hombre civilizado ya no experimenta esta reacción. Una vez que la cruenta lucha de esta guerra haya llegado a su decisión, cada uno de los contendientes victoriosos volverá contento a su hogar, junto a su mujer y sus hijos, sin sentirse perturbado o molestado por el recuerdo de los enemigos que mató en lucha cuerpo a cuerpo o mediante armas de acción a distancia. Es notable que los pueblos primitivos aún existentes en la Tierra, seguramente más próximos que nosotros al hombre de las cavernas, se conducen al respecto de muy distinta manera o, por lo menos, se han conducido así mientras todavía no habían experimentado la influencia de nuestra cultura. El salvaje —australiano, bosquimano, fueguino— de ningún modo es un homicida libre de remordimientos; cuando vuelve victorioso de sus campañas bélicas no le está permitido pisar la tierra de su pueblo o tocar a su mujer, mientras no se haya redimido de sus homicidios guerreros mediante penitencias muchas veces prolongadas y penosas. Desde luego, es fácil explicar esto mediante su superstición: el salvaje teme aún la venganza de los espíritus de quienes ha matado. Pero los espíritus de los enemigos muertos no son otra cosa que expresiones de su remordimiento o de su pecado de sangre. Tras estas supersticiones se esconde un trozo de sensibilidad ética que nosotros, hombres civilizados, hemos perdido[118].

Los seres piadosos que quisieran vernos lejos del contacto con lo malo y pecaminoso seguramente aprovecharán esta precocidad e intensidad que hemos descubierto en la prohibición del homicidio, deduciendo conclusiones optimistas en cuanto a la fuerza de los impulsos éticos que deben estar arraigados en nosotros. Desgraciadamente, este argumento es aún más demostrativo si se extrae de él la conclusión contraria: una prohibición tan intensa sólo puede dirigirse contra un impulso igualmente intenso. No es necesario prohibir lo que nadie desea en el fondo, pues esto se excluye por sí mismo[119]. Precisamente la acentuación del mandamiento "No matarás" nos demuestra con seguridad que descendemos de una interminable serie de generaciones de homicidas, en cuya sangre anidaba el deseo de matar, que quizá también se encuentra en nosotros. Los anhelos éticos de la humanidad, cuya fuerza e importancia no es necesario menospreciar, son adquisiciones ganadas en el curso de la historia humana; se han convertido luego, por desgracia, en medida muy variable, en bienes herenciales de la humanidad actual.

Dejemos ahora al hombre primitivo, y dirijámonos al inconsciente en nuestra propia vida psíquica. Aquí debemos

[118] Véase Tótem y tabú. (Tomo VIII).

[119] Consúltese la brillante argumentación de Frazer. (Freud: *Tótem y tabú*, tomo VIII de la presente edición).

fundarnos por completo en el método de la investigación psicoanalítica, el único que llega a tales profundidades. Nos preguntamos: ¿qué actitud adopta nuestro inconsciente frente al problema de la muerte? La respuesta debe ser casi la misma que el hombre primitivo. Al respecto, como en muchas otras circunstancias, el hombre prehistórico sobrevive casi inmutable en nuestro inconsciente. Lo que denominamos nuestro "inconsciente" —es decir, los estratos más profundos de nuestra vida psíquica, constituidos por tendencias instintivas— no conoce nada negativo, ignora la negación (en él se juntan las antítesis) y, por ello, tampoco conoce la propia muerte, a la cual sólo podemos darle un contenido negativo. En consecuencia, no poseemos ninguna tendencia instintiva que favorezca la creencia en la muerte. Quizá este sea el secreto del heroísmo. La explicación racional del heroísmo se basa en el juicio de que la propia vida no sería tan valiosa como ciertos bienes abstractos de valor general. Pero yo creo que es más frecuente el heroísmo instintivo e impulsivo, el ajeno a tales motivaciones, y basado simplemente en la convicción de Juan, el picapedrero, personaje de Anzengruber, que enfrenta los peligros diciéndose: "Nada te puede pasar". También podría ser que aquella motivación sólo sirviera para eliminar las objeciones que podrían impedir a la reacción heroica conforme a lo inconsciente. La angustia de muerte, bajo cuyo dominio nos encontramos más frecuentemente de lo que pensamos, es, en cambio, algo secundario, emanado generalmente de su sentimiento de culpabilidad.

Por otra parte, aceptamos la muerte para los extraños y para los enemigos, y la imponemos a estos con la misma facilidad y falta de escrúpulos con que lo hacía el hombre primitivo. Desde luego, aquí se acusa una discrepancia que adquiere importancia decisiva en la realidad. Nuestro inconsciente no realiza el asesinato, sino que sólo lo piensa y lo desea, pero no sería justo menospreciar del todo esta *realidad psíquica*, frente a *la de los hechos exteriores*. A diario y cada hora eliminamos en nuestros impulsos inconscientes a cuantos seres se oponen en nuestro camino, nos ofenden o nos perjudican. El "¡Lléveselo el diablo!", expresión que tan frecuentemente empleamos, mitad en broma, mitad en cólera, y que, en realidad, significa: "¡Lléveselo la muerte!", es en nuestro inconsciente un serio y poderoso deseo homicida. Más aún, nuestro inconsciente hasta llega a asesinar por minucias. Como la antigua legislación griega de Dracón, la cual sólo conoce para los crímenes una pena: la de muerte. Al adoptar estar actitud procede con cierta consecuencia lógica, pues cualquier daño infligido a nuestro *yo* todopoderoso y envanecido es, en el fondo, un *crimen lèse-majesté*.

Así también nosotros, si se nos juzga de acuerdo a nuestros deseos instintivos inconscientes, somos, como los hombres primitivos, una caterva de asesinos. Felizmente, todos estos deseos no poseen la fuerza que el hombre prehistórico les adjudicaba[120]; en el fuego graneado de las mutuas imprecaciones, hace mucho que habría perecido la humanidad, tanto los hombres mejores y más sabios, como las más bellas y encantadoras mujeres.

Al sustentar afirmaciones como las precedentes, el psicoanálisis suele enfrentarse con la incredulidad de los profanos. Se las rechaza como calumnias que no tendrían valor frente a las aseveraciones de la conciencia, y se pasa hábilmente por alto los pequeños signos mediante los cuales también el inconsciente suele traicionarse en la conciencia. Por eso ha llegado el momento de señalar que muchos pensadores, que no pudieron ser influenciados por el psicoanálisis, condenan con claridad meridiana la facilidad con que nuestros pensamientos íntimos eliminan cuanto se opone a nosotros, violando la prohibición

[120] Véase: "Animismo, magia y omnipotencia de las ideas", en *Tótem y tabú*; tomo VIII de la presente edición.

del homicidio. Entre muchos otros elijo un único ejemplo, que ha adquirido considerable fama.

En *Le père Goriot*, Balzac alude a un pasaje de las obras de J. J. Rousseau, en el cual este autor pregunta al lector qué haría si (desde luego, sin tener que abandonar París y sin correr peligro de ser descubierto) pudiese matar, por simple acto de la voluntad, a un viejo mandarín que vive en China y cuya muerte le produciría gran beneficio. El autor nos deja adivinar que no considera muy grandes las probabilidades de vida de ese dignatario, y el refrán *tuer son mandarin*[121] se ha convertido, desde entonces, en expresión de esta secreta facilidad para el homicidio, que también se encuentra en los seres actuales.

Además, hay un gran número de chistes cínicos y de anécdotas que indican la misma tendencia, por ejemplo, la expresión atribuida a un hombre casado: "Si uno de nosotros se muere, yo me mudo a París". Chistes tan cínicos no serían posibles, si no tuviera por misión comunicar una verdad negada, que uno no puede confesarse en serio y sin rodeos. Como sabemos, en el chiste hasta se puede decir la verdad.

Como para el hombre primitivo, así también para nuestro inconsciente existe un caso en el cual chocan y entran en conflicto ambas tendencias opuestas frente a la muerte: la que la reconoce como negación de la vida, y la otra, que la niega, considerándola inexistente. Este caso es para nosotros el mismo que para el hombre primitivo: la muerte o el peligro de muerte de un ser querido; de un padre o cónyuge, un hermano, un hijo o un amigo amado. Estos seres queridos son para nosotros, por un lado, una propiedad íntima, partes de nuestro propio *yo*; pero, por el otro, también son extraños, aun enemigos. Exceptuando muy raras situaciones, las más tiernas y cariñosas de nuestras

[121] N. del Traductor. —"Matar a su mandarín".

relaciones amorosas poseen también una pizca de hostilidad que es capaz de animar el deseo inconsciente de muerte. Pero de este conflicto de ambivalencia no se desprende, como antes, la psicología y la ética, sino la neurosis, que nos permite mirar profundamente aun a la vida psíquica normal. ¡Cuán frecuentemente los médicos que practican el psicoanálisis deben ocuparse con los síntomas de la preocupación excesiva por el bienestar de los allegados, o con autoacusaciones, totalmente inmotivadas, por la muerte de una persona amada! El estudio de estos fenómenos no les ha dejado duda alguna respecto al carácter general y a la importancia de los deseos homicidas inconscientes.

El profano siente extraordinario horror ante estos presuntos sentimientos suyos y acepta esta resistencia como fundamento legítimo para negar crédito a las afirmaciones del psicoanálisis. Creo que, al hacerlo, es injusto. No tratamos de menoscabar nuestra vida amorosa, ni existe tal detrimento en la realidad. Desde luego, nuestra comprensión y nuestros sentimientos se resisten a fundir de esta manera el amor y el odio, pero cuando la naturaleza opera con este par antagónico, logra mantener siempre despierto y fresco el amor, para asegurarlo contra el odio que tras él se encuentra al acecho. Podemos afirmar que los despliegues más bellos de nuestra vida amorosa se los debemos a la *reacción* contra el impulso hostil que sentimos en nuestro corazón.

Sinteticemos ahora lo dicho: nuestro inconsciente es tan inaccesible a la representación de la propia muerte, está tan dispuesto al homicidio del extraño, es tan ambivalente frente a la persona amada, como el hombre de los tiempos prehistóricos. Pero ¡cuánto nos hemos alejado de este estado primitivo en nuestra posición convencional y culta frente a la muerte!

Es fácil advertir cómo interviene la guerra en esta discrepancia. Nos priva de los sedimentos culturales más recientes, y deja aparecer nuevamente en nosotros al hombre primitivo. Nos obliga de nuevo a ser héroes que no pueden creer en la propia muerte; nos muestra a los extraños como enemigos, cuya muerte se ha de provocar o desear y nos aconseja sobreponernos a la muerte de personas amadas. Pero la guerra no puede ser abolida; mientras las condiciones de existencia de los pueblos sean tan dispares y las repulsiones entre ellos tan potentes, las guerras serán inevitables. Así, se nos plantean las siguientes preguntas: ¿No hemos de ser nosotros los que cedamos y nos adaptamos a ella? ¿Por qué no confesar que con nuestra posición cultural frente a la muerte hemos vivido psicológicamente una vez más por encima de nuestros medios? ¿Por qué no volver atrás para enfrentarnos con la verdad? ¿No sería mejor otorgar a la muerte, en la realidad y en nuestros pensamientos, la plaza que le corresponde, destacando un poco más nuestra actitud inconsciente frente a la muerte, que hasta ahora habíamos ocultado con tanto esmero?

Esto parecería no ser un progreso, sino, en muchos sentidos, más bien un retroceso, una regresión; pero tiene la ventaja de tener más en cuenta la verdad y de hacernos la vida más soportable. Soportar la vida, he aquí el principal deber de los seres vivientes. Toda ilusión pierde valor cuando nos perturba al cumplirlo.

Recordemos el viejo lema *Si vis pacem, para bellum*. (Si quieres conservar la paz, alístate para la guerra.)

Estaría más de acuerdo con nuestro tiempo, si lo modificáramos así: *Si vis vitam, para mortem*. Si pretendes soportar la vida, adáptate a la muerte.

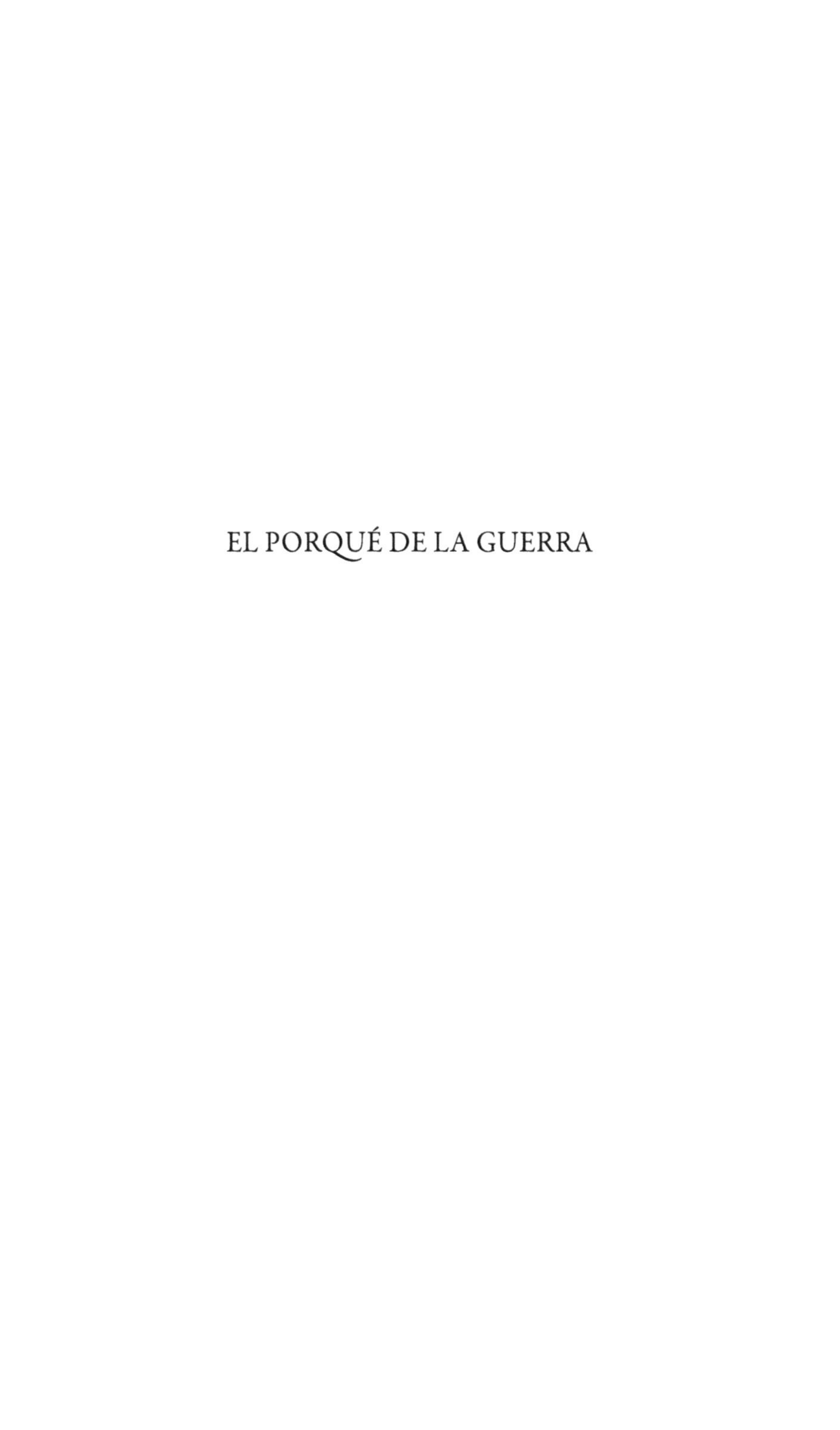

EL PORQUÉ DE LA GUERRA

En el año 1931 el Comité Permanent des Lettres et des Arts de la Societé des Nations invitó al Institut International de Coopération Intelectuelle a "estimular el intercambio epistolar entre lo más distinguidos representantes de la vida intelectual, análogamente al canje de ideas que siempre, pero ante todo en las épocas culminantes de la historia europea, se realizó por aquel conducto; a elegir con tal fin los temas que mejor puedan servir a los intereses comunes de la Liga de las Naciones y de la vida espiritual y finalmente, a publicar periódicamente esta correspondencia".

Cumpliendo esa resolución, el Institut International de Coopération Intelectuelle publica en París una serie titulada *Correspondance, Open Letters*. El segundo volumen, aparecido a principios de 1933 bajo el título *Warum Kieg?, Pourquoi la guerre?, Why war?*, simultáneamente en alemán, francés e inglés (Institut International de Coopération Intelectuelle), contiene una carta de Albert Einstein, y la presente respuesta del autor[122]. La traducción del texto original al francés fue realizada por Blaise Briod; la versión inglesa es de Stuart Gilbert.

[122] N. del Traductor. —Esta carta abierta fue publicada, además de las fuentes originales que se mencionan a continuación, en el tomo XII de las *Gesammelte Schriften* y en el XVI de la *Gesamte Ausgabe*.

El lector que no acierte a explicarse aquellas formulaciones de este trabajo, que contradicen algunas del precedente, debe tener en cuenta que entre ambos media un período de dieciocho años, durante el cual la teoría psicoanalítica de los instintos y de la estructura del aparato psíquico tomó un nuevo rumbo, expuesto, quizá con más concisión y claridad, en *Más allá del principio del placer* (1920) y en *El yo y el Ello* (1923).

En su carta, fechada el 30 de julio de 1932, Albert Einstein condensó en la siguiente pregunta el tema motivo de su correspondencia: "¿Existe un camino que permita a los hombres escapar al destino de la guerra?" Esta pregunta plantearía problemas que sólo la Psicología sería capaz de iluminar. Albert Einstein expone luego sus ideas en cuanto a la tarea de provenir las guerras; manifiesta que "la parte exterior de este problema, es decir, lo referente a su organización", le parece simple: "Los Estados crean una autoridad legislativa y judicial destinada a conciliar todos los conflictos que surjan entre ellos" y asumen el compromiso de someterse a la autoridad de este organismo. Aquí se tropezaría con la primera dificultad: el tribunal, siendo una institución humana, sería tanto más accesible a influencias ajenas al derecho cuanto menos poderío poseyera. Pero actualmente estaríamos muy lejos de disponer de una organización situada por encima de los Estados, que fuese capaz de imponer absoluta obediencia ante la ejecución de sus fallos. En detalle, Einstein formula las siguientes preguntas: "¿Cómo es posible que la mencionada minoría (se refiere a la clase dominante) logre someter a sus designios a las masas populares, que no pueden esperar de la guerra sino sufrimientos y daños? ¿Cómo es posible que las masas se dejen enardecer hasta el delirio y el sacrificio personal, mediante estos recursos?" (Es decir: la minoría formada por la clase dominante dispondría, ante todo, de la escuela, de la prensa y, casi siempre, también de las organizaciones religiosas). "¿Existe una posibilidad que permita orientar la evolución psíquica de los hombres, de modo tal que los inmunice contra las psicosis del odio y de la destrucción?"

Viena, septiembre de 1932.

Estimado señor Einstein:

Cuando me enteré de que usted se proponía invitarme a cambiar ideas sobre un tema que ocupaba su interés y que también le parecía ser digno del ajeno, manifesté complacido mi aprobación. Sin embargo, esperaba que usted elegiría un problema próximo a los límites de nuestro actual conocimiento, un problema ante el que cada uno de nosotros, el físico como el psicólogo, se pudiera labrar un acceso especial, de modo que, acudiendo de distintas procedencias, se encontrasen en un mismo terreno. En tal expectativa, me sorprendió su pregunta: ¿qué podría hacerse para evitar a los hombres el destino de la guerra? Durante un momento quedé asustado bajo la impresión de mi —casi hubiera dicho: "de nuestra"— incompetencia, pues aquella me parecía una tarea práctica que corresponde a los políticos. Pero luego comprendí que usted no planteaba la pregunta en tanto que investigador de la naturaleza y físico, sino como amigo de la humanidad, respondiendo al estímulo de la Liga de las Naciones, a la manera de Fridtjof Nansen, el explorador del Ártico, que tomó a su cargo la asistencia de las masas hambrientas y de las víctimas refugiadas de la Guerra Mundial. Además, tuve en cuenta que no se me pedía la formulación de propuestas prácticas, sino que sólo había de bosquejar cómo se presenta a la consideración psicológica el problema de prevenir las guerras.

Pero usted en su misiva ha expresado ya casi todo lo que podría decir al respecto. En cierta manera, usted ha quitado el viento de mis velas, pero de buen grado navegaré en su estela y me limitaré a confirmar cuanto usted enuncia, tratando de explayarlo según mi mejor ciencia o presunción.

Comienza usted con la relación entre el derecho y el poder: he aquí, por cierto, el punto de partida más adecuado para nuestra investigación. ¿Puedo sustituir la palabra "poder" por el término, más claro y más duro, "fuerza"? Derecho y fuerza son hoy para nosotros antagónicos, pero no es difícil demostrar que el primero surgió de la segunda, y retrocediendo hasta los orígenes ancestrales de la humanidad, para observar cómo se produjo este fenómeno, la solución del enigma se nos presenta sin esfuerzo. No obstante, perdóneme usted si en lo que sigue paso revista, como si fuesen novedades, a cosas conocidas y reconocidas por todo el mundo: el hilo de mi exposición me obliga a ello.

De modo que, en principio, los conflictos de intereses entre los hombres son solucionados mediante el recurso de la fuerza. Así sucede en todo el reino animal, del cual el hombre no habría de excluirse, pero en el caso de este se agregan también conflictos de opiniones que alcanzan hasta las mayores alturas de la abstracción y que parecen requerir otros recursos para su solución. En todo caso, esto sólo es una complicación relativamente reciente. Al principio, en la pequeña horda humana, la mayor fuerza muscular era la que decidía a quién debía pertenecer alguna cosa, o la voluntad de quien debía llevarse a cabo. Al poco tiempo, la fuerza muscular fue reforzada y sustituida por el empleo de herramientas: triunfó aquel que poseía las mejores armas o que sabía emplearlas con mayor habilidad. Con la adaptación de las armas, la superioridad intelectual ya comienza a ocupar la plaza de la fuerza muscular bruta, pero el objetivo final de la lucha sigue siendo el mismo: por el daño que se le inflige o por la aniquilación de sus fuerzas, una de las partes contendientes ha de ser obligada a abandonar sus pretensiones o su oposición. Este objetivo se alcanza en forma más completa cuando la fuerza del enemigo queda definitivamente eliminada, es decir, cuando se le mata. Tal resultado ofrece la doble ventaja de que el enemigo no puede iniciar de nuevo su oposición y de que el destino sufrido sirve como escarmiento, desanimando a otros que pretendan seguir su ejemplo. Finalmente, la muerte del enemigo satisface una tendencia instintiva que habré de mencionar más adelante. En un momento dado, al propósito homicida se opone la consideración de que, respetando la vida del enemigo, pero manteniéndolo atemorizado, podría emplearselo para realizar servicios útiles. Así, la fuerza, en lugar de matarlo, se limita a subyugarlo. Este es el origen del respeto por la vida del enemigo, pero desde ese momento el vencedor hubo de contar con los latentes deseos de venganza que abrigaban los vencidos, de modo que perdió una parte de su propia seguridad.

Por consiguiente, esta es la situación original: domina el mayor poderío, la fuerza bruta o intelectualmente fundamentada. Sabemos que este régimen se modificó gradualmente en el curso de la evolución y que un camino llevó de la fuerza a la justicia; pero, ¿cuál fue este camino? Yo creo que sólo pudo ser uno: el que pasa por el reconocimiento de que la fuerza mayor de un individuo puede ser compensada por la asociación de varios, más débiles. *L'union fait la forcé*. La violencia es vencida por la unión; el poderío de los unidos representa ahora la justicia, en oposición a la fuerza del individuo aislado. Vemos, pues, que la justicia no es sino el poderío de una comunidad. Sigue siendo una fuerza dispuesta a dirigirse contra cualquier individuo que se le oponga; recurre a los mismos medios, persigue los mismos fines; en el fondo, la diferencia sólo reside en que ya no es el poderío del individuo el que se impone, sino el de un grupo de individuos. Pero es preciso que se cumpla una condición psicológica para que pueda efectuarse este pasaje de la violencia al nuevo derecho: la unidad del grupo ha de ser permanente, duradera. Nada se habría alcanzado si la asociación sólo se formara para luchar contra un individuo demasiado poderoso, desmembrándose una vez vencido este. El primero que se sintiera más fuerte, trataría nuevamente de dominar mediante su fuerza, el juego se repetiría sin cesar. La asociación debe ser conservada permanentemente; debe organizarse, crear preceptos que prevengan las temidas insubordinaciones; debe designar organismos que vigilen el cumplimiento de los preceptos —leyes— y ha de tomar a su cargo la ejecución de los actos de fuerza legales. Cuando los miembros de un grupo humano reconocen esta comunidad de intereses, aparecen entre ellos vínculos afectivos, sentimientos gregarios que constituyen el verdadero fundamento de su poderío.

Con esto, según creo, ya está dado lo esencial: la superación de la violencia por la cesión del poderío a una unidad más amplia, mantenida por los vínculos afectivos entre sus miembros. Cuanto sucede después no son sino aplicaciones y repeticiones de esta fórmula. El estado de cosas no se complica mientras la comunidad sólo conste de cierto número de individuos igualmente fuertes. Las leyes de esta asociación determinan entonces en qué medida cada uno de sus miembros ha de renunciar a la libertad personal de ejercer violentamente su fuerza para que sea posible una segura vida en común. Pero esta situación pacífica sólo es concebible teóricamente, pues en la realidad es complicada por el hecho de que desde un principio la comunidad está formada por elementos de poderío dispar, por hombres y mujeres, hijos y padres, y, al poco tiempo, a causa de guerras y conquistas, también por vencedores y vencidos que se convierten en amos y esclavos. El derecho de la comunidad se torna entonces en expresión de la desigual distribución del poder entre sus miembros; las leyes serán hechas por y para los dominantes, y concederán escasos derechos a los subyugados. Desde ese momento existen en la comunidad dos fuentes de conmociones jurídicas, pero al mismo tiempo también de nuevas legislaciones. Por un lado, algunos de los amos tratarán de eludir las restricciones de vigencia general, es decir, abandonarán el dominio del derecho para volver al dominio de la violencia; por el otro, los oprimidos tenderán constantemente a procurarse mayor poderío y querrán que este fortalecimiento halle eco en la justicia, es decir, que se progrese del derecho igual para todos. Esta última tendencia será tanto más acusada, si en el ente colectivo aparecen realmente desplazamientos de las relaciones de poderío, como acaecen a causa de múltiples factores históricos. En tal caso, el derecho puede adaptarse paulatinamente a la nueva distribución del poderío o, lo que es más frecuente, la clase dominante se negará a reconocer esta transformación y se llega a la rebelión, a la guerra civil, es decir, a la supresión transitoria del derecho y a renovadas tentativas violentas que, una vez transcurridas, pueden ceder el lugar a un nuevo orden legal. Aún existe otra fuente de la evolución legal, que sólo se manifiesta en forma pacífica: se trata del desarrollo cultural de los miembros de la colectividad; pero esta forma parte de un conexo que no habremos de considerar sino más adelante.

Vemos, por consiguiente, que hasta dentro de una misma colectividad no se puede evitar la solución violenta de los conflictos de intereses. Sin embargo, las necesidades y los fines comunes que resultan de la convivencia en el mismo terreno favorecen la terminación rápida de esas luchas, de modo que aumenta sin cesar, en estas condiciones, la probabilidad de que se recurra a medios pacíficos para resolver los conflictos. Pero una ojeada a la historia de la humanidad nos muestra una serie ininterrumpida de conflictos entre una comunidad y otra u otras, entre conglomerados mayores o menores, entre ciudades, comarcas, tribus, pueblos, Estados; conflictos que casi invariablemente fueron decididos por el cotejo bélico de las respectivas fuerzas. Semejantes guerras terminan, ya en el saqueo, ya en el completo sometimiento y en la conquista de una de las partes contendientes. No es lícito juzgar con el mismo criterio todas las guerras de conquista. Algunas, como las de los mongoles y de los turcos, sólo llevaron a calamidades; otras, en cambio, a la transformación de la violencia en el derecho, al establecimiento de entes mayores, en cuyo seno quedó eliminada la posibilidad del despliegue de fuerzas, solucionándose los conflictos mediante un nuevo orden legal. Así, las conquistas de los romanos legaron la preciosa *pax romana* a los pueblos mediterráneos. Las tendencias expansivas de los reyes franceses crearon una Francia pacíficamente unida y próspera. Aunque parezca paradójico, es preciso reconocer que la guerra bien podría ser un recurso apropiado para establecer la anhelada paz "eterna", ya que es capaz de crear unidades tan grandes que una fuerte potencia alojada en su seno haría imposibles nuevas guerras. Pero en realidad la guerra no sirve para este fin, pues los éxitos de la conquista no suelen ser duraderos; las nuevas unidades generalmente vuelven a desmembrarse, a causa de la escasa coherencia entre las partes unidas por la fuerza. Además, hasta ahora la conquista sólo pudo crear uniones incompletas, aunque amplias, cuyos conflictos interiores favorecieron aún más las decisiones violentas. Así, todos los esfuerzos bélicos sólo llevaron a que la humanidad trocara numerosas y aun continuadas guerras pequeñas por conflagraciones menos frecuentes, pero tanto más devastadoras.

Aplicando mis reflexiones a las circunstancias actuales, llego al mismo resultado que usted alcanzó por una vía más corta. Sólo es posible impedir con seguridad las guerras si los hombres se ponen de acuerdo en establecer un poder central, al cual se le conferiría la solución de todos los conflictos de intereses. Esta formulación involucra, sin duda, dos condiciones: la de que sea creada semejante instancia superior, y la de que se le confiera un poderío suficiente. Cualquiera de las dos, por sí sola, no bastaría. Ahora bien: la Liga de las Naciones fue proyectada como una instancia de esta especie, pero no se realizó la segunda condición: no posee poderío autónomo, y únicamente lo obtendría si los miembros de la nueva unidad, los distintos Estados, se la otorgasen. No hay duda que actualmente son muy escasas las probabilidades de que tal cosa suceda. Con todo, se juzgaría con poco entendimiento la institución de la Liga de las Naciones si no se reconociera que nos encontramos ante un ensayo pocas veces emprendido en la historia de la humanidad y quizá jamás intentado en semejante escala. Se trata de una tentativa para ganar, mediante la invocación de ciertas posiciones ideales, la autoridad —es decir, el poder de influir perentoriamente— que en general se origina en el atributo del poderío. Hemos visto que una comunidad humana se mantiene unida merced a dos factores: el imperio de la violencia y los lazos afectivos —técnicamente los llamados identificaciones— que ligan a sus miembros. Desapareciendo uno de aquellos, el otro podrá, posiblemente, mantener unida a la comunidad. Desde luego, las mencionadas ideas sólo poseen trascendencia si expresan importantes intereses comunes a todos los individuos. Cabe preguntarse, entonces, cuál será su fuerza. La historia nos enseña que pudieron ejercer, en efecto, considerable influencia. Así, por ejemplo, la idea panhelénica, la conciencia de estar por encima de los bárbaros vecinos, idea tan poderosamente expresada en las anfictionías, en los oráculos y en los juegos festivos, fue suficientemente fuerte como para suavizar las costumbres guerreras de los griegos, pero no alcanzó a impedir los conflictos bélicos entre las unidades del pueblo heleno y, lo que es más, tampoco pudo evitar que una ciudad o confederación de ciudades se aliara con el poderoso enemigo persa, en perjuicio de un rival. Análogamente, el sentimiento de la comunidad cristiana, sin duda alguna poderoso, no tuvo fuerza suficiente para impedir que durante el Renacimiento pequeños y grandes Estados cristianos solicitaran en sus guerras mutuas el auxilio del sultán.

Tampoco en nuestra época existe una idea a la cual pudiera atribuirse semejante autoridad unificadora. El hecho de que actualmente los ideales nacionales que dominan a los pueblos conducen a un efecto contrario es demasiado evidente. Ciertas personas predicen que sólo la aplicación general de la ideología bolchevique podría poner fin a la guerra, pero seguramente aún nos encontramos, hoy, muy alejados de este objetivo, y quizá sólo podríamos alcanzarlo a través de una terrible guerra civil. Por consiguiente, parece que la tentativa de sustituir el poderío real por el poderío de las ideas está condenada, por el momento, al fracaso. Se hace un cálculo errado si no se tiene en cuenta que el derecho fue originalmente fuerza bruta y que aún no puede renunciar al apoyo de la fuerza.

Puedo pasar ahora a glosar otra de sus proposiciones. Usted expresa su asombro por el hecho de que sea tan fácil entusiasmar a los hombres para la guerra, y sospecha que algo, un instinto del odio y de la destrucción, obra en ellos facilitando ese enardecimiento. Una vez más, no puedo sino compartir sin restricciones su opinión. Nosotros creemos en la existencia de semejante instinto, y precisamente durante los últimos años hemos tratado de estudiar sus manifestaciones. Permítame usted que por ello exponga una parte de la teoría de los instintos a la que hemos llegado en el psicoanálisis después de muchos tanteos y vacilaciones. Nosotros aceptamos que los instintos de los hombres no pertenecen más que a dos categorías: o bien son aquellos que tienden a conservar y a unir —los denominamos "eróticos", completamente en el sentido del Eros, del *Symposion* platónico, o "sexuales", ampliando deliberadamente el concepto popular de la sexualidad—, o bien son los instintos que tienden a destruir y a matar: los comprendemos en los términos "instintos de agresión" o "de destrucción". Como usted advierte, no se trata más que de una transfiguración teórica de la antítesis entre el amor y el odio, universalmente conocida y quizá relacionada, en el fondo, con aquella otra, entre atracción y repulsión, que juega un papel tan importante en el terreno de investigación. Llegados aquí, no nos apresuremos a introducir los conceptos estimativos de "bueno" y "malo". Uno cualquiera de estos instintivos es tan imprescindible como el otro, y de su acción conjunta y antagónica surgen las manifestaciones de la vida. Ahora bien: parece que casi nunca puede actuar aisladamente un instinto perteneciente a una de estas especies, pues siempre aparece ligado —como decimos nosotros, "fusionado"— a cierto componente originario del otro, que modifica su fin y que, en ciertas circunstancias, es el requisito ineludible para que este fin pueda ser alcanzado. Así, el instinto de conservación, por ejemplo, sin duda es de índole erótica, pero justamente él precisa disponer de la agresión para efectuar su propósito. Análogamente, el instinto del amor objetivado necesita un complemento del instinto de posesión para lograr apoderarse de su objeto. La dificultad para aislar en sus manifestaciones a ambas clases de instintos es la que durante tanto tiempo nos impidió reconocer su existencia.

Si usted está dispuesto a acompañarme otro trecho en mi camino, se enterará de que los actos humanos aún presentan otra complicación de índole distinta a la anterior. Es sumamente raro que un acto sea obra de una única tendencia instintiva que, por otra parte, ya debería estar formada en sí misma por Eros y destrucción. Por el contrario, generalmente es preciso que coincidan varios motivos de estructura análoga para que la acción sea posible. Uno de sus colegas, G. Ch. Lichtenberg, que en los tiempos de nuestros clásicos enseñaba física en Göttingen, ya lo sabía, quizá porque era aún más eximio psicólogo que físico. Inventó la "rosa de los móviles", al escribir: "Los móviles de los actos humanos pueden disponerse como los 32 rumbos de la rosa náutica, y sus nombres se forman de manera análoga; por ejemplo: 'pan-pan-gloria', o 'gloria-gloria-pan'". Por consiguiente, cuando los hombres son incitados a la guerra, habrá en ellos gran número de motivos —nobles o bajos, de aquellos que se suele ocultar y de aquellos que no hay reparo en expresar— que responderán afirmativamente; pero no nos proponemos revelarlos todos aquí. Seguramente se encuentra entre ellos el placer de la agresión y de la destrucción: innumerables crueldades de la Historia y de la vida diaria destacan su existencia y su potencia. La fusión de estas tendencias destructivas con otras eróticas e ideales facilita, naturalmente, su satisfacción. A veces, cuando oímos hablar de los horrores de la Historia, nos parece que los motivos ideales sólo sirvieron de pretexto para los afanes destructivos; en otras ocasiones, por ejemplo, frente a las crueldades de la Santa Inquisición, opinamos que los motivos ideales se han destacado en la conciencia, suministrándoles los destructivos un refuerzo inconsciente. Ambos mecanismos son posibles.

Temo abusar de su interés, embargado por la prevención de la guerra y no por nuestras teorías. Con todo, quisiera detenerme un instante más en nuestro instinto de destrucción, cuya popularidad de ningún modo corre pareja con su importancia. Sucede que, mediante cierto despliegue de especulación, hemos llegado a concebir que este instinto obra en todo ser viviente, ocasionando la tendencia de llevarlo a su desintegración, de reducir la vida al estado de la materia inanimada. Merece, pues, en todo sentido, la designación de instinto de muerte, mientras que los instintos eróticos representan las tendencias hacia la vida. El instinto de muerte se torna instinto de destrucción cuando, con la ayuda de órganos especiales, es dirigido hacia afuera, hacia los objetos. El ser viviente protege en cierta manera su propia vida, destruyendo la vida ajena. Pero una parte del instinto de muerte se mantiene activa en el interior del ser; hemos tratado de explicar gran número de fenómenos normales y patológicos mediante esta interiorización del instinto de destrucción. Hasta hemos cometido la herejía de atribuir el origen de nuestra conciencia moral a tal orientación interior de la agresión. Como usted advierte, el hecho de que este proceso adquiera excesiva magnitud es motivo para preocuparnos; sería directamente nocivo para la salud, mientras que la orientación de dichas energías instintivas hacia la destrucción en el mundo exterior alivia al ser viviente, debe producirle un beneficio. Sirva esto como justificación biológica de todas las tendencias malignas y peligrosas contra las cuales luchamos. No dejemos de reconocer que son más afines a la naturaleza que nuestra resistencia contra ellas, la cual, por otra parte, también es preciso explicar. Quizá haya adquirido usted la impresión de que nuestras teorías forman una suerte de mitología, y si así fuese, ni siquiera sería una mitología grata. Pero, ¿acaso no se orientan todas las ciencias de la naturaleza hacia una mitología de esta clase? ¿Acaso se encuentra usted hoy en la física en distinta situación?

De lo que antecede derivamos, para nuestros fines inmediatos, la conclusión de que serán inútiles los propósitos para eliminar las tendencias agresivas del hombre. Dicen que en regiones muy felices de la Tierra, donde la naturaleza ofrece pródigamente cuanto el hombre necesita para su subsistencia, existen pueblos cuya vida transcurre pacíficamente, entre los cuales se desconoce la fuerza y la agresión. Apenas puedo creerlo, y me gustaría averiguar algo más sobre estos seres felices. También los bolcheviques esperan que podrán eliminar la agresión humana asegurando la satisfacción de las necesidades materiales y estableciendo la igualdad entre los miembros de la comunidad. Yo creo que eso es una ilusión. Por ahora están concienzudamente armados y mantienen unidos a sus partidarios, en medida no escasa, por el odio contra todos los ajenos. Por otra parte, como usted mismo advierte, no se trata de eliminar del todo las tendencias agresivas humanas; se puede intentar desviarlas, al punto que no necesiten buscar su expresión en la guerra.

Partiendo de nuestra mitológica teoría de los instintos, hallamos fácilmente una fórmula que contenga los medios indirectos para combatir la guerra. Si la disposición a la guerra es un producto del instinto de destrucción, lo más fácil será apelar al antagonista de ese instinto: al Eros. Todo lo que establezca vínculos afectivos entre los hombres debe actuar contra la guerra. Estos vínculos pueden ser de dos clases. Primero, los lazos análogos a los que nos ligan a los objetos del amor, aunque desprovistos de fines sexuales. El psicoanálisis no precisa avergonzarse de hablar aquí de amor, pues la religión dice también, "ama al prójimo como a ti mismo". Esto es fácil exigirlo, pero difícil cumplirlo. La otra forma de vinculación afectiva es la que se realiza por identificación. Cuando establece importantes elementos comunes entre los hombres, despierta tales sentimientos de comunidad, identificaciones. Sobre ellas se funda en gran parte la estructura de la sociedad humana.

Usted se lamenta de los abusos de la autoridad, y eso me suministra una segunda indicación para la lucha indirecta contra la tendencia a la guerra. El hecho de que los hombres se dividan en dirigentes y dirigidos es una expresión de su desigualdad innata e indestructible. Los subordinados forman la inmensa mayoría, necesitan una autoridad que adopte para ellos las decisiones, a las cuales en general se someten incondicionalmente. Debería añadirse aquí que es preciso poner mayor empeño en educar una capa superior de hombres dotados de pensamiento independiente, inaccesibles a la intimidación, que breguen por la verdad y a los cuales corresponda la dirección de las masas dependientes. No es preciso demostrar que los abusos de los poderes del Estado y la censura del pensamiento por la Iglesia, de ningún modo pueden favorecer esta educación. El Estado ideal sería, naturalmente, la de una comunidad de hombres que hubieran sometido su vida instintiva a la dictadura de la razón. Ninguna otra cosa podría llevar a una unidad tan completa y resistente de los hombres, aunque se renunciara a los lazos afectivos entre ellos. Pero con toda probabilidad esto es una esperanza utópica. Los restantes caminos para evitar indirectamente la guerra son por cierto más accesibles, pero, en cambio, no prometen un resultado inmediato. Resulta difícil pensar en molinos que muelen tan despacio que uno se moriría de hambre antes de tener harina.

Como usted ve, no es mucho lo que se logra cuando, tratándose de una tarea práctica y urgente, se acude al teórico ajeno al mundo. Será mejor que en cada caso particular se trate de enfrentar el peligro con los recursos de que se disponga en el momento; pero aún quisiera referirme a una cuestión que usted no plantea en su escrito y que me interesa particularmente. ¿Por qué nos indignamos tanto contra la guerra, usted, y yo, y tantos otros? ¿Por qué no la aceptamos como una más entre las muchas dolorosas miserias de la vida? Parece natural; biológicamente bien fundada; prácticamente casi inevitable. No se indigne usted por mi pregunta, pues, tratándose de una investigación, seguramente se puede adoptar la máscara de una superioridad que en realidad no se posee. La respuesta será que todo hombre tiene derecho a su propia vida; que la guerra destruye vidas humanas llenas de esperanzas; coloca al individuo en situaciones denigrantes; le obliga a matar a otros, cosa que no quiere hacer; destruye costosos valores materiales, productos del trabajo humano, y mucho más. Además, la guerra, en su forma actual, ya no ofrece oportunidad para cumplir el antiguo ideal heroico, y una guerra futura implicaría la eliminación de uno, o quizá de ambos enemigos, debido al perfeccionamiento de los medios de destrucción. Todo eso es verdad, y parece tan innegable que uno se asombra al observar que las guerras aún no han sido condenadas por el consejo general de todos los hombres. Sin embargo, es posible discutir algunos de estos puntos. Se podría preguntar si la comunidad no tiene también un derecho a la vida del individuo; además, no se pueden condenar todas las clases de guerras en igual medida; finalmente, mientras existan Estados y naciones que estén dispuestos a la destrucción inescrupulosa de otros, estos otros deberán estar preparados para la guerra. Pero dejaré rápidamente estos temas, pues no es esta la discusión a la cual usted me ha invitado. Quiero dirigirme a otra meta: creo que la causa principal por la que nos alzamos contra la guerra es la de que no podemos hacer otra cosa. Somos pacifistas porque por razones orgánicas debemos serlo. Entonces nos resulta fácil fundar nuestra posición sobre argumentos intelectuales.

Esto seguramente no es comprensible sin una explicación. Yo creo lo siguiente: desde tiempos inmemoriales se desarrolla en la humanidad el proceso de la evolución cultural. (Yo sé que otros prefieren denominarlo: “civilización”). A este proceso debemos lo mejor que hemos alcanzado, y también buena parte de lo que ocasiona nuestros sufrimientos. Sus causas y sus orígenes son inciertos; su solución, dudosa; algunos de sus rasgos, fácilmente apreciables. Quizá lleve a la desaparición de la especie humana, pues inhibe la función sexual en más de un sentido, y ya hoy las razas incultas y las capas atrasadas de la población se reproducen más rápidamente que las de cultura elevada. Quizá este proceso sea comparable a la domesticación de ciertas especies animales. Sin duda, trae consigo modificaciones orgánicas, pero aún no podemos familiarizarnos con la idea de que esta evolución cultural sea un proceso orgánico. Las modificaciones psíquicas que acompañan la evolución cultural son notables e inequívocas. Consisten en un progresivo desplazamiento de los fines instintivos y en una creciente limitación de las tendencias instintivas. Sensaciones que eran placenteras para nuestros antepasados son indiferentes o aun desagradables para nosotros; el hecho de que nuestras exigencias ideales éticas y estéticas se hayan modificado tiene un fundamento orgánico. Entre los caracteres psicológicos de la cultura, dos parecen ser los más importantes: el fortalecimiento del intelecto, que comienza a dominar la vida instintiva, y la interiorización de las tendencias agresivas, con todas sus consecuencias ventajosas y peligrosas. Ahora bien: las actitudes psíquicas que nos impone el proceso de la cultura son negadas por la guerra en la más violenta forma y por eso nos alzamos contra la guerra: simplemente, no la soportamos más, y no se trata aquí de una aversión intelectual y afectiva, sino que en nosotros, los pacifistas, se agita una intolerancia constitucional, por así decirlo, una idiosincrasia magnificada al máximo. Y parecería que el rebajamiento estético implícito en la guerra participa en nuestra rebelión en grado no menor que sus crueldades.

¿Cuánto deberemos esperar hasta que también los demás se tornen pacifistas? Es difícil decirlo, pero quizá no sea una esperanza utópica la de que la influencia de estos dos factores —la actitud cultural y el fundado temor a las consecuencias de la guerra futura— pongan fin a los conflictos bélicos en el curso de un plazo limitado. Nos es imposible adivinar a través de qué caminos o rodeos se logrará este fin. Por ahora, sólo podemos decirnos: todo lo que impulse la evolución cultural obra contra la guerra.

Le saludo cordialmente y le ruego me perdone si mis razonamientos no corresponden a sus esperanzas.

Suyo,
Sigmund Freud.

ÍNDICE

Obras Completas de Sigmund Freud
Tomo XVIII

Impreso en los talleres de
DocuMaster
(Master Copy, S. A. de C.V.)
Plásticos #84, Local 2, ala sur,
Fracc. Industrial Alce Blanco,
Naucalpan de Juárez, C. P. 53370.

www.ingramcontent.com/pod-product-compliance
Ingram Content Group UK Ltd.
Pitfield, Milton Keynes, MK11 3LW, UK
UKHW042004190726
13854UKWH00005B/2163